Ralph Hammerthaler

Alexeij Sagerer
liebe mich – wiederhole mich

Künstlerische Biografie

Theater der Zeit

EINS SERVUS PLATTLING

Wodka & Komplizen *(di dawisch i fei scho no)*, **8** – Innen & Außen, **11** – Oh du, mein Plattling, **14** – Irische Revolutionslieder, **25** – Die Entdeckung der Kanne *(Zerreiss die schönste Frau über dem höchsten Platz die weisse Kanne; Pherachthis)*, **27** – Der Theaterkönig ist tot, es lebe der Theaterkönig *(Oblomow; Wunschkonzert; Das Kaffeehaus)*, **34** – proT-Start *(Tödliche Liebe oder Eine zuviel; Gschaegn is gschaegn)*, **41** – Hinter Gittern, **46**

ZWEI ALLES AUF proT

Filme machen *(Krimi; Romance)*, **66** – Brandstiftung *(Aumühle)*, **72** – Spur der Comics *(Watt'n [ein Kartenspiel] oda Ois bren' ma nida; Lauf, Othello, lauf!; Ein Gott Eine Frau Ein Dollar)*, **80** – Das Grausame und das Heilige (Antonin Artaud; Jerzy Grotowski), **92** – Frauen & Jäger *(Der Tieger von Äschnapur)*, **97** – Unmittelbares Theater, **110**

DREI DAS DELTA

Video, Dark Stars und Schweine *(Münchner Volkstheater; Zahltag der Angst; proT trifft Orff – wir gratulieren)*, **118** – documenta 8 *(Küssende Fernseher)*, **129** – Die schattige Schwester namens Performance *(Zahltag der Angst: Heute; Voressen)*, **135** – Du kannst nicht die Muttergottes sein *(7 Exorzismen; Kurt Schwitters; oh, oh, Maiandacht …)*, **155**

Ralph Hammerthaler   Alexeij Sagerer   liebe mich – wiederhole mich

Bildnachweis: Martina Ecker/proT S. 228f.; Wolfgang Hartl S. 58 oben;
Angelika Jakob/proT S. 150f.; Heide Mayer/proT S. 64; proT S. 57, 58 unten,
59, 62f., 146f.; Joseph Gallus Rittenberg S. 60f., 148f., 152; Christa Sturm/proT
S. 225–227, 232; Anja Uhlig/proT S. 230f.; Christoph Wirsing S. 145

Ralph Hammerthaler
Alexeij Sagerer
liebe mich – wiederhole mich
Künstlerische Biografie

© 2016 by Ralph Hammerthaler

Texte und Abbildungen sind urheberrechtlich geschützt. Jede Verwertung,
die nicht ausdrücklich im Urheberrechts-Gesetz zugelassen ist, bedarf der
vorherigen Zustimmung von Autor, Verlag und Alexeij Sagerer. Das gilt
insbesondere für Vervielfältigungen, Bearbeitungen, Übersetzungen, Mikro-
verfilmung und die Einspeisung und Verarbeitung in elektronischen Medien.

Verlag Theater der Zeit
Verlagsleiter Harald Müller
Winsstraße 72 | 10405 Berlin | Germany
www.theaterderzeit.de

Lektorat: Erik Zielke
Grafik: Sibyll Wahrig
Umschlagabbildung: Alexeij Sagerer, © proT

ISBN 978-3-95749-086-5

VIER NOMADEN & HELDEN

König Gunther Superstar *(Der Nibelung am VierVideoTurm; Trommeln in Strömen; Göttin, Ärztin, Braut und Ziege; Mein Trost ist fürchterlich)*, **168** – Das Modell Banküberfall, **180** – Alle Blumen werden rot *(Siegfrieds Tod; Recken bis zum Verrecken; Meute Rudel Mond und Null)*, **188** – Das Videoregime *(7 deutsche Ströme; 7 deutsche Städte; 7 deutsche Himmelsrichtungen)*, **194** – Der Subventionstopf, **200** – Hoiho! *(Nomaden und Helden; Siebenmalvier; Endgültig; Sensation der Langsamkeit; Das Ende vom Lied geht die Wende hoch)*, **203** – Das totale Theater *(... und morgen die ganze Welt)*, **214** – Schulden oder Verzweiflung ist keine Strategie, **220**

FÜNF DAS FEST

Digitale Euphorien *(Die Fahrt an Bord der Kleinen Raumschiffe; Die vier Simulationsflüge)*, **234** – Tarzan & Jane *(Tarzans secret container im Irak; Geister-Raum-Schiffe; Monster-Idyllen)*, **243** – Glaubenskrieg mit den Münchner Kammerspielen, **250** – Angriff und Verteidigung (Bernd Stegemann; Karl Heinz Bohrer; Jürgen Habermas; Gilles Deleuze), **255** – Weiße Nächte *(Die Geburtshütte. Der Plan.; Das OR-05; Reine Pornografie; Reines Trinken – Gottsuche; Weisses Fleisch; Liebe mich! Wiederhole mich!)*, **266** – Prinzessin auf der Erbse, **283**

ANHANG 285

EINS   SERVUS PLATTLING

Wodka & Komplizen

Das proT, Alexeij Sagerers Theater seit 1969, ist schwer auf den Begriff zu bringen. Schön gesagt, aber das trifft es noch nicht ganz, denn das proT entzieht sich dem Begriff überhaupt. Alles andere als gute Voraussetzungen für eine künstlerische Biografie. Aber gut. Dieses Theater lässt sich nicht festnageln. Und Begriffe dienen allenfalls als Krücken, um, darauf gestützt, in eine gewisse Nähe zu gelangen. Ein Buch über Alexeij Sagerer und sein proT ist ein Ding der Unmöglichkeit. Grund genug, mit dem Schreiben anzufangen.

Wer gerne Biografien liest, wird sein Vergnügen haben, aber anders als erwartet. Diese Biografie nämlich folgt einer künstlerischen Bewegung. Nur so lässt sich Sagerers Leben literarisch herstellen (darstellen wäre das falsche Wort). Auf vieles, was zum Genre der Biografie gehört, werde ich verzichten zugunsten von vielem anderen. Und wenn sich Züge eines Krimis einschleichen, dann durchaus beabsichtigt: Es liegt am Stoff. In Jahren und Jahrzehnten hat Alexeij Sagerer eine Haltung ausgeprägt, die für Halbherzige etwas ebenso Bewundernswertes wie Furchterregendes hat. Das gilt gleichermaßen für kompromissbereite Künstler und Künstlerversteher wie für kompromissbereite Journalisten und Kulturpolitiker. Wer Konventionen oder, altmodisch gesprochen, dem „System" anhängt, sieht sich durch ihn stets aufs Neue herausgefordert.

proT macht politisches Theater. Ein Satz wie aus einem Manifest. Käme er von Sagerer, er würde ihn scherzhaft zerlegen. Aber dadurch würde der Satz nicht weniger wahr: proT macht politisches Theater, auch wenn es so gut wie ohne politische Themen auskommt. proT zeigt nicht, proT macht politisches Theater. Es richtet sich gegen alle Repräsentation, der Politik, Alltag und leider auch das gewöhnliche Theater weitgehend verfallen sind. Gegen die Repräsentation setzt das proT die Wahrhaftigkeit der Vorgänge selbst. Was geschieht? Wie funktioniert es? Was alles lässt sich ins Spiel bringen?

Erzählen werde ich von Höhepunkten, von frühen Theatercomics und Filmen, vom *Tieger von Äschnapur* und von der *Maiandacht*, von *Küssenden Fernsehern* auf der documenta 1987 und dem großen *Nibelungen & Deutschland Projekt* – bis zu den jüngsten Aufführungen im *Programm Weiss*, das die reine Bewegung feiert, gerade so, als käme ein jahrzehntelanger Prozess auf wundersame Weise zu sich selbst. Nein, alles gelogen. Ich werde nicht von Höhepunkten erzählen, umso mehr aber davon, wie eins zum anderen gelangt, wie eins auf dem anderen aufbaut, und wenn ein Gipfel sichtbar wird, schön und gut, aber ohne die Landschaft wäre er nichts.

Nach annähernd fünf Theaterjahrzehnten ist es leider unmöglich, der Fülle von Produktionen gerecht zu werden. Mein Text würde unter der chronologischen Beschreibung zusammenbrechen. Darum habe ich eine Auswahl getroffen, nicht ohne im Anhang das vollständige Werkverzeichnis anzugeben. Dieser Anhang, bilde ich mir ein, entlastet mich.

Tatsächlich hat Sagerer sein Theater mit einer eigenen Philosophie versehen, mit Begriffen und Patterns, die sich in Aufführungen jeweils konkret erweisen. Unmittelbares Theater, Innen und Außen, künstlerischer Prozess, Vorgang, Bewegung, Komposition, Intensität, Wiederholung, Qualitäten, Kräfte (statt Rollen). Nach Theaterphilosophie kann man heute lange suchen. Wenn, dann müsste man sich bei modernen Klassikern umsehen, Antonin Artaud und Jerzy Grotowski, Kurt Schwitters und John Cage und noch dazu, mehr oder weniger überraschend, bei Gilles Deleuze. Das sind die Geister, die bei Sagerer spuken.

Objektiv bin ich nicht. Etwas anderes zu behaupten, wäre albern und geheuchelt und überhaupt vergeblich. Im Umgang mit den Künsten ist Objektivität ohnehin nicht zu haben; sie wäre auch nicht wünschenswert. Dieses Buch ist ein Komplizenstück. Seit 25 Jahren bin ich mit Alexeij Sagerers Theater vertraut, so wie er mit meinen Romanen vertraut ist. Die Konfrontation haben wir immer wieder und gerne gesucht. Es gab Zeiten, da ließ ich mir von ihm den Kopf waschen. Umgekehrt nimmt er auch meine Gedanken mit, wohin auch immer. Beim Premierentrinken in der Fischer Stub'n, nach *Weisses Fleisch,* drohte er, völlig unvermittelt, mit einer Schlägerei. Kurz darauf hob er seinen Arm gegen mich und schlug zu, ich fing ihn ab, und das war's. Inzwischen gibt es die Fischer Stub'n nicht mehr; Sagerer ist gern hingegangen, auch weil die Kellner, im Fall einer Schlägerei, zu ihm gehalten haben. 2013 brachte er mein Stück *ein Gott eine Frau ein Dollar* in München zur Uraufführung. Er, der Text nur als ein Material von vielen begreift, ging in einem Wirtshausgespräch so vorsichtig und feinfühlig damit um, wie ich es selten erlebt habe. In der Aufführung übrigens wird kein Wort gesprochen.

Kurz, wir sind Komplizen. Für dieses Buch haben wir unzählige Gespräche geführt und viel Wodka getrunken. In Berlin und in München. Etliche Tage habe ich im proT-Atelier in der Münchner Zenettistraße verbracht, Produktions- und Pressematerial gesichtet, Videos angeschaut. „Am Anfang hab ich gesagt", so Sagerer, „ein Jahr werde ich brauchen, bis jeder weiß, dass das proT das beste Theater in München ist. Ein bisschen länger hat es zwar schon gedauert, aber immerhin."

Zum Dancefloor *CoPirates* zog Richard Siegal, Choreograf aus New York, Alexeij Sagerer hinzu, für eine zwanzigminütige Sprech-Performance, während alle anderen tanzten. In München kam der Abend 2010 heraus; im Jahr darauf gastierten sie in Frankfurt und Dortmund. Erhöht postiert, mit einem roten Helm auf dem Kopf, stürzt sich Sagerer immer wieder auf ein und denselben Satz: *di dawisch i fei scho no,* hochdeutsch: dich krieg ich schon noch. Mal laut – mal leise, mal flüsternd – mal schreiend, mal lockend – mal drohend. Brummen und Knarzen. Oder ganz ohne Stimme; er bewegt nur die Lippen. Der Satz scheint sich ins Lautmalerische aufzulösen, er wirkt fast abstrakt, ohne dass sein Sinn gänzlich verflöge. Rhythmisch präzise setzt er bayerischen Rap auf die wechselnden Sounds eines DJs, dazu das Johlen und Klatschen der Tänzerinnen und Tänzer.

Diese Sprechskulptur kommt tief aus der Geschichte des proT. 1978, nur Stimme auf Tonband, war *di dawisch i fei scho no* das erste Mal zu hören, im *Tieger von Äschnapur*. Zehn Jahre später, als Sagerer den Ernst-Hoferichter-Preis erhielt, trat er, anstelle einer Dankesrede, mit diesem einen, unendlich variierten Satz auf. Die Stimme hatte einen Körper, das Sprechen wurde Skulptur. Später verwendete er die Tonspur für ein auf Super-8-Blankfilm gemaltes Video, Rotschwarz auf Farbe. Silvester 1991 tauchte die Sprechskulptur abermals auf, in *Der Nibelung am VierVideoTurm*, und bereicherte die Eröffnung des *Nibelungen & Deutschland Projekts*. Zoro Babel nahm Sagerers Flüstern und Knarzen und Schreien live auf, sampelte es und spielte es ihm dann wieder zu. 2010 erneut als Performance in der Münchner Akademie der Bildenden Künste. Beide gingen von der Bühne, ohne dass sie das Publikum noch eines Blickes gewürdigt hätten.

di dawisch i fei scho no ist also ein Klassiker, aber einer, der immer wieder neu geboren werden muss. Der Satz klingt, nicht untypisch für das Bayerische, ebenso geschmeidig wie hinterfotzig. Und er enthält, sooft seine Drohung auch erklingt, ein ironisches Wissen um die Vergeblichkeit. Dich krieg ich schon noch, das heißt: Dich werde ich nie im Leben kriegen. Du bist mir immer einen Schritt voraus. Was ich auch anstelle, schnappen kann ich dich nicht. So gesehen liefert *di dawisch i fei scho no* insgeheim auch das Motto für dieses Buch. Ich flüstere und schreie, ich locke, und ich drohe, ich bin mir ganz sicher, aber so sicher auch wieder nicht. Ist das proT, ist Alexeij Sagerer literarisch zu fassen? Morgen krieg ich dich bestimmt.

Innen & Außen

Immer wieder hat Sagerer Sinnsprüche in die Welt gesetzt, ernst gemeinte Witzweisheiten und listige proT-Parolen. Manche davon sind zu geflügelten Worten geworden: „In gewisser Weise kann man unmittelbares Theater und domestiziertes Theater mit der Wildsau und dem Hausschwein vergleichen. Wo das eine sein Sausein austrägt, trägt das andere Schnitzel." Damit eröffnet er seine Betrachtung über das „Innen", der er eine Betrachtung über das „Aussen" folgen lässt. In dem im Jahr 2000 geschriebenen Text geht es um Vorgehens- und Produktionsweisen von Theater, angeblich ohne Wertung, was aber bei dem für ihn so wesentlichen Unterschied zwischen Innen und Außen gar nicht der Fall sein kann. Im Grunde genommen stellt er hier fest, dass das Innen Grenzen zieht und dadurch alles Mögliche ausgrenzt – so wie der Gärtner Unkraut jätet und es allenfalls außerhalb des Nutzgartens duldet. Zugespitzt skizziert er auf wenigen Seiten, welchen Gefahren das künstlerisch eigenständige Außen ausgesetzt ist. Diese Gefahren drohen vom institutionalisierten Innen, egal ob durch Kleinreden und Heruntermachen oder durch Lobpreis und Vereinnahmung. Wird das Außen ins Innen gezogen (oder begibt es sich leichten Herzens, weil mit Blick auf eine erfolgreiche Karriere, selbst hinein), scheinen seine Tage gezählt; es passt sich an und verliert seine Kraft. Geschickt gezähmt, frisst die Wildsau ihrem Pfleger aus der Hand.

Sagerers Text ist durch Sagerers Leben gedeckt. Schon darum wird man sich der strengen Argumentation schwer entziehen können. Mit den Kategorien von Innen und Außen sagt er nicht weniger, als dass das Theater der einen Sphäre, auch wenn gern so getan wird, nicht das Theater der anderen ist – und umgekehrt. Diese Polarisierung widerspricht der heute weit verbreiteten Auffassung von gegenseitiger Befruchtung, vom kleinen Grenzverkehr hinüber und herüber. Nein, entweder Wildsau oder Hausschwein. Mit Hilfe der Unterscheidung findet man sich fürs Erste ganz gut zurecht in Sagerers Denken und künstlerischem Handeln. Vieles, worüber zu reden sein wird, ist eingespannt zwischen den Polen von Innen und Außen.

Das Innen steht für Stadt- und Staatstheater, noch dazu für Privattheater, die sich darin gefallen, den großen Bühnen mit bescheidenen Mitteln nachzueifern. „Der Sinn der Subvention des Innen ist es, den theatralen ‚Besitz' der Gesellschaft, das Wissen über das Herstellen von Abläufen zu mehren und zusammenzuhalten. Dies geschieht vor allem in eigens dafür eingerichteten festen Theaterhäusern, die diese Aufgaben verwalten." Insofern begreift Sagerer diese Theater als Institutionen des politischen Systems, dazu geschaffen, das Außen zu beobachten, zu überprüfen und zu kontrollieren – mit dem Ziel, die eine, für wertvoll befundene Hervorbringung in den theatralen Besitzstand einzugliedern, die andere, für wertlos befundene nicht. So erliegt das Innen immer wieder der Illusion, das, was Theater auszeichnet, in allgültigen Konzepten verankern zu können. Was jenseits dieser Konzepte liegt, gilt als verzichtbar. Das Innen schafft das unmittelbare Außen ab zugunsten eines von ihm repräsentierten Außen, bevorzugt unter dem Motto des Experiments. „Der Sesshafte kann nicht den Nomaden abschaffen mit dem Hinweis darauf, dass er das Nomadische sowieso mitproduziert, da er manchmal ins Blaue fährt."

Konzepte sind dem Außen nicht gegeben. Unternähme es den Versuch, Regeln aufzustellen, liefe es Gefahr, in diesen Regeln umzukommen. Dies ginge auf Kosten der Lebendigkeit. Stattdessen entwickele das Außen, so Sagerer, ein immer reichhaltigeres und konsistenteres theatrales Material, um dadurch immer intensivere Kräfte einzufangen. „Was Abläufe immer reicher macht, ist das, was Heterogene zusammenhält, ohne dass sie aufhören heterogen zu sein." Insofern operiert das Außen mit unterschiedlichen Rhythmen, ja, es muss sie zulassen und aushalten können. Künstlerisch stellt sich die Frage nach den Gelenkstücken. Wie kann es funktionieren? „Die Produktion des Aussen ist ein permanentes Werden. Der Vorgang dieses Werdens ist gleichzeitig öffentlich und autistisch und kennt nicht den Fortschritt und die Produktivität des Innen." Anders als das Innen, das fortwährend um Zustimmung buhlt, um Kartenverkauf und gesellschaftliche Relevanz, riskiert das Außen, auch einmal nicht (oder nur von wenigen) gesehen zu werden. Gleichwohl zählt jede Geste; kaum gesetzt, ist sie in der Welt und kann nicht mehr zurückgenommen werden. Wird ein Vorgang wiederholt, erweist er sich als keineswegs identisch mit dem Vorangegangenen. Denn nichts ist schon mal da gewesen. „Das Aussen", schreibt Sagerer, „kann nichts ins Aussen abschieben."

Trotz der scharf umrissenen Kategorien von Innen und Außen versäumt es Sagerer nicht, den Zusammenhang in den Blick zu nehmen. Er geht sogar so weit, dass er einem selbstbewussten Außen ein starkes Innen wünscht. „Dieses Aussen zwingt das Innen dazu, sich immer wieder zu öffnen. Dieses Aussen fordert das Innen auf, durchlässig zu sein. Dieses Aussen lässt das Innen nicht fertig werden." Denn würde das Innen mit dem Theater fertig, indem es die allumfassende Kontrolle erlangte, so stünde das Theater still, wie tot und unbrauchbar. Wenn Theater also kein Außen mehr herstellt, sind sein Einfluss und seine Existenz generell gefährdet. Dann können wir getrost darauf verzichten.

In der Zeit, da sein Text entstand, bekam Sagerer Besuch vom Philosophen Julian Nida-Rümelin, damals Kulturreferent in München. Er las ihm die Zeilen vor, und Nida-Rümelin soll mehrmals genickt und also zugestimmt haben. Nach dem Treffen fuhr der Philosoph in sein Amt zurück und machte weiter wie bisher.

Oh du, mein Plattling

Eine Urszene – das wäre nach meinem Geschmack. Aber wahrscheinlich gibt es sie gar nicht. Oder doch? In den Jahren, als Alexeij Sagerer in Deggendorf auf die hohere Schule ging, fuhr er mit dem Zug hin und her, Plattling – Deggendorf, Deggendorf – Plattling. Eines Tages, auf dem Weg vom

Bahnhof nach Hause, machte er eine Entdeckung. Er wurde sich seiner Körperlichkeit bewusst; er sah, wie er ging, und empfand es als stimmig. Offenbar hatte er früh gelernt, erzwungene Körperlichkeit von frei entfalteter zu unterscheiden. Die eine sagt, wie wir uns zu verhalten, was wir zu tun und zu lassen haben, wie wir zu sitzen, zu stehen und zu grüßen haben; die andere verlangt nichts, als dass wir uns ihrer bewusst werden, jeder für sich, ohne auf Gebotenes zu schielen. Sagerer sagt: „Damals machte ich die Erfahrung, einen Fuß vor den anderen zu setzen, und ich sagte mir, das stimmt. Ich bin einfach nur gegangen, nicht irgendwie stolziert. So, wie ich hier gehe, dachte ich, das müsste eigentlich jeder sehen. Für mich war es öffentlich, weil es stimmte. Eigentlich das, was für mich Theater ausmacht. Ein Vorgang, der er selbst sein darf, öffentlich und sichtbar gemacht."

Von Peter Brook wird gern der Anfang seines Buches *Der leere Raum* zitiert: „Ich kann jeden leeren Raum nehmen und ihn eine nackte Bühne nennen. Ein Mann geht durch den Raum, während ihm ein anderer zusieht; das ist alles, was zur Theaterhandlung notwendig ist." Das passt gut zur Urszene des unmittelbaren Theaters. Der leere Raum ist der städtische Raum, der Weg vom Bahnhof nach Hause die nackte Bühne. Ein junger Mann geht von da nach dort und hat das Gefühl, dass er sichtbar ist; irgendjemand sieht ihm beim Gehen zu. Also ist es Theater. Etwas Entscheidendes aber fehlt in der Analogie. Brook verrät nichts darüber, wie der Mann geht und was er dabei empfindet. Stimmt die Bewegung? Oder geht er, wie er erzogen worden ist zu gehen? Geht er, wie der Regisseur es verlangt, dass er geht? Es lohnt sich, diese Fragen im Gedächtnis zu behalten.

Geboren wurde Alexeij Sagerer am 4. August 1944 in Plattling, Niederbayern. Sie tauften ihn auf den Namen Rudolf Friedrich Sagerer. Seine Großmutter hatte es mit den Sternen und brachte den Saturn mit der Geburt in Verbindung, unheilvoll – wie üblich in der mittelalterlichen Astrologie. Sie sah Gefahren heraufziehen, Tragisches, Gefängnis. Alexeij ist das erste der drei Kinder von Rudolf Maximilian Sagerer und Gabriele Maria, geborene Scheuring. Es folgten die Tochter Gertraud und der zweite Sohn Friedrich. Ursprünglich stammt der Name Sagerer aus dem Bayerischen Wald. Sagerer kommt von Sägen, diese Leute hatten mit Holz zu tun, Sägewerker also. Nach alter, nicht hinterfragter Tradition sollte der erste Sohn wie der Vater heißen, nämlich Rudolf.

Alexeij ist kein Künstlername. Bereits als Jugendlicher benannte er sich um, in einem Akt der Selbstbestimmung gegen den Willen des Vaters. Damit löste er sich von der Familie, wenngleich er Sagerer beibehielt, ganz so, als wollte er gleichwohl seine Herkunft nicht leugnen. Alexeij dagegen wies bereits darüber hinaus: ins Offene gewissermaßen, in eine noch unbekannte Richtung. Bald riefen ihn die Eltern nur noch bei diesem Namen. Auch im Personalausweis steht Alexeij, als Zusatzname, offiziell erst im Alter von 21 Jahren möglich geworden. Konto, Steuererklärung, Krankenversicherung laufen auf Alexeij Sagerer. Warum er sich nach Alexeij, dem jüngsten der Brüder Karamasow, einer Romanfigur von Dostojewskij also, benannte, begründet er mit der Intensität dieser Figur. In seinen Augen ist Dostojewskijs Alexeij der komplexeste Charakter, einer, der alles anschaut und alles an sich heranlässt, beinahe so wie das Theater – im Idealfall. Er kennt keinen Bereich, der nichts mit ihm zu tun hat. Während die zwei älteren Brüder kaum Spielräume haben, der eine festgelegt auf Emotionale, der andere aufs Intellektuelle, öffnet sich Alexeij für alles und jeden. „Er ist derjenige, der das Ganze zusammenhält, für mich der Stärkste." Ob Dostojewskij, Schwitters oder Valentin – sie haben, so Sagerer, diese Einmaligkeit, ohne nach Vorbildern zu greifen. „Ich bin sehr früh aus allem herausgetreten. Mit all dem anderen wollte ich nichts zu schaffen haben. Ich nahm mir vor, eine eigene Geschichte zu schreiben, fast wie Alexeij in *Die Brüder Karamasow*."

Bei Dostojewskij stieß er auf Sätze, die er noch heute zitiert. Alles hat der Mensch in der Hand, und alles lässt er sich vor der Nase wegschnappen, aus purer Feigheit. „Dostojewskij aber hat Lust, auf dieser Einmaligkeit, dieser Intensität zu bestehen. Wenn man darauf nicht besteht, dann verfehlt man sich und das Leben selber, dann wird man eigentlich lebensfeindlich. Streng genommen, könnte man sagen, der Künstler kämpft um seine eigene Lebendigkeit und dadurch um die Lebendigkeit überhaupt."

Im Herrenzimmer standen die Bücher. In sehr jungen Jahren las Sagerer alle Stücke von Shakespeare in der Übersetzung von Ludwig Tieck. Auch Ganghofer mit seiner Neigung zum Idyllischen. Und dann Dostojewskij, der mit all den Klischees aufräumte. Er traf auf einen Schriftsteller, der eine andere Richtung eingeschlagen hatte. In den Romanen entdeckte er, dass Werte ins Spiel kamen, die für gewöhnlich versteckt und zugedeckt wurden. Ein Idiot zum Beispiel gilt bei Idyllikern als nicht hoffähig, bei Dostojewskij wurde er zu einer Titelfigur.

Idylle? Herrenzimmer? In welcher Welt eigentlich wuchs er auf? Seit jeher versteht Alexeij Sagerer Theater als Komposition, in der eins zum anderen passen muss, damit es funktioniert. In dieser Perspektive blickt er auch auf sein Elternhaus in Plattling. Die Basis dieser Komposition schuf seine Großmutter. Sie, das dreizehnte Kind eines Kleinbauern, hätte es eigentlich gar nicht geben dürfen. So viele Kinder konnte der Bauer nicht ernähren. Darum sollte sie Maria heißen, weil schon zwei Kinder, die Maria hießen, vorher gestorben waren. Ihre Mutter betete zur Muttergottes, nimm sie bitte zurück. Aber sie schlug sich durch, verließ den Hof und lernte Modistin. Und am Stadtplatz in Plattling eröffnete sie dann ein Modehaus. Anfangs hieß es nach ihr, „Maria Scheuring", mit einem Schriftzug an der Fassade, später „Modehaus Scheuring". In Gedanken musste ihr alles klar vor Augen gestanden haben. Sie wollte etwas Eigenes in die Welt setzen. „Eine theatrale Vorstellung", sagt Sagerer. „Du musst ja erst den inneren Raum schaffen, ehe du den äußeren Raum verwirklichst." Die Frage ist: Wie kann das funktionieren? Am Ende eine sechsköpfige Familie, dazu eine Köchin, ein Kindermädchen, Verkäuferinnen und das Büro. „Es ist jetzt nicht die *Maiandacht*, aber du musst dir vorstellen können, wie all das zusammenspielt."

In der Stadt war Großmutter Maria beliebt, in ihrer klaren, zugänglichen, verlässlichen Art. Jederzeit konnte sie jemanden um einen Gefallen bitten; er wurde prompt erfüllt. Sie hatte drei Kinder. Der Sohn wanderte nach Buffalo aus und starb dort; zum Begräbnis reiste sie allein nach Amerika. Kurz nachdem ihr Mann, ein früherer Lokführer, gestorben war, ertrank die ältere Tochter – zwei Schicksalsschläge in einem Jahr. Die jüngere Tochter Gabriele, Alexeijs spätere Mutter, wurde aus dem Internat nach Hause geholt und für die Buchführung eingesetzt. Im Hintergrund erledigte sie die Abrechnung, sie besorgte die Kalkulation und den Einkauf. Ab und zu fuhr sie nach München, um eine Ausstellung zu besuchen. Rudolf, Alexeijs späterer Vater, war Kaufmann. Zunächst verlobt mit der älteren Schwester, die tödlich verunglückte, warf er sodann ein Auge auf Gabriele und umgarnte sie mit Liebesbriefen.

Zeitlebens gab sich die Großmutter mit wenig zufrieden. Klar, das Geschäft hielt sie geschickt am Laufen, aber für sich selbst beanspruchte sie nicht mehr als das kleinste Zimmer im Haus, ein Bett, einen Schrank. Frühmorgens stand sie auf, heizte ein mit Koks, weckte die Köchin, damit sie das Frühstück zubereitete. Und öffnete den Laden. Von früh bis spät stand sie hinter der Verkaufstheke und erfüllte die Wünsche der Kundschaft. Offenbar hatte sie die Vorteile einer genügsamen Lebensweise erkannt und verinnerlicht. Wenn die Gesellschaft lockte, blieb sie auf Distanz. Mit Vergünstigungen war sie nicht zu ködern, als hätte sie geahnt, dass sie dadurch geschwächt werden könnte. Dieses haben wollen und jenes, das hätte ihr Zugeständnisse abverlangt. Und sie hätte ihre Souveränität eingebüßt. Diese Blöße wollte sie sich nicht geben. „Wenn du verzichtest", sagt Sagerer, „dann kannst du eine eigene Komposition herstellen, einen eigenen Rhythmus. Im Gefängnis später sehe ich das wie in einem Brennglas. Worunter die Gefangenen leiden, das sind die Vergünstigungen. Dass sie einen Blumentopf in die Zelle stellen dürfen oder dass sie am Sonntag zum Eisessen ausgeführt werden. Dadurch werden sie abhängig, und sie brechen zusammen, wenn ihnen die Vergünstigung wieder genommen wird. Davon musst du dich unabhängig machen, als Gefangener und auch als Künstler."

Gleichsam aus dem Krieg heraus hatte sich die Komposition Modehaus Scheuring entwickelt – nach der Vorstellung der Frauen. Der Mann, Rudolf, lag im Lazarett, dann wurde er Kriegsgefangener in einem Lager, in dem er später entnazifiziert wurde. Das Haus war zweistöckig. Im ersten Stock wohnten eine Zeit lang amerikanische Soldaten, während im Erdgeschoss die Familie lebte; vorübergehend schliefen sie im Schaufenster. Als Kind litt Alexeij unter Langeweile, weil er mit Spielen, die ihm angeboten wurden, nichts anzufangen wusste. Er schlief mal da, mal dort. Am liebsten hielt er sich im Büro auf. Lag dort mit einer Mittelohrentzündung auf zwei Polstern. Er sah seine Mutter am Tisch sitzen, die Buchhalterin an einem anderen. Damals kamen Briefmarken in Bögen, sie wurden auseinandergenommen und in einem Ordner abgelegt. Mit den abgetrennten Rändern durfte er machen, was er wollte: Er spielte damit. Einmal auch mit Liesl Karlstadt, am späten Nachmittag, es dämmerte. Fürs Booklet der *Gesamtausgabe Ton* von Karl Valentin schrieb er fünfzig Jahre danach einen Text über diese Begegnung:

„Liesl Karlstadt und ich sitzen uns gegenüber am Schreibmaschinentischchen. Sie umklebt an jeder Hand eine Fingerkuppe mit den Nicht-Briefmarken. Die eine mit so parallelen roten Linien und die andere mit so parallelen grünen Linien.

Eins

Und dann legt sie die zwei ausgestreckten Finger mit den umklebten Kuppen vor sich auf das Schreibmaschinentischchen. Dann sagt sie: ‚So, jetzt schau mal auf das rote und grüne Vogerl, dass sie nicht wegfliegen.' Und sie hebt dabei das rote und das grüne Vogerl immer hoch und lässt es mit einem kleinen Schlag wieder zurückkommen. Und immer höher hebt sie die Vogerl und spricht dabei die magischen Worte: ‚Vogerl flieg!' – ‚Vogerl flieg!' – ‚Vogerl flieg!' – ‚Vogerl flieg!' Und dann sagt sie: ‚Vogerl flieg – weg!' Und plötzlich liegen zwei nackerte Finger vor der Liesl Karlstadt und vor mir auf dem Schreibmaschinentischchen. Keine Spur mehr von den beiden Vogerl. Zauberei! Wahnsinn!" So verbrachten Liesl Karlstadt und Alexeij eine herrliche Zeit im Büro in Plattling. Und Karl Valentin war eifersüchtig, klar.

Es kam vor, dass Alexeij im Herrenzimmer übernachtete, in zusammengeschobenen Ledersesseln. Und dass er dort stundenlang mit Figuren spielte, ganz allein, fast autistisch, er dachte sich Abläufe aus. Eine Figur war dabei, die hatte ein eingedrücktes Köpfchen; von ihr fühlte er sich erotisch angezogen.

Durch Rudolf, den Vater, wurde die Komposition Modehaus Scheuring beträchtlich ausgeschmückt. Ehrgeizig erweiterte er die Kollektion, vor allem durch Männerkleidung, Anzüge und Krawatten. Dadurch wurden Kurzwaren wie Knöpfe oder Wolle an den Rand gedrängt. Mit der Zeit wurde die Putzmacherei eingestellt, weil die Leute kaum noch Hüte trugen nach dem Krieg. Rudolf entwarf ein Logo, einen Schriftzug in Rot und Weiß, und gestaltete das ganze Haus mit einem Schuss ins Gutbürgerliche: Bauernstube, Herrenzimmer. Alles nahm er in die Hand, nichts wollte er dem Zufall überlassen. Das Mittagessen etwa hatte drei Gänge, die Köchin trug auf und räumte ab. Dafür gab es Klingelzeichen. Einmal Klingeln zum Auftragen, zweimal Klingeln zum Abräumen. Wo die Gabel, wo das Messer lag, alles war genau festgelegt. Verwendet wurde unterschiedliches Besteck und Geschirr, je nachdem, ob für Werktag oder Sonntag. An hohen Feiertagen kamen sonst nie gesehene Tassen auf den Tisch. An der Tafel saßen der Vater und die Großmutter einander gegenüber. Auf der einen Längsseite saß Alexeij bei der Großmutter, der jüngere Bruder Friedrich beim Vater; auf der anderen die Mutter bei der Großmutter, die Schwester Gertraud beim Vater. Der untere Teil des Hauses war nunmehr dem Geschäft vorbehalten, mit großen Schaufenstern, eines zog sich sogar ums Eck. Der obere Teil galt dem Wohnen: große Küche, Speisezimmer, Herrenzimmer, Schlafzimmer.

Sowohl unten als auch oben lag ein Rohrstock bereit. Ab und an wurde Alexeij, und zwar nur er als das älteste Kind, geschlagen. Zur Belehrung bekamen sie Texte von Wilhelm Busch vorgelesen. Wie der Mensch zu sein hat. Vater Rudolf erstrebte nicht nur eine Modehaus-, sondern auch eine Familienidylle. „Aber Idyllen sind immer gefährdet. Sie tabuisieren, weil sie Angst haben, dass sie gefährdet werden, doch dadurch werden sie erst recht gefährdet. Mein Vater und ich hatten innerlich wenig miteinander zu tun."

Rudolf verfügte über ein gewisses Talent als Schriftenmaler. Entsprechend wurden die Waren ausgezeichnet. Auch ein Wappen entsprang seiner Kreativität. Noch dazu schrieb er Gedichte, vor allem zu Weihnachten. Jedes Jahr gab es ein Weihnachtsspiel aus seiner Feder, aufgeführt im größten Veranstaltungssaal des Ortes. Teils wurden seine Gedichte in der Zeitung abgedruckt, *Oh du, mein Plattling* zum Beispiel, eine Ode an das Städtchen. Nicht frei, nein, durchdrungen von Sentimentalität. Er erzeugte Idyllen. Gezielt suchte er die Nähe zu lokalen Größen. „Der Öffentlichkeit tritt er völlig anders gegenüber als meine Großmutter, eine ideale, weil weit gefächerte Konstellation. Und meine Mutter hält das Ganze von hinten zusammen." Zu Hause gaben sie Rommé-Abende; gespielt wurde nur um kleine Beträge. Dazu lud, obgleich kein guter Kartenspieler, der Vater ein und stellte für die Münzen ein Messingschüsselchen bereit.

Eins

Groß zog Rudolf seine Modenschauen auf. Weil das Haus am Stadtplatz lag und so mitten in Plattling, war öffentliche Aufmerksamkeit gewiss. Außerdem gelang es ihm, die Presse anzulocken. Die Modenschau fand im Laden statt; sie zog sich entlang der Schaufenster. Draußen hatte er fürs Publikum Lautsprecher installiert. Er selbst spielte den Moderator und begrüßte die Lokalhonoratioren, Geschäftsleute, einen stadtbekannten Friseur, einen Drogisten, der die Fotos machte. Und er sagte auch die Auftritte an. So kam es, dass Alexeij Kinderanzüge vorführte.

Im Fasching blühte Rudolf auf mit seinen Inszenierungen. Nur, dass auch die Großmutter dazukam, mit einer Goldhaube auf dem Kopf, verstörte ihn. Auf den Festen, jeweils am letzten Samstag im Fasching, herrschte Maskenzwang, gern auch unter ein Motto gestellt, Frau Luna zum Beispiel. Bei diesem Anlass tat er immer so, als sei ein Kamerad das Höchste. Hing wohl mit Kriegserinnerungen zusammen. Aber ein Kamerad ist noch lang kein Freund. „Zwar gibt es einen Kameradendiebstahl", sagt Alexeij Sagerer dazu, „aber es gibt keinen Freundesdiebstahl. Darin liegt das Verräterische." Rudolf und seine Kameraden feierten ausgelassen, wenn auch im Rahmen der Vorgaben. Einmal wurde ein Ritterturnier gegeben: Anstelle von Kriegsorden erhielten sie nun Faschingsorden, übergangslos gewissermaßen.

Nebenher gründete Rudolf einen Ski-Club. Einen ausrangierten Eisenbahnwaggon machten sie zu ihrer Ski-Hütte. Keine getrennten Betten, sondern ein Matratzenlager. Wer ihn anzeigte, ist nicht geklärt. Aber für seine homosexuellen Neigungen musste Rudolf später ins Gefängnis. Darauf ging das Geschäft mit der Männermode ein wenig zurück. Doch die Frauen, Ehefrau und Schwiegermutter, ließen ihn nicht fallen. Er solle sich ärztlich behandeln lassen, riet seine Frau allerdings in einem Brief, und er solle sich eine Stelle in München suchen.

So sehr Alexeij die Komposition Modehaus Scheuring fasziniert haben mag, so wenig fand er sich darin wieder, ebenso wenig wie in der allgemeinen Komposition seiner niederbayerischen Geburtsstadt. Ihm wurde klar, dass er Plattling über kurz oder lang den Rücken kehren musste.

„Es geht um körperliches Denken", sagt er. „Körperliches Denken ist Theater. Denn Körper stellen durch Bewegung Räume her. Erst durch die Bewegung können auch Gegenstände ins Spiel kommen. Von Kindesbeinen an versuchen sie den Körper in eine Art Inszenierung zu zwingen. Wenn du begreifst, was da vor sich geht, wirst du anders arbeiten. Entweder du gibst auf und gehst in eine Benimmschule, damit du keine Fehler mehr machst. Oder du denkst körperlich und spürst, dass dadurch etwas anderes entsteht. Wie bei dem Beispiel vom Gehen, auf dem Weg vom Bahnhof nach Hause. So bin ich körperlich aus dem Ganzen herausgetreten."

Er bekam Lust, auf der Straße zu schreien. Oder sich im Schnee zu wälzen. Nachts öffnete er das Fenster und sang Opernarien auf den Stadtplatz hinaus. Damals war der Stadtplatz die Öffentlichkeit schlechthin. Und wenn er ihn betrat oder gar mehrmals umrundete, wusste er, dass er gesehen wurde. Einst verfügte der Platz an seinen vier Enden über vier Tore, heute nur noch durch die Verengung der Straße zu erkennen. Annähernd rechteckig, bot er insgeheim das Modell für *Gschaegn is Gschaegn*. Aber das wurde Sagerer erst im Nachhinein bewusst. So selbstverständlich, wie der Platz sich mit Leben füllte, so selbstverständlich sollte es auch auf der Theaterbühne sein – eine Frage der Auftritte. In der Opernfassung von *Tödliche Liebe oder Eine zuviel* galt diese Erfahrung als unentbehrlich, denn die Figuren sind so gut wie ständig in Bewegung, ohne dass sie sich an Requisiten klammern könnten. Noch in den Trash-Comics *Ein Gott Eine Frau Ein Dollar* diente der Plattlinger Stadtplatz als Modell. Gedanklich sah Sagerer die Menschen von damals auf den Platz treten, ihn überqueren oder umrunden. Daraus entwickelte er die bogenförmigen Auftritte der Figuren. FrauFrau, KindFrau, Wachmann, Psychopath.

Eins

Schon früh scharte Alexeij Gefährten um sich und gründete eine Bande. „Ich hab mir immer eine eigene Formation geschaffen." Einmal war er Anführer der Griechen. Sie kämpften gegen die Hunnen. Unvorstellbar wäre es gewesen, zum Vater zu laufen, um über Schläge der Hunnen zu klagen. Diese Schläge steckte er weg. Es war okay.

Wenn er barfuß durch die Stadt ging, durfte er sicher sein, dass tags darauf eine Meldung vorlag. Irgendjemand hatte es dem Modehaus zugesteckt. Immerhin, er wurde gesehen.

Im Juli 1963 brach er die Schule ab. Er war an ihr gescheitert. Genauso wahr aber ist das Umgekehrte: Die Schule war an ihm gescheitert. Die Mutter nahm ihn vom Gymnasium in Deggendorf, sonst wäre er vor die Tür gesetzt worden. Ab einem gewissen Zeitpunkt spielte er nicht mehr mit. Er ignorierte Mahnungen, selbst die Drohung, der Schule verwiesen zu werden. Gewöhnlich saß er hinten, in der letzten Bank, ehe er zur Strafe nach vorne musste, in die erste Bank, was ihn aber nicht daran hinderte, Romane zu lesen. Immer öfter blieb er dem Unterricht fern und behalf sich mit einer gefälschten Unterschrift für die Entschuldigung. Darum ging ein Lehrer auf ihn los, mit rotem Gesicht, als wollte er ihn angreifen. Stattdessen zog er ihn zum Direktor und warf ihm dort vor: Sie hätten ja zurückgeschlagen! – Ja klar. – Ich war Nahkämpfer im Krieg, sagte der Lehrer. – Das hätte Ihnen aber nichts geholfen. Wiederholt wurde Alexeij in Durchsagen zum Direktor beordert. In der Klasse mag ihm dieser Vorgang Respekt verschafft haben. Die Schule dagegen hatte ihr Urteil gefällt: ein hoffnungsloser Fall.

Kurz darauf nahm er ein Praktikum als Elektriker auf. Für ihn, der keine Leidenschaft fürs Basteln hegte, war diese Tätigkeit das Entfernteste, was unter den gegebenen Umständen in Frage kam. Gerade darum ließ er sich darauf ein, fast ein ganzes Jahr lang.

In Plattling, sagte er sich, gibt es nichts Überflüssiges, nicht mal einen Park. Insofern sah er hier das Leben, wie es ist, bar jeglichen Schmucks, und erkannte klar die eigentlichen Kräfte. Dieser an Plattling geschärfte Blick machte ihn unempfänglich für hohle Inszenierungen.

Irische Revolutionslieder

Noch nicht ganz volljährig packte er im Sommer 1964 heimlich seine Sachen. Im Koffer verstaute er, was er so brauchte, Klamotten, Dostojewskij, sogar Schuhputzzeug. Etwas Geld hatte er gespart, noch dazu trampte er nach München, um seine Briefmarkensammlung zu veräußern. Er nahm den Zug. 24 Stunden später stieg er aus, an der Victoria Station in London.

„Ich wollte weg. Was passiert, wenn ich mich einfach in die Welt stelle? Ist das gefährlich? Oder was?"

Eigentlich träumte er von Irland. Er hatte Synge, Yeats und Joyce gelesen. In der niederbayerischen Provinz malte er sich, poetisch gestimmt, die Iren aus, Pubs und wortkarge Trinker, weite Landschaften, die Einsamkeit. Aber dann kam es anders, wenngleich so anders auch wieder nicht. Bei der Einreise wurde er gefragt, was er in England vorhabe. Und weil seine Pläne noch offen waren, antwortete er, nur um zu antworten, er wolle nach Croydon, denn in Plattling, seiner Heimat, habe er in der Volkshochschule einen Vortrag über diese Stadt gehört, „Living in an English country town", und jetzt sei er hier, um sie mit eigenen Augen zu sehen. Das hörte der Grenzer gern. Alexeij erhielt eine Visitor Card, gültig für drei Monate.

Mr. Beavon war es, der mit einem Lichtbildvortrag seine Sehnsucht geweckt hatte. Damals fing Alexeij an, für die Plattlinger Zeitung zu schreiben. Ausgerechnet unter der Überschrift „Das Idyll eines englischen Städtchens" berichtete er über den Gastredner Mr. Beavon, „ein freundlicher, älterer Herr", dessen Vornamen er verschwieg. „Die Attraktionen dieses verträumten Flecken aber sind sein Gerichtshof, in dem kleinere Vergehen behandelt werden, und sein farbenprächtiger Viehmarkt. Schweine, Schafe, Rinder und Pferde werden hier laut versteigert." Außerdem verfüge die Stadt über eine Schallplattenspieler-Fabrik.

Eine Nacht in London strapazierte das Budget bereits mehr als vorgesehen. Das Hotel war teuer. Sonst sah er nicht viel von der Stadt. Erst bei einem späteren Aufenthalt streunte er umher. Nachts ging er über die Tower Bridge, weil selbst in Niederbayern jeder die Tower Bridge kannte. Niemand kam ihm entgegen. Oder er bummelte durch die Fleet Street. Nachts wirkte die Stadt wie ausgestorben, jedenfalls so lange, bis in hellem Licht Zeitungen ausgeliefert wurden. Damals, nach der ersten Nacht in London, setzte er sich in den Zug nach Croydon, stieg aber erst eine Station danach aus, in Redhill. Ein Mädchen nahm ihn mit nach Hause, doch der Vater gab sich reserviert. Ich suche eine Bleibe, sagte Alexeij, und der Vater fragte: Sind Sie katholisch? Als Alexeij bejahte, griff der Vater zum Telefon. Dadurch fand Alexeij wie gewünscht eine Unterkunft in Croydon, im Häuschen eines Iren. Ein Kanadier wohnte dort, ein Schotte, sonst überwiegend Iren. So landete er am Ende doch bei den Iren – und blieb drei Monate. Einem Zimmermann half er bei der Arbeit. Und am Abend sang er mit den Iren Revolutionslieder. Beim Abschied flossen Tränen.

Inzwischen war das Geld so gut wie weg. Aber er gelangte noch nach Paris. Was jetzt? Was machst du ohne einen Sou in der Tasche? Hundert Mark waren noch übrig. Viel zu wenig für ein Vierteljahr. Er suchte nach einem Zimmer, und er suchte nach Arbeit. Auf Französisch konnte er nur das Nötigste sagen. Nicht weit vom Eiffelturm entfernt steuerte er irgendein Haus an und drückte auf irgendeine Klingel. Eine Frau ließ ihn herein. Nein, Zimmer gebe es hier nicht zu vermieten, aber sie hätte eines. Dafür brauche er nichts zu bezahlen, vorausgesetzt, er helfe ihr beim Putzen einmal die Woche. Mit den antiken Möbeln musste er vorsichtig umgehen. Am meisten Arbeit aber machte der Parkettboden, weil nicht versiegelt; der Hund der Wirtin schnüffelte darauf herum und hinterließ überall Flecken.

Trotzdem, er hatte Glück gehabt. Fürs Zimmer kaufte er eine Herdplatte, um Essen zu kochen. Ein Freund, der damals bei der Bundeswehr war, schickte ihm ein Päckchen mit übrig gebliebenen Fischdosen. Vielleicht fehlten ihm die Iren und ihr revolutionärer Gesang. Mangels Geld und Sprachkenntnissen lebte er in Paris zurückgezogen. Lange schlief er in den Tag hinein, als müsste er seinem Körper, den er kaum ernähren konnte, Ruhe gönnen. Er lag auf dem Bett und dachte nach. Und er setzte sich hin, um zu schreiben. Als der Vater ihn einmal gefragt hatte, was er werden wolle, gab er zur Antwort: Schriftsteller. Etliche Gedichte hatte er bereits geschrieben. In Paris reifte in ihm die Überzeugung, dass er für das, was ihm vorschwebte, alles Bisherige hinter sich lassen musste. Er stellte sich die nächsten Schritte vor: Schreiben, Theater machen, Filme machen.

Ganz ohne Geld war dann Schluss. Per Anhalter kehrte er nach Plattling zurück.

Die Entdeckung der Kanne

Die Jahre, ehe er 1969 in München das proT gründete, standen unter dem Druck, Geld zu verdienen. Auch wenn er bald zum Theater fand, zeitweise auch auf eine Schauspielschule ging, entlastete ihn das nicht von der banalen Frage nach dem täglichen Brot. Erst mit dem proT war die Zeit der hundert Jobs vorbei. Fortan versuchte er für sein Theater Geld aufzutreiben, auf Pump oder durch Mäzene oder durch städtische Förderung, hin und wieder auch durch Pferdewetten und Glücksspiele.

Aber schon lange vorher nahm seine Vision von einem anderen Leben Gestalt an. Alles, was er tat, tat er in dem Bewusstsein, es jenseits des Vorgegebenen zu tun. Selbst beim Straßenbau, wo er in Plattling nach seiner Rückkehr schuftete, wo er nichts anderes tat als arbeiten, essen und schlafen, hielt er den älteren Arbeitern Vorträge über das wahre Dasein, besonders während der Brotzeit. Vor einem Hilfsarbeiter erging er sich in komplizierten Überlegungen und las in dessen Gesicht, dass es zum Zuhören kein Studium brauchte. Natürlich ist Dummheit weit verbreitet, aber entgegen der landläufigen Vorstellung nicht unbedingt ans Milieu gebunden.

Das Modehaus wurde verkauft; die Eltern zogen nach Gauting bei München und errichteten dort einen Bungalow. Während der Zeit beim Straßenbau lebte Alexeij noch in Plattling bei der Großmutter, die für ihn kochte. Er liebte sie für ihre Warmherzigkeit, aber auch für ihre Eigenständigkeit. Erst als sie den Anforderungen nicht mehr gewachsen war, zog auch er im September 1965 nach Gauting, nicht ohne für sein Zimmer im Bungalow Miete zu bezahlen. 1966 jobbte er ein halbes Jahr bei Touropa, einer Reisegesellschaft mit Liegewagen, und rollte auf Schienen durch Europa. In Kopenhagen etwa stiegen Touristen zu, um nach Verona oder Bologna zu fahren. Auch Pilgerzüge standen im Angebot, einer nach Lourdes, einer nach Rom. Bei einer Schulung waren ihm die wichtigsten Regeln eingebläut worden: kein Alkohol, kein Schmuggel, keine Trinkgelder, keine Frauen anmachen. Gegen alle Regeln verstieß er. In einem Pilgerzug brachte er den Pfarrer sogar dazu, dass er in einer Durchsage das Einsammeln von Trinkgeldern ankündigte. Alexeij hatte jeweils einen Waggon zu betreuen. Immer gab es irgendwelche Beschwerden, den einen war es zu warm, den anderen zu kalt. Weil er keine Uniform tragen wollte, wurde er strafversetzt.

Eine Saison lang war er für eine Gartenfirma tätig. Kurzzeitig übernahm er auch die Auftragsbearbeitung für Scherzartikel, Faschingsartikel, Weihnachtsartikel. Dann wieder strich er Gitter am Isarkanal, Wehre in der Nähe des Flauchers. Unter den Kollegen vermutete er überwiegend Kriminelle, Tag für Tag ausgezahlt, weil unklar war, ob sie wiederkamen. In der Stadt jobbte er an der Garderobe und nahm Mäntel entgegen, so im Blow-up. Im Drugstore dagegen führte er die Garderobe in eigener Verantwortung als Kleinunternehmer, leider ohne Erfolg. Aber insgesamt kam er weit in der Stadt herum.

Gleichzeitig suchte er Öffentlichkeit. Am einfachsten schien der Weg über den Journalismus zu sein, denn er hatte schon Erfahrung darin durch Artikel für die Plattlinger Zeitung. Nach einer Ausschreibung im Frühjahr 1966 schickte er zwei Texte an die Deutsche Journalistenschule in München und wurde eingeladen, an einer Prüfung teilzunehmen. Eine Reportage über die Leopoldstraße sollte er liefern, doch er, daran gewöhnt, dass ihm eine Sekretärin die Texte tippte, wurde und wurde nicht fertig. Für einen Artikel über eine Sitzung des Gautinger Gemeinderates zum Beispiel brauchte er zwei Tage. Kurz gesagt, er fiel durch. Dessen ungeachtet, händigten sie ihm ein Empfehlungsschreiben für ein Volontariat aus. Aber davon ließ er sich nicht verlocken. Ab Januar 1967 schrieb er für den Land- und Seeboten in Starnberg. Die Starnberger Redaktion war auf ihn aufmerksam geworden, nachdem er eine Weihnachtsgeschichte eingeschickt hatte. Damals sah er das Journalistische eng verwandt mit dem Künstlerischen; später erkannte er: alles Quatsch. Seinen frühen Artikeln merkt man an, wie ernsthaft er sich jeweils auf die Materie einließ. Einesteils verhaftet in den Sprachklischees einer Lokalzeitung, andernteils gewillt, gedanklich abzuheben. So gelang ihm ein rechtsphilosophisches Glanzstück, das schon den Lesern der Plattlinger Zeitung nichts schenkte. Anlässlich des Vortrags eines Kriminologen in der Volkshochschule spielte er, Dostojewskij im Nacken, mit den Begriffen Schuld und Sühne:

„Der entscheidende Faktor ist die Willensfreiheit. Nach dem wissenschaftlichen Standpunkt gibt es keine Willensfreiheit, sondern alles geschieht nach dem Prinzip von Ursache und Wirkung. Die Ursachen für das menschliche Verhalten sind die Motive. Der einzelne kann jedoch nur nach dem stärksten Motiv handeln (das Motiv des Heiligen ist das Streben nach Glückseligkeit). Absolute Freiheit wäre nur dann, wenn wir uns für die Motive frei entscheiden könnten. Doch auch unsere Persönlichkeit stammt nicht von uns selbst, sondern bildet sich aus den Erbanlagen und der Umwelt. Alle Neigungen, gute und böse, sind dem Menschen vorgegeben, sind ein Teil seiner Persönlichkeit. Auch die Kenntnis der Wirkung von Hormonen wirft ganz neue Fragen auf. So sind sehr hohe und edle Gefühle, wie z. B. die Mutterliebe, auf solche Wirkungen zurückzuführen. Kann nun eine ‚Rabenmutter' bestraft werden oder bräuchte sie nur eine Hormonbehandlung durch den Arzt?"

Viele Jahre später, 1974, bekam er – unter dem Pseudonym Rudolf F. Pleuna – eine Kolumne in der Frankfurter Rundschau, und zwar über Spiele für Erwachsene. Als ihn Der Tagesspiegel später ebenfalls als Kolumnisten haben wollte, war das Genre für ihn schon ausgereizt. Er hatte alles geschrieben, was er über Spiele schreiben wollte, und so hörte er nach zwei Jahren damit auf. Er trat übrigens auch als Erfinder hervor: Sein „Kofferspiel", das mit Nummernschildern operierte, erschien im Pelikan Verlag, „eine Art westliches Mahjong". Unter dem Namen *Globetrotter* wurde es 10 000-mal verkauft.

Von November 1966 bis August 1968 ging er in Gauting auf die Schauspielschule Ruth von Zerboni. Das klingt erstaunlich, war er sich doch schon früh des pädagogischen Drucks auf den Körper bewusst geworden. Was wollte er da auf einer Schauspielschule? Aber vielleicht ist es nur halb so erstaunlich, wie es klingt, wenn man bedenkt, dass ein junger Mann aus Niederbayern in München oder Fast-München erst einmal Eindrücke sammeln musste, ehe ihm klar wurde, wo er angreifen konnte. Was wird dort gelehrt? Worin liegt, wenn überhaupt, die Magie? Noch dazu mag ihm, ob er wollte oder nicht, die Welt des Theaters Respekt eingeflößt haben. Es ging gar nicht anders, als herauszufinden, nach welchen Regeln sie funktionierte. Erst dann würde er in der Lage sein, mit diesen

Regeln zu spielen und sie womöglich zu brechen. Immerhin war ihm diese Erfahrung so viel wert, dass er Monat für Monat Geld für die Ausbildung hinblätterte – so lange, bis er nichts mehr hatte. Die Schule forderte 540 Mark, und am Ende schickte sie ihm den Gerichtsvollzieher. Aber der fand nichts, was er hätte pfänden können, und entlastete ihn durch ein Pfändungsabstandsprotokoll.

Ihn zog es zum Theater, und ihn zog es zum Film. Darum machte er zwischendurch, in den Semesterferien, ein Praktikum bei Arri, genauer gesagt: Er wurde als Hilfsarbeiter angestellt, ohne besondere Verpflichtungen. So eignete er sich Kenntnisse an, was Schneiden, Lichtbestimmung, Entwicklungsbäder und Kopiermaschinen betraf. Die Arri-Experten waren beeindruckt, dass einer, der vorhatte, Regisseur zu werden, das Kopierwerk kennenlernen wollte.

Mittlerweile wohnte er in München bei seiner Freundin Diane am Oberanger, nicht weit vom Sendlinger Tor. Dieser Umzug hatte etwas Prägendes. Denn immer wieder sollte Alexeij in die Wohnung einer Frau ziehen. Bis heute ist er nie in die Verlegenheit gekommen, selber eine Wohnung zu mieten. Klar, er mietete Räume fürs Theater, einen Keller, ein Haus, eine Halle, und er mietete das Atelier in der Zenettistraße. Er schlief auch gelegentlich im Theater, und er schlief und schläft gelegentlich im Atelier, aber wohnen – wohnen wollte er immer nur bei einer Frau.

Alteraction war sein Debüt als Schauspieler, im April 1968. Er spielte einen Reporter, wenngleich als Figur nur schwach konturiert. In seinem Vertrag stand unter Verwendungszweck das schreckliche Wort „Mime". Angesiedelt im Haus der Kunst, verströmte das Projekt den Atem des Progressiven. Spartenübergreifend, mit Versatzstücken spielend, Erklärungen verweigernd. Eigentlich nicht schlecht für den Anfang. Die Musik stammte von Egisto Macchi, die Texte nahmen sie von Antonin Artaud und Mario Diacono. Tänzer vom Bayerischen Staatsballett waren zugegen, eine Französin choreografierte, der Regisseur kam vom Residenztheater, dazu ein paar Neulinge von außen. In Sagerers Erinnerung aber wirkte es eher gewollt als gelungen: „Ernüchternd war, dass sie sich, wenn sie das andere Theater meinten, darauf beschränkten, etwas irgendwie zusammenzusetzen."

Einer der Jobs führte ihn in die Kreidefabrik, zu Ulma Kreide in Gauting. Dort stieß er auf einen Haufen Kannen, genauer gesagt: Tintenkannen. Er bekam sie geschenkt und nahm sie mit. Kurz darauf wurde die Kanne zu einer Art Emblem für das proT. Und sie ist es noch heute. In der Fabrik arbeitete er als Pauschalist, der sich selbständig, wie ein Subunternehmer, Helfer suchte, zum Abladen von Gips zum Beispiel. Von den Kreidemachern lernte er, wie Schulkreide gemacht wird. Die Kunst bestand darin, die richtige Mischung herzustellen, Wasser und Gips, nicht zu flüssig, nicht zu fest. Bei Farbkreiden wurde dann noch Farbe dazugegeben. Der Chef war als Kriegsgefangener in den USA gewesen und hatte dort offenbar ein Patent abgestaubt. So brüstete sich Ulma Kreide mit dem Patent auf runde Kreiden. Vorher waren sie alle viereckig gewesen. In Blöcken von je 140 Stück verfügten sie über eine bestimmte chemische Qualität. Als die Kreidemacher kündigten, war Alexeij plötzlich der einzige in der Fabrik, der Farbkreide machen konnte. Seinerzeit spielte er abends in München am Büchner-Theater. Was verdienst du denn da?, fragte der Kreide-Chef. Ja mein Gott, sagte Alexeij, mal fünf Mark am Abend, mal nur eine Mark. Der Chef konnte es nicht fassen: Damit verschleuderst du dein Talent! Und er schlug ihm vor, in der Türkei eine Fabrik aufzubauen.

Früher hatte die Firma Tinte verkauft, offene Tinte für die Fässchen in der Schulbank. Der Hausmeister ging mit einer Kanne von Bank zu Bank und füllte Tinte nach. Im Speicher der Kreidefabrik lagen die tintenblauen Kannen, da nun nicht mehr gebraucht, auf einem Haufen. Eigens gebrannt, weil die ätzende Tinte das Material angriff, hatten sie etwas durchaus Kostbares.

Bereits auf dem ersten Plakat, zur Eröffnung des proT, waren Kannen abgebildet, gestaltet von einem Grafiker. Und kurz darauf, bei Ionescos *Die Nashörner*, wurden sie als szenische Elemente verwendet. Der Rang aber, den die Kanne für das proT einnimmt, reicht über das Emblematische hinaus. Spätestens 1970 wurde das deutlich, mit einer Aufführung, welche die Kanne zu Titelehren erhob: *Zerreiss die schönste Frau über dem höchsten Platz die weisse Kanne*. Anders als die Theatercomics jener Zeit, ist das Stück ein symbolisches Drama, streng genommen, Repräsentationstheater. Die typisierten Figuren repräsentieren Ideen des Alexeij Sagerer. Schon der Titel verweist darauf: Worum geht es im Leben? Willst du die schönste Frau haben, oder willst du den höchsten Platz einnehmen? Was bedeutet dir Karriere? Zwei Figuren werfen einander die Kanne zu, hin und her, her und hin, und alles andere verfliegt. Denn die Kanne verkörpert ihre Wünsche. In einer Massenszene werden die Figuren dann ihrer Qualitäten entkleidet und gehen in ein und derselben Bewegung auf. Traurig ist der Abgesang, wenngleich nicht ohne Potenzial: Wir haben alle Möglichkeiten.

„Vom Ansatz her alles richtig", sagt Sagerer rückblickend. „Aber ich habe sie nur meine Ideen spielen lassen." Für ihn ist die Kanne „eine Art Siegeszeichen". Der Film *Pherachthis* zelebriert die Kannen in unterschiedlichen Arrangements. Bewegt werden die Kannen nicht, nur die Kamera bewegt sich. „Film entsteht über das Sehen mit der Kamera." Die Kamera nähert sich, fährt durch die Henkel, weicht zurück, dreht sich ein und dreht sich aus über einer Massenszene mit Kannen. Im Theater wurde die Kanne stillschweigend zum Star, manchmal nur angestrahlt durch einen Spot. In *Intercity* (1985) wird sie am Faden auf die Bühne gezogen. In *oh, oh, Maiandacht …* (ab 1986) hängen die Kannen in Trauben herunter, ein Instrument, das Cornelie Müller zum Rasseln bringt. So tauchte die Kanne immer wieder auf, ein Gespenst aus klingendem Material.

Eins

Auf der Homepage des proT ist die Kanne allgegenwärtig. Das muss so sein, weil man ohne sie nicht wüsste, wohin. Wie im Leben, so sucht man auch hier nach Orientierung. Und wie im Leben, so ist es auch hier die Kanne, die einen führt. Noch dazu hat das proT kleine Buttons unter die Leute gebracht, natürlich mit dem Siegeszeichen darauf, der Kanne. Man sagt, dass schöne Frauen diesen Button im Portemonnaie mit sich tragen, als ahnten sie, dass die Kanne ihnen Glück bringen werde.

Der Theaterkönig ist tot, es lebe der Theaterkönig

In den späten 1960er Jahren ging es in München nicht mehr halb so gesittet und autoritätshörig zu wie in den frühen. Bereits bei den Schwabinger Krawallen im Sommer 1962 brach der Frust über die starren Verhältnisse gewaltsam hervor, tagelange Protestmärsche und Randale. Ausgelöst wurde der Aufruhr durch auf Straßenmusikanten und ihr Publikum einprügelnde Polizisten. Die Musikanten nämlich hatten die Nachtruhe gestört und noch nach 22 Uhr musiziert. Vibrationen erfassten die Stadt und ließen sich nicht mehr dämpfen. Mit konservativen Werten, konventioneller Familie und gewöhnlichen Karriereaussichten war es nicht mehr getan. Das ganze System sollte herausgefordert, am besten gestürzt werden. Als die USA brutal in den Vietnamkrieg eingriffen, galt das vielerorts als Beleg für die moralische Verkommenheit des Westens, für die Fäulnis des Systems. Wie in Paris und Berlin, so rebellierten auch in München Studentinnen und Studenten.

Seit 1967 leiteten der Kunstmaler Helmut Berninger und seine Frau Carmen Nagel das Büchner-Theater als „experimentelle Bühne". Experimentell, das ist ein fragwürdiger Begriff, denn das hieße ja, dass hier nur versucht worden wäre, Theater zu machen. Es wurde aber tatsächlich Theater gemacht, wenn auch nicht das gewöhnliche der großen Häuser.

Berningers Haus lag in Schwabing, in der Isabellastraße 40. Wer eine Aufführung sehen wollte, musste über den Hof ins Hinterhaus, dann Stufen hinabsteigen in den Keller. So wagemutig aber, wie es nötig gewesen wäre, war Berninger nicht. Denn als er Obszönes auf der Bühne witterte, alle Schauspieler in Unterhosen, da drehte er das Licht ab – eine Erfahrung, die der junge Rainer Werner Fassbinder mit ihm machte.

Auch der junge Franz Xaver Kroetz entwickelte damals ein Projekt im Büchner-Theater, unter dem Titel *Oblomow*. Er hatte Gontscharows Roman dramatisiert, um ihn in eigener Regie auf die Bühne zu bringen. Aber er kam mit dem Stoff nicht zurande, auch dann nicht, als er damit ins Moderne Theater umzog. Er litt unter Stimmungsschwankungen: Ich schaff es, ich schaff es nicht. Und als dann Kelle Riedl auf der Probe erschien und eine große Theaterwahrheit gelassen aussprach: das wird nichts, da wusste Kroetz weder ein noch aus. So griff ein am Projekt beteiligter Schauspieler, Alexeij Sagerer, nach der Regie und zog wieder ins Büchner-Theater um. Ohne Kroetz, nicht mal, wie zunächst vorgesehen, als Schauspieler.

Nach Kroetz' Idee sollte Jürgen von Hündeberg, wie Berninger ein Kunstmaler, die Figur des Oblomow spielen. Leider aber war von Hündeberg nicht dazu zu bewegen, seine Wohnung zu verlassen, schon seit Jahren nicht. Darum wurden Fotos von ihm gemacht (und in der Aufführung als Dias projiziert), darum auch wurden Oblomows Worte auf Tonband aufgenommen (und eingespielt). All das hatte Kroetz bereits vorbereitet. Nun aber bearbeitete Sagerer die *Oblomow*-Bearbeitung; das Tonband zum Beispiel schnitt er um. Kroetz war erbost darüber, doch der Abend glückte. Der scheue von Hündeberg wurde später zu Sagerers Komplizen, lebenslang, vielleicht der verlässlichste und anregendste Komplize überhaupt.

Kroetz griff nach einem Stuhl und ging auf Sagerer los. Der aber versetzte ihm einen Leberhaken, sodass Kroetz einknickte. Kaum dass er sich wieder aufgerappelt hatte, rannte er zum Theaterchef und klagte. Berninger aber hatte daran nichts auszusetzen, eher im Gegenteil. Denn Kroetz war berüchtigt dafür, seine Schauspieler zu verprügeln, besonders während einer Regiearbeit nach Shakespeare. Berninger mag in dem Leberhaken ein Stück ausgleichender Gerechtigkeit gesehen haben.

Damit war Kroetz aus dem Spiel. Und Sagerer gabelte als Ersatz einen Sudanesen in Schwabing auf. Sein Vater, so der Sudanese, verfüge über beste Beziehungen zur Politik, und wenn er dann erst mal Kulturminister sei, dann könne Alexeij im Sudan großes Theater machen. Überraschenderweise kamen dann Freunde des Sudanesen in die Vorstellung, neugierig, voller Erwartung, aber der Schauspieler verlor die Nerven und vergaß seinen Text. Alexeij riet ihm, irgendetwas auf Sudanesisch zu erzählen, weil das keiner beherrsche. Nachher war die Blamage groß, der Sudanese stürzte aus dem Theater: Er habe sein Gesicht verloren, denn die Freunde hätten den ganzen Quatsch, den er von sich gegeben habe, verstanden. Ein paar Straßen weiter fing ihn Alexeij wieder ein und ermutigte ihn, nicht aufzugeben.

In jungen Jahren behauptete Kroetz, er schreibe, um eine Sprache für die Elenden zu finden. „Alles Käse", spottet Sagerer. „Als Schriftsteller hätte er genug damit zu tun, seine eigene Sprache zu finden. Und was die Elenden betrifft, so sprechen sie, wie sie sprechen. Sie haben ihre eigene Sprache. Und sie müssen auch keinen Sprachunterricht nehmen bei Kroetz."

1971, als aus dem Büchner-Theater längst das proT geworden war, klopfte Kroetz wieder an die Tür und zwar, um sein Stück *Michis Blut* uraufzuführen. Die Chancen standen gut, weil Sagerer nicht da war und auch nicht unversehens eintreffen würde, denn er saß fest in Landsberg – im Gefängnis. Kroetz war dem Theater willkommen; sein Zwei-Personen-Stück nahmen sie an wie ein Geschenk. Er konnte die proT-Schauspieler Cornelie Müller und Nikolai Nothof dafür gewinnen. Wie Statuen sitzen sie einander am Tisch gegenüber und werfen sich harte, derbe bayerische Sprachbrocken zu. Alles sehr reduziert, die körperlichen Haltungen nur unwesentlich variiert.

Später, sehr viel später, 1987 nämlich, ließ sich Alexeij Sagerer noch einmal auf Kroetz ein, genauer gesagt, auf dessen wortloses Stück *Wunschkonzert*. Es muss, weil durchdrungen von diabolischer Lust, eine denkwürdige Aufführung gewesen sein, ein „Anti-Kroetz", wie Die Zeit dazu schrieb. Sagerer spielte, was die Ausstattung anging, mit seinen Theaterfarben rot, blau, grün – oder, wie es auf der berühmten, vom Verleger Hias Schaschko 220 000-mal verkauften Postkarte heißt, „rod plau krün". Die Möbel der vorgeschriebenen kleinbürgerlichen Wohnwelt sind weiß stilisiert, so sauber wie steril: Küchenzeile, Tisch, Stuhl, Bett. Die Rolle des Fräulein Rasch hat er mit Manuela Riva besetzt, einem Transvestiten mit Erfahrungen im Varieté. Bei Kroetz sieht man dem Fräulein Rasch zu, wie es ihren Feierabend verbringt – vor allem: einsam. Sie bereitet das Abendbrot zu, sie wäscht sich, sie richtet das Bett, sie raucht, und im Radio hört sie das Wunschkonzert zum Trost, zur Unterhaltung und zur Betäubung, ehe sie sich, die Tabletten in Zweierreihen geordnet, das Leben nimmt. Bei Sagerer wundert sich das Fräulein Rasch über ihren sozialromantischen Erfinder Kroetz. Sie liest aus dem Textbuch vor: „Das Stück ist der Vorschlag zur Darstellung eines Sachverhalts, der mir oft in Polizeiberichten aufgefallen ist – Selbstmord vollzieht sich in vielen Fällen unglaublich ordentlich." Das ist ihr zu viel. Ihr Selbstmord ein Sachverhalt? Die „explosive Kraft der Unterdrückung", schreibt Kroetz weiter, wende sich gegen die Unterdrückten selbst, anstatt eine revolutionäre Situation zu erzeugen.

Das Diabolischste aber ist, dass Fräulein Rasch hier nicht vorm Radio sitzt, sondern vorm Fernseher. Sie hört nicht das Wunschkonzert, sondern sie schaut *Kir Royal* mit Franz Xaver Kroetz als Klatschreporter Baby Schimmerlos. Zum Trost, zur Unterhaltung und zur Betäubung. Insofern ist der

Sozialkritiker Kroetz hier zum Verräter geworden, weil er, gut bezahlt, dazu beiträgt, dass alles bleibt, wie es ist.

Ende der 1960er Jahre galt das Gegenteil. „Wir haben alle Möglichkeiten", heißt es in Sagerers Kannen-Stück. Nichts sollte so bleiben, wie es war. In München suchte eine unruhige junge Generation das Licht der Öffentlichkeit, gerade in unabhängigen Theatern. Damals waren sie alle Anfang, höchstens Mitte zwanzig, größtenteils unerfahren, aber überzeugt davon, dass die Zeit nach ihnen verlangte. Sie wollten ihre Vorstellung von Theater (oder Film) in die Welt setzen: Alexeij Sagerer, Rainer Werner Fassbinder, Franz Xaver Kroetz; Herbert Achternbusch stieß erst später dazu. „Man hat sich nicht gewundert, dass man auf Leute traf, die ebenfalls etwas vorhatten", sagt Sagerer. „Und die etwas anderes anstrebten. Der eine wollte sehen, was der andere drauf hat. Durchaus misstrauisch, nicht frei von Konkurrenz." In der Presse etwa wurden Sagerers Theaterbilder gelobt, alles schön, aber: Worum gehe es eigentlich? Fassbinder verrate ja auch immer, was er ausdrücken wolle. „Ich sah es eher als eine Schwäche von Fassbinder, dass er so tat, als hätte er eine Formel."

Nachts trafen sie einander in Schwabing, im Chez Margot, im Stop in oder im Meine Schwester und ich, dem späteren Schariwari. Es gab Pizza und unendlich viel zu sagen. Kunstgespräche weniger, eher ging es um die Kraft und Eindringlichkeit, die einer mitbrachte. Auch Otfried Fischer war bei der einen oder anderen Runde dabei und haderte mit seiner Perspektive als Schauspieler. Oder die Politischen, die von nichts weniger als einer Revolution träumten. Rolf Pohle zum Beispiel: Er stand später unter dem Verdacht, die RAF zu unterstützen. Keiner ließ einen Zweifel daran, dass die Lebendigkeit, die unter ihnen herrschte, das Althergebrachte ablösen werde.

Sagerer sagt: „Ich wollte nicht in das System zurück. Ich wollte so weit weg, dass sie mich gar nicht mehr nehmen würden, selbst wenn ich wollte. Mir ging es um diese Konsequenz, um diesen nicht greifbaren, nicht einzuordnenden Ansatz, den die Bewegung selber herstellt."

Alle strahlten dieses Neue aus. Fassbinder war besessen von der Vorstellung, die Verhältnisse so weit zu drehen, dass alle machen mussten, was das Neue für geboten hielt. Auch darum spannte er, jenseits der eingeschworenen Gruppe, in seinen Filmen längst bekannte Gast-Schauspieler ein, wie Karlheinz Böhm oder Mario Adorf.

Einmal hatte Sagerer eine tätliche Auseinandersetzung mit Fassbinder. Warum? Keine Ahnung. Eine Schlägerei schien dazuzugehören. Aber Fassbinder hob die Hände und brach ab. Er habe morgen einen Auftritt im Fernsehen. Ein blaues Auge hätte sich nicht gut gemacht. Fassbinder schwor seine Gruppe auf sich ein. Dass einer anderswo spielte, galt als Vertrauensbruch. Und doch geschah es, dass sich Kurt Raab ins Büchner-Theater verirrte und mit Alexeij Sagerer und Billie Zöckler für eine Nestroy-Aufführung probte, *Einen Jux will er sich machen*. Wütend eilte Fassbinder herbei, um seinen Schauspieler aus dem Theaterkeller zu ziehen. Aber er fand ihn nicht, weil Sagerer ihn im Bierlager versteckt hatte. Eigentlich kein gutes Versteck, da alle viel und gerne tranken. Nur Fassbinder nicht. In seinen jungen Jahren verzichtete er auf Alkohol.

Dass sie ihre Kräfte vereint hätten, daran war nicht eine Sekunde lang zu denken. „Das wäre", sagt Sagerer, „als würdest du in Butter ein bisschen Schmalz hineinmischen. Das wird nicht besser. Das wird zu fett." Als er 1992, zehn Jahre nach Fassbinders Tod, für ein Festival dessen Stück *Das Kaffeehaus* auf die Bühne brachte, mag ihm das Bild von Butter und Schmalz vor Augen gestanden haben. „Fassbinders Theaterwelt ist viel zu sehr auf ihn bezogen, und das muss auch so sein. Sie wird nicht reichhaltiger, wenn ich ein Stück von ihm mache. Seine Sprache hat etwas Statisches und extrem Gekünsteltes. Keine Repräsentationssprache mit ihren Pseudo-Gefühlen und ihrem Pseudo-Realismus. Das zumindest konnte ich gut nachvollziehen." Das Kaffeehaus liegt zwischen Bordell und Spielsalon, „Frauenhaus und Männerhaus", wie Sagerer einer Zeitung mitteilte. Hier, ausgestattet mit Videotürmen unter Plexiglasdächern, treffen sich Betrüger und Betrogene. Alles dreht sich ums Geld, aber insgeheim sehnt sich jeder, wie bei Fassbinder üblich, nach Liebe. Aus der Jukebox erklingen Schlager von Pat Boone oder Roy Black; im Video erscheinen Spielsüchtige und Stripperinnen. Der Schriftsteller Martin Sperr spielt das Klatschmaul Don Marzio und lässt seinen nackten Bauch tanzen; Agathe Taffertshofer sitzt als tugendhafte Vittoria mit nackten Brüsten in einem Haufen aus Chips und Banknoten. Zum Schluss verkehrt sich das durchtriebene Spiel in eine Gameshow mit Tortenschlacht.

Gleich am Anfang hatten Sagerer und Fassbinder das Glück, eine Mäzenin zu finden, ein und dieselbe Person, Eva Madelung, eine Bosch-Erbin. Sie finanzierte sowohl Sagerers ersten Langfilm *Aumühle* als auch Fassbinders Film-Debüt *Liebe ist kälter als der Tod*. Das Büchner-Theater war heruntergewirtschaftet, und alles, was fehlte, war ein Königsmord. Helmut Berninger musste vom Thron gestoßen werden. Auch hier spielte Eva Madelung die entscheidende Rolle. Nachdem Sagerer ihr seine Vorstellungen für das Kellertheater dargelegt hatte, willigte sie ein und versprach, für die Miete aufzukommen. Und das, obwohl er ihr klargemacht hatte, dass er unter keinen Umständen beeinflusst werden wolle. Sie hatte Vertrauen gefasst. Einmal, als sie für 18 Uhr verabredet waren, kam er erst um 22 Uhr, und weil sie schon schlief, musste er lange klingeln. Anstandslos stellte sie ihm einen Scheck aus.

So kam Alexeij Sagerer 1969 zu einem eigenen Theater. Den Namen Büchner-Theater gaben sie auf; mit der Neueröffnung hieß die Bühne proT. Nicht im Sinn von pro Theater, wie vielerorts vermutet – so auch von Gert Heidenreich in einem Rundfunkbeitrag –, nicht als pro Theater gegen Fassbinders antiteater gerichtet, sondern schlicht proT, ein Kunstwort, kurz und scharf auszusprechen wie Gott. Selbst die geläufige Assoziation von proT mit Prozessionstheater, vor allem im Blick auf die theatralen Abläufe, greift zu kurz. Denn in das Kürzel proT passt alles hinein, was man sich vorstellen kann.

proT-Start

München Schwabing, Isabellastraße 40, Hinterhaus, Keller. Dermaßen versteckt untergebracht, mussten sie sich etwas einfallen lassen, um wahrgenommen zu werden. Sie legten alle Kraft hinein. Am 27. November 1969 eröffnete das proT mit zwei Uraufführungen, Theatercomics von Alexeij Sagerer, *Tödliche Liebe oder Eine zuviel* und *Gschaegn is gschaegn.* Zwei Tage danach folgte die Premiere von *Die Nashörner* nach Eugène Ionesco. Noch dazu gab es Abende mit experimenteller Musik und Lesungen, außerdem eine Ausstellung. Sagerers erste Filme *Romance* und *Krimi* wurden gezeigt, letzterer im Europa-Filmpalast. Und an Silvester kam *Killing* heraus, eine Fantasie über die Morde der Charles-Manson-Clique in der Villa von Roman Polanski. Hier ließ Sagerer Zeitungsartikel sprechen, welche die Lust am Gruseln bedienten. Mit den spektakulären Morden des Jahres 1969 entließ er das Publikum ins neue Jahr.

All das geschah in den ersten fünf Wochen. Wann er was gemacht hat, ist heute schwer vorstellbar. Es scheint, als hätte er kaum geschlafen. Kurz vor dem Start schrieb er zwei Stücke und drehte zwei Filme. Er bearbeitete *Die Nashörner* und recherchierte für *Killing*. Und dann inszenierte er diese Stücke selbst. Ein Programmheft wurde erstellt, und es wurden Plakate gedruckt, im Siebdruckverfahren, eigenhändig abgezogen und ebenso eigenhändig in der Stadt angeklebt. Und so, wie er anfing, wollte er auch weitermachen. Bereits mit dem Eröffnungsreigen setzte er Markierungen, die das proT prägten. Ein Theater, das sich öffnet und alles zu seinem Material erklärt, egal aus welchem Kunstgenre, egal, aus welcher Alltagserfahrung. Von Anfang an spielten Literatur, Musik, Film und bildende Kunst hinein, genauso wie die populären Medien Comics und Zeitung. Oder die Joints der Hippies, sowohl bei der Täter- als auch bei der Opfergruppe in *Killing*.

Aber es gab auch Ärger und Reibereien. Unerwartet ließ eine Schauspielerin mitten in der Arbeit die Äußerung fallen: Wenn ich jetzt tausend Mark hätte, wäre ich morgen in Teneriffa. Damit durfte eine Komplizin Sagerer nicht kommen. Wer sich auf ein Projekt einließ, musste mit Haut und Haar dabei sein. Ja, spinnst du jetzt?, warf er ihr an den Kopf. Und dann gab er ihr einen Scheck über tausend Mark und sagte: Morgen bist du in Teneriffa. Diese Reaktion hatte sie nicht erwartet, sie tat schockiert, ohne den Scheck zurückzuweisen. Aber sie löste ihn nicht ein – jedenfalls nicht am nächsten Tag, was der Abmachung entsprochen hätte, sondern erst nach zwei Monaten. Doch da hatte Sagerer ihn längst sperren lassen.

In *Tödliche Liebe oder Eine zuviel* setzte Sagerer Kräfte anstelle von Charakteren gegeneinander: „Der Begehrte", „Die Verschmähte", „Die Beschützte", „Der Unbeschwerte" und „Der Gefürchtete". Die Handlung ist schlicht, pure Oper: ein Eifersuchtsdrama. Zwei Frauen lieben denselben Mann; der Mann pendelt unentschlossen hin und her; seine Verlobte, die Verschmähte, erschießt ihn. Noch dazu bringt der Konflikt die Väter der Frauen ins Spiel. In Sprechblasen wird der Dialog an die Wand projiziert. Wenn also jemand was zu sagen hat, dann muss er sich ins Dia stellen: „Wenn du mich betrügst, erschieß ich dich." Technisch nicht sonderlich aufwändig steht ein Diaprojektor auf einem Schallplattenteller und wird entsprechend gedreht.

Das Opernhafte, das darin liegt, findet sich, genau betrachtet, in jedem Comic wieder. Davon angeregt, legte Sagerer 1986 eine Opernfassung vor. Im Innenhof des Münchner Stadtmuseums wurde sie von ihm uraufgeführt, mit einem kleinen Orchester, Percussion, Schlagzeug, Saxofon, Klarinette, Violine, Hackbrett, Harfe, Akkordeon. Fünfmal wird hier jede Äußerung wiedergegeben. Durch die Wiederholung der Worte, durch die abgezirkelte Bewegung, durch wenige pointierte Gesten entsteht ein hohes Maß an Künstlichkeit. Dazu die offen ausgestellten Klischees, ein Typ, ein Kostüm, eine Farbe: gelb, orange, rot, blau, grün. Lautmalerisch kommentieren die Väter das Geschehen wie ein griechischer Chor, zweiköpfig im Comic-Format: „Zack!", „Pitsch! Patsch!", „Auuuuuu!". Tödlich getroffen, sinkt der Begehrte in die Arme der Frau, die nicht geschossen hat: „Oh weh, ich bin hin!"

1994 übernahm Sagerer eine Gastregie am Westfälischen Landestheater in Castrop-Rauxel, nicht um Molière oder Shakespeare in Szene zu setzen, sondern seinen Operncomic *Tödliche Liebe oder Eine zuviel*. Im selben Jahr wurde die Aufführung zum NRW-Theatertreffen nach Köln eingeladen.

Der eigentliche Coup aber muss *Gschaegn is gschaegn* gewesen sein, auf Hochdeutsch: Geschehen ist geschehen, auf Gastspiel-Englisch: Done is done. Ein einfaches, klassisch gebautes Drama in einem Wirtshaus mit Exposition, kurzen Akten, Konflikt, retardierenden Momenten, Höhepunkt, Schluss. Ein Drama, in dem etwas Unentrinnbares lauert, das einem den Atem nimmt. Einmal spreche ich mit Alexeij über dunkle und helle Stücke. „Für mich", sag ich, „ist *Gschaegn is gschaegn* ein dunkles Stück." Doch er gibt zur Antwort: „Nein, es ist ein helles Stück." Für ihn besteht das Helle darin, dass alle theatralen Abläufe gelöst sind. Dass jedes erdenkliche Problem, wenn man so will, künstlerisch geknackt worden ist. Dagegen wäre ein dunkles Stück ein misslungenes oder wenigstens eines, das verschwiegene, nicht durchdrungene Momente enthält. Die Aufführung, basierend auf dem Modell eines klassischen Dramas, entwickelte sich selbst zum Klassiker, öfter als 150-mal gespielt. Zwischenzeitlich umbesetzt, gastierten sie in unzähligen Städten, auch auf dem Fringe Festival in Edinburgh.

Eins

Entstanden ist das Stück ganz schnell, in einer Kneipennacht im Chez Margot. Hier saß Alexeij Sagerer, dort saß Jürgen von Hündeberg. Und Sagerer erläuterte, was er vorhabe mit dem proT. So ein Stück zum Beispiel: Er kritzelte den Ablauf auf ein Blatt Papier, dazu ein paar Worte, die gesprochen werden würden, gerade mal 33 bayerische Worte und zwei bayerische Dialoge. Das war es eigentlich schon. Musste nur noch abgetippt werden.

„Ein Spiel mit Bier, Schnupftabak und Liebe", heißt es in der Vorbemerkung. „Das Bier als alles bestimmender Herrschafts- und Gunstbeweis, der Schnupftabak als Regulator aller Seelenregungen, die Liebe, die sich diesen archaischen Ritualen widersetzt, muß einfach tödlich enden." Als Erster kommt der Wirt herein, er zapft das Bierfass an, setzt sich und schnupft. Er will sein Bier. Die Wirtin erscheint, zapft eine Maß und bringt sie ihm. Sie setzt sich an seine Seite und schnupft. Sie will ihr Bier. Jetzt tritt die Tochter auf, zapft eine Maß und bringt sie ihr. Trink nicht so viel, Mutter. Kurz darauf betreten zwei junge Männer die Wirtsstube, der eine ist der Wunschschwiegersohn der Eltern, den anderen aber liebt die Tochter. Das nächste Bier, das die Tochter zapft, will sie ihrem Wunschehemann bringen. Damit steuert sie auf die Katastrophe zu. Mit einem herrischen Ruf leitet der Wirt sie um, nämlich zu sich (retardierendes Moment). Die Tochter ist frech, er spuckt ihr einen Mund voll Bier in den Rücken. Beim zweiten Versuch, ihren Wunschehemann zu versorgen, greift die Wirtin ein und ruft die Tochter zu sich (retardierendes Moment). Sie bringt die Maß ihrem Wunschschwiegersohn, der schüchtern und verzagt und überhaupt wie ein Hosenscheißer in der Ecke sitzt. Dem Wirt wird das langsam zuwider; das Schnupfen hilft auch nicht mehr. Dadurch, dass er mehrmals Bier nach der Tochter spuckt, wird alles klebrig und versifft. Die Tochter aber hält an der Liebe fest: Wenn ich den nicht krieg, dann geh ich ins Wasser. Jetzt ist alles zu viel. Umständlich stellt der Wirt seinen Maßkrug weg und greift unter seinen Schurz. Er zieht ein Schlachtermesser heraus. Langsam steht er auf, geht auf die Tochter zu und sticht sie tot. Er starrt auf den Boden. Während der Wunschehemann die Tochter auffängt und hinausträgt, der Wunschschwiegersohn hinterherläuft, auch die Wirtin nichts als hinauswill, starrt er immer noch auf den Boden. Langsam wankt er hinaus.

Das Drama, in dem nicht viel gesprochen wird, enthält einen entscheidenden Satz; der Wirt spricht ihn aus, nicht nur einmal: Der kriegt zuerst seine Maß. Gemeint ist der Wunschschwiegersohn. Aber die Tochter fügt sich nicht, sie wirkt rebellisch. Dadurch verletzt sie die alte Ordnung. Und der Wirt kann nicht anders, als sie wiederherzustellen, indem er seine Tochter ersticht. Er sieht aus wie ein Zombie, das macht aber nichts, Hauptsache, die Regeln gelten weiter. Musikalisch schwankt der Abend zwischen Jazz und bayerischer Wirtshausfolklore; musikalisch deutet nichts darauf hin, was passiert. Einem Mord ist es egal, was die Musik dazu sagt.

Die Resonanz darauf war alles andere als entmutigend. Ja, es hat den Anschein, als hätten sich Presse und Rundfunk mit dem Neuen verbündet, in einer Art von kritischer Komplizenschaft. Das galt für die gesamten 1970er Jahre. Aber auch andere Töne waren über die Anfänge des proT zu hören: „In den letzten Monaten war die kleine Bühne zum Forum geworden für tollkühne Amateure, für feierlich-düstere Gebärdenrituale, für Versdramen, die keuchend mit dem Welträtsel rangen" (Benjamin Henrichs). Oder: „Die Alternative zum antiteater gebärdet sich weiterhin esoterisch und erhebt den rein formalen Experiment-Begriff der fünfziger Jahre zum Prinzip des Spielplans" (Gert Heidenreich). Ganz im Sinn der politisch bewegten Zeit forderte Heidenreich, das proT solle „Vehikel sein für die Vermittlung provokativer Inhalte". Inhalt ist künstlerisch das Einfachste, genauso einfach wie Meinung. Dass Sagerer das Politische aus der Form bezog (und bezieht), das bedachten sie damals noch nicht. Dem verbreiteten Verlangen nach Aussagen, nach einer Botschaft, begegnete er mit Ironie. Noch 1994 ließ er in *Recken bis zum Verrecken* eine rote Fahne entfalten mit der Aufschrift „AgiTproT".

„Kunst ist eine der wenigen Kräfte in der Gesellschaft, die Linien aus der Gesellschaft weisen", sagte Sagerer in einem Interview. „Das verstehe ich durchaus als politische Parole, wenn auch nicht im Sinne einer kurzgeschlossenen Politik. Bei Politik droht immer die Gefahr, in das Gefängnis zu fallen, aus dem man mit den Mitteln der Kunst gerade heraus will. Es genügt eben nicht zu sagen: Verführung gehört verboten, weil es eine Verführung zum Schlechten gibt. Stattdessen muss man den Begriff der Verführung ernst nehmen und herausfinden, was Verführungen in einem auslösen. Wenn die Leute kein Theater mehr aushalten können, dann können sie bald auch schon keinen Nachbarn mehr aushalten, geschweige denn einen Fremden mit all seiner fremden Ästhetik."

Hinter Gittern

„Leck mich am Arsch, zweieinhalb Jahre", sagte er sich, als die Zellentür zufiel. Im *Tieger von Äschnapur* gibt es einen Moment, in dem er das Gefühl von damals heraufbeschwört. Als legten sie es darauf an, von dem, was du bist, etwas abzuschneiden. Im Theater bringt er die Erfahrung mit einer früheren Erfahrung zusammen. Als Kind rannte er dem Fredl nach, und weil der Fredl ihn nicht abschütteln konnte, warf er eine Milchglastür auf ihn. Dadurch schnitt sich Alexeij den kleinen Finger ab. Genauso kommt er sich jetzt im Gefängnis vor. Wie nach einem Schnitt. Die Zellentür fällt zu, er schließt die Augen. Leck mich am Arsch.

Von seiner Herkunft betrachtet, von der Familienidylle, die der Vater in Plattling einzurichten suchte, musste Gefängnis (und die Verfehlung, die dahinterstand) als das Schlimmste gelten. Die Idylle war aufs Äußerste gefährdet, wenn nicht schon gesprengt. Als der Vater selbst ins Gefängnis kam, schrieb ihm seine Frau, Alexeijs Mutter, regelmäßig Briefe. Ihre Angst, von Leuten gemieden zu werden, erwies sich als unbegründet. Sie sei überrascht, wie viele zu ihr hielten. Und überhaupt, sie schere sich gar nicht mehr darum. Für den Sohn spielte all das ohnehin keine Rolle. Plattling war weit weg. Aber seine Prägung schleppt man mit, egal, ob man will oder nicht. Das Fiese ist ja, dass man sie selbst durch Auflehnung bekräftigt, immer wieder.

„In gewisser Weise ging es mir schon darum zu erfahren, was das ist. Du darfst nicht in Panik verfallen, nur weil dir das Gefängnis drohen könnte. In gewisser Weise musst du so weit gehen." Von einem Künstler müsse erwartet werden, dass er alles in Kauf nehme und mit allem fertig werde. Dass er keiner Erfahrung ausweiche. Klingt gut in der Theorie, aber die Praxis stellt einen vor alle möglichen Herausforderungen.

Noch im Gerichtssaal ließ der Richter sie verhaften und in Handschellen abführen. Denn sie waren, ziemlich betrunken, zu zweit in die Wohnung einer Schauspielerin eingestiegen. Gebracht wurden sie nach Stadelheim in U-Haft. Kurz darauf waren sie, da keine Fluchtgefahr bestand, wieder auf freiem Fuß. Ehe das endgültige Urteil erging, wurde Sagerer Haftaufschub gewährt, und er hoffte, so lange wie möglich draußen bleiben zu können, denn er wollte das proT eröffnen, Stücke schreiben, Stücke inszenieren, Filme drehen. Die Eröffnung gelang ihm noch, dazu eine Reihe von Premieren; er drehte *Pherachthis* und *Krimi*. Nur sein Langfilm *Aumühle* wurde nicht mehr rechtzeitig fertig. Im Frühjahr 1971 lockten sie ihn unter Vorspiegelung eines Verkehrsdelikts auf die Gautinger Wache und nahmen ihn fest. Diesmal ging es nach Landsberg. Dort sollte er seine Strafe verbüßen. Wegen guter Führung wurde er vorzeitig entlassen – nach anderthalb Jahren.

Zum Blaumann, den er im Knast tragen musste, gehörte ein Käppchen, aber die Wärter sahen es nicht gern, wenn Gefangene damit herumliefen. Jedes Mal aber, wenn Alexeij seine

Zelle verließ, setzte er das Käppchen auf. Ein Wärter ermahnte ihn: Sie wissen doch, dass Sie die Mütze im Haus nicht tragen dürfen. Ich hab beide Hände voll, entgegnete Alexeij, ich kann die Mütze nicht abnehmen, und ging seiner Wege. Daraufhin schickte der Wärter einen Psychologen zu ihm: Das geht nicht, dass Sie die Mütze aufsetzen, weil im Haus, da regnet es ja nicht. Das war nicht so schlau wie erhofft, sodass Alexeij antwortete: Sie als Psychologe müssten eigentlich wissen, dass die Mütze eine völlig andere Funktion hat. Schauen Sie mal die Beamten an. Die haben alle ihre Kappen auf, auch im Haus. Und außerdem, wenn ich den ganzen Tag in der Zelle bin, dann brauch ich einen bestimmten Schwung, ich setz also mein Kappi auf, und dann geh ich raus. Das Kappi ist für mich ein Hut, und ein Hut hat mit Behütet-Sein zu tun, nicht nur vor dem Regen, sondern überhaupt. Das Kappi schützt mich also.

Dem Psychologen blieb der Mund offen stehen. Er wusste nicht, wie weiter. Und so trug Alexeij auch fortan seine Mütze. Als ein Mitgefangener, kaum dass Alexeij entlassen worden war, auf denselben Geschmack kam, nicht ohne dass er sich auf ihn berufen hätte, erhielt er allerdings Dunkelhaft verordnet.

Bis 9 oder 10 Uhr schlief Alexeij jeden Tag. Vorher wollte er nicht geweckt werden, und offenbar hielten sich die Wärter daran. Er verfügte über eine Zeitung, über Tabak, Milch, Butter, Kakao. Es fehlte ihm an nichts, weil er Glück im Spiel hatte, beim Schafkopf, und so laufend mit Vorräten versorgt wurde. Nachts las er bei Kerzenschein Bücher, die er aus der Bibliothek geholt hatte: Goethes *Wilhelm Meister*, Gedichte der Romantik, auch Sachbücher. Dazu wäre er draußen nicht gekommen.

„Von meiner ganzen Vorüberlegung her, über Gefängnis und Leben und Kunst, gab es ja keine verlorenen Jahre. Und es gibt sie auch wirklich nicht. Nur wenn du nichts kapierst, verschenkst du etwas. Alles, was es gibt, so bitter es sein mag, ist Material und führt zu einer klareren Sicht. Ein Gefängnis im Sinne des Systems ist es ja nur, wenn du tust, was das System verlangt. Dann macht es dich fertig. Von Vergünstigungen, von Freigängen etwa, darfst du dich nicht verlocken lassen. Du musst souverän bleiben. Lieferst du dich ihnen nicht aus, dann erlebst du einen spannenden Vorgang. Unter Umständen begreifst du dadurch mehr als draußen, weil das Gefängnis wie ein Brennglas wirkt."

Das Gefängnis als Brennglas – so mag es auch Michel Foucault gesehen haben, als er mit *Überwachen und Strafen* seine Kritik der Institutionen in Angriff nahm. Für Alexeij Sagerer führte die Gefängniserfahrung zweifellos zu einer geschärften Wahrnehmung gegenüber Institutionen, ihren Versprechen und Disziplinierungen. Besonders Politik und Kunstapparate, Verwaltung und Stadt- oder Staatstheater, müssen sich seine Vorwürfe bis heute gefallen lassen, gerade so, als ahnten sie, dass mehr dran ist, als ihnen lieb sein kann.

Von der Strafanzeige erfuhr Diane, seine Freundin, aus der Abendzeitung – Text und Foto, das ist ja Alexeij. Entschuldigt habe er sich nicht bei ihr, weil es nichts zu entschuldigen gegeben habe. Entweder sie meine ihn wirklich oder eben nicht. Insofern berief sich Sagerer auf das große Ja der Liebe, ebenso hart wie romantisch. Statt ihn zu verlassen, litt sie unter seiner Abwesenheit. Ab und an besuchte sie ihn im Gefängnis, so wie andere Frauen auch. Es war wohl nicht viel anders als bei Andreas Marquardt, dem Karate-Meister aus Neukölln, der im Knast Besuch von unzähligen Frauen erhielt. Ich bin seine Freundin, sagt Marquardts Freundin. Jaja, sagt der Beamte, das hab ich schon oft gehört. Marquardts Buch, verfilmt von Rosa von Praunheim, heißt *Härte,* es könnte aber auch *Romance* heißen.

Niemand von denen, die Alexeij etwas bedeuteten, kehrte ihm den Rücken. Gegenseitige Achtung, davon ist er überzeugt, hat nichts mit Justiz, Presse oder Gerüchten zu tun. Seine Frauen hielten treu zu ihm, ebenso von Hündeberg und Nothof; Cornelie Müller übernahm die Leitung des Theaters.

Eins

So überlebte das proT die Zeit ohne ihn. Im Gegensatz dazu schickten Sendeanstalten den Film *Krimi* kommentarlos zurück. Ein Artikel der Abendzeitung, geschrieben mit Sympathie für den proT-Chef Sagerer, legte Wert auf die Feststellung: „Sie kennen dieses Milieu nur aus dem Medium Film." Gemeint war das *Krimi*-Milieu, also das kriminelle.

In Landsberg kam auch Sagerer nicht um die Dunkelhaft herum, verhängt zur Disziplinierung. Und eine gute Geschichte. Er arbeitete in der Wäscherei, eine Art von Resozialisierungsmaßnahme, weil er so nicht in der Zelle hocken musste. Frische Bettwäsche gehörte, insofern war er privilegiert, zu den speziellen Währungen im Knast. Als harte Währung galten Tabak und Zigaretten, als nicht ganz so harte Kaffee, als am wenigsten harte Obst. Frische Bettwäsche lag irgendwo dazwischen. Anfangs stand Sagerer an der Mangel, dann wurde er in die Socken-Abteilung versetzt. Ihm assistierten ein Schwarzer und ein Zigeuner. Woche für Woche wuschen sie ein paar hundert Socken und sortierten sie. Eines Tages war beim Einkauf ein Fehler unterlaufen, denn die Leitung hatte Wollsocken bestellt, die beim Waschen eingingen. Leider war der Etat für Socken damit aufgebraucht. Die starren, oftmals gestopften Socken wollte keiner mehr anziehen. Kleinere Löcher ließ die Socken-Abteilung eine Zeit lang durchgehen, ehe sie übereinkamen, sämtliche Socken mit Löchern auszusortieren und in die Näherei zu schicken, eine große Kiste voll. Aber die wollte Fritz Teufel nicht haben. Er, immerhin Mitbegründer der Kommune I in Berlin, selbsternannter Spaß-Guerillero und militanter Revolutionär, kam kraft seiner Autorität mit der Kiste aus der Näherei zurück und sagte: Die sind ja gar nicht kaputt, nur ein paar kleine Löcher. Durchaus ein Argument, wenn auch wenig einleuchtend. In Wahrheit sah sich die Näherei außerstande, die Socken bis Montag zu stopfen.

In der Socken-Abteilung herrschte Ratlosigkeit. Bis der Schwarze sagte: We are experts in holes. So we have to show them the holes. Darauf fingen er und der Zigeuner an, die kleinen Löcher zu vergrößern, damit auch Fritz Teufel und die Näherei sie sehen konnten. Horror in der Anstalt. Sogleich machte die Meldung die Runde, die Socken wären absichtlich zerrissen worden. Und Sagerer, der Socken-Chef, und seine Assistenten wurden vors Hausgericht geladen, vor den Direktor, den Pfarrer und den Psychologen. Sagerer griff nach den Socken und sagte, ja, sieht so aus, als wären sie absichtlich zerrissen worden, aber ich war es nicht, und ich weiß auch nicht, wer es war. Als nächsten riefen sie den Schwarzen herein, der auch nichts verriet. Und dann den Zigeuner, dem sie aber weismachten, der Schwarze habe gesagt, er sei es gewesen. Prompt fiel der Zigeuner darauf herein und behauptete jetzt seinerseits, nein, der Schwarze sei es gewesen. Anschließend wurde Sagerer erneut gerufen, doch er blieb bei seiner Aussage. Inzwischen war das Hausgericht verärgert und versuchte ihm klarzumachen, dass ein Neger aus dem Urwald gar nicht wisse, wie man Socken zerreiße, also müsse er, Sagerer, der Chef, es ihm vorgemacht haben. Im Gefängnis kam das Gerücht in Umlauf, der Zigeuner sei verraten worden, und auch Sagerer habe sich an den Socken vergriffen.

„Und du hast keine Socken zerrissen?", frag ich Alexeij.

„Nein, du bist gut. Ich hab ja meine Mitarbeiter gehabt."

Die Folge waren fünf Tage Dunkelhaft und zwar für alle drei. Die Socken-Abteilung war vernichtend geschlagen worden. In Dunkelhaft gab es nur Tee und Brot, jeden dritten Tag das übliche Gefängnisessen. Aus gesundheitlichen Gründen durfte jeder eine halbe Stunde am Tag hinaus zum Einzelhofgang.

Das Verhältnis zwischen Alexeij Sagerer und Fritz Teufel war von gegenseitiger Wertschätzung bestimmt. Du bist ja ein Scheißpolitiker, sagte der eine; du bist ja ein Scheißkünstler, der andere. Nach der Entlassung schickte Teufel hin und wieder Briefe an Sagerer, in denen er sich fragte, ob er, so lange im Knast gewesen, überhaupt noch in eine bürgerliche Existenz zurückfinde, und wenn ja, dann würde es auch nicht das Wahre sein. Einmal erkundigte sich der Richter bei Teufel nach einem Alibi. Und Teufel antwortete, eine A-Liebe habe er nicht, aber eine B-Liebe. Also doch Spaß-Guerilla. Nur, das Spiel mit dem Alibi zog er durch. Der Peter-Lorenz-Entführung angeklagt, saß er ab 1975 fünf Jahre in U-Haft. Ungerührt ließ er bei der Gerichtsverhandlung die Plädoyers über sich ergehen, ehe er ein stichhaltiges Alibi vorlegte. Warum erst jetzt? Er habe zeigen wollen, wie ein Angeklagter für nicht begangene Straftaten vorverurteilt werde, kurz, wie das System funktioniere. 2010 gestorben, wurde Fritz Teufel auf dem Dorotheenstädtischen Friedhof in Berlin begraben. Kurz darauf verschwand seine Urne, Grabschändung!, der Staatsschutz schaltete sich ein. Doch wie herauskam, war die Urne nur von einem Friedhof auf den anderen umgezogen, von Berlin-Mitte nach Berlin-Dahlem, ans Grab von Rudi Dutschke.

Beim Hofgang stellte Alexeij klar: Ich bin nicht als Therapeut hier. Denn Mitgefangene suchten immer häufiger seine Nähe, und dafür war der Hofgang gut geeignet, eine halbe Stunde, um mit ihm zu reden. Für den einen oder anderen schrieb er sogar Liebesbriefe nach draußen. Eingesetzt als Vertrauensmann, wiederholte er nur, was er gerade gesagt hatte: Ich bin nicht als Therapeut hier. Im Fall von Abschiebehäftlingen zog ihn die Leitung als Übersetzer hinzu. Das war eine zwiespältige Erfahrung, da er nicht vorhatte, Fehler im System zu decken. Asylbewerber sind keine Verbrecher. Doch ohne meine Hilfe, sagte er sich, wäre der Einzelne noch schlechter dran.

Niemand hatte einen Fernseher in der Zelle. Einmal in der Woche boten sie einen Fernsehnachmittag an, einmal im Monat einen Filmnachmittag, Filme mit Heinz Rühmann, diese Sorte. Alexeij schlug John Ford vor. Aber ich bitte Sie, bekam er zur Antwort, für Kriminelle? Ja eben, sagte Alexeij, das sind keine Waisenkinder. Es dauerte nicht lange, und schon suchte er die Filme aus, je nachdem, was die Filmbildstelle herausgab. Er trat ans Mikrofon und verkündete im Hausrundfunk das neue Programm der qualifizierten Filme.

Von hier war es nur ein kleiner Schritt zum Theater. Er schlug Selbstgeschriebenes vor. Das wollten sie nicht. Er schlug *Dantons Tod* vor, in der Absicht, das ganze Gefängnis in eine theatrale Situation zu verwandeln, unten im Kreuzhof die Gruppe um Robespierre gegen die Gruppe um Danton, oben in der Galerie die Massenszenen. Das wollten sie auch nicht. Die Leitung bevorzugte ein Stück der Commedia dell'arte, *Pantalones Hochzeit*. Gut, er nahm es also auseinander und setzte es in Beziehung zu dem, was im Gefängnis vor sich ging. Am Schluss löste sich alles in Gipswolken auf. Sechs oder sieben Männer spielten mit, nicht das schlechteste Ensemble. Einmal mussten sie umfallen, und da knallte einer mit dem Kopf an den Heizkörper. Kurzzeitig bewusstlos, rappelte er sich schnell wieder auf und spielte weiter. Ein anderer hätte vorzeitig entlassen werden sollen, aber er dachte darüber nach, sein Drittel abzusitzen, weil die Premiere noch nicht gelaufen war. Gespielt wurde das Stück nur ein einziges Mal. Am Tag der Aufführung ließen sie die Zellen unverschlossen für alle, die nicht ins Theater gehen wollten, tatsächlich ein Anreiz, nicht ins Theater zu gehen. Die Zellen derjenigen, die ins Theater wollten, wurden, kaum dass sie vor der Tür standen, wieder zugesperrt. Die Befürchtung, dass die Gefangenen nichts als einen Schmarren auf der Bühne erblicken und im Zweifel meutern würden, erwies sich als unbegründet. Selbst der Kulturbeauftragte staunte. So etwas hatte er noch nicht gesehen.

Bestimmt schon mal gesehen hatte er ein Sozialstück vom Schlage eines Arnold Wesker, etwa *Tag für Tag*. Damit gastierten die Münchner Kammerspiele in Landsberg im Gefängnis. Erst wollten sie Alexeij nicht hereinlassen, weil er seinen Sonntagsanzug nicht angezogen hatte. Und später wollten sie ihn von der Diskussion ausschließen, aber eine Schauspielerin, Maria Reinhardt, hatte ihn erkannt und setzte sich gegen die Wärter durch. Für Alexeij war dieses Theater eine Idylle, und Idyllen waren gefährdet und darum mit Tabus belegt. Schreibt uns doch mal, riefen die Schauspieler den Gefangenen zu, und die Hanswursten, so Alexeij, schrieben ihnen tatsächlich, aber sie erhielten nie auch nur irgendeine Antwort und schimpften auf das verlogene Pack. Auf der Bühne standen geschmacklose Möbel einer geschmacklosen Wohnküche ohne jeden Erfahrungshintergrund. Insofern repräsentierte die Wohnküche nur, was sich wer auch immer unter einer kleinbürgerlichen Wohnküche vorgestellt hatte. Der Text reproduzierte die gängigen Vorurteile, und weil er von einer unterdrückten Frau handelte, der Kellnerin Beatie, musste sich diese Frau erwartungsgemäß befreien.

Für die Gefängniszeitung schrieb Sagerer eine Kritik über das Gastspiel, aber sie wurde nicht gedruckt – ganz so, als fürchteten sie, die Kammerspiele zu verstimmen, dass sie nie wieder von ihnen beehrt werden würden.

„Wir marschieren wie immer zum Speisesaal", schrieb Sagerer in seiner Kritik. „Wir sind bereit, uns zu drängen, und die Beamten auf Ordnung bedacht (etwa: damit niemand eine Mütze auf dem Kopf hat), vielleicht etwas mehr als sonst, denn es gibt ja Theater. Hier habe ich zum ersten Mal das Gefühl, dass der ordnungsgemässe Auf- und Abmarsch wichtiger sind als das Erlebnis Theater. Es ist wie eine Übung für den Fall, dass es Theater gäbe. Oder: Sind wir fähig, uns an einen Ort zu begeben, an dem Theater gespielt wird? (Psst! Psst!) Es stellt sich die Frage, ob man als Gefangener die Möglichkeit hat, mehr zu erleben als die Situation: Gefangener!"

Bezogen auf Beatie, die junge Kellnerin, schrieb er: „Die Verhältnisse waren so schön unschön, dass auch die ‚bewusste' Tochter (frisch gefragt ist halb gewonnen) nichts mehr retten konnte und die Familie beim Kaffee sitzen liess und ging (wahrscheinlich ins Glück), nachdem sie zu reden angefangen und zu zitieren aufgehört hatte (welche Ironie, eine Schauspielerin, die eine Stunde lang fremde Texte sprach, sagen zu lassen, ich habe aufgehört zu zitieren, um sie dann weiter fremde Texte sprechen zu lassen)."

Die Chance, die darin lag, wurde vertan. Ein Akt der Unmittelbarkeit, durchaus im Sinn der proklamierten Emanzipation, wurde vergeben. Denn was wäre naheliegender gewesen, als dass sich die Schauspielerin von Weskers Text gelöst und wirklich frei gesprochen hätte? So lange, bis ihr nichts mehr eingefallen wäre.

Intendant der Münchner Kammerspiele war damals August Everding, und es sah so aus, als hätte er sich köstlich amüsiert: „Wie sagte doch Herr Everding: ‚Die Gefangenen reagierten wie beim Kasperletheater.' Ja! Und die Kammerspiele spielten so naiv wie beim Kasperletheater und wir reagierten natürlich darauf, da wir doch kaum was zum Reagieren haben – außer den Strafvollzug!"

Vor der Gründung des proT (und auch danach noch) lagen die Nächte des Umherschweifens, des Trinkens und Diskutierens – System und Anti-System, Kumpelei und Schlägerei, wahre Lieben und falsche. Mit einem anderen hatte er bereits, aus purer Lust am Leben und an der Provokation, die darin liegt, ein paar halbkrumme Dinger gedreht, ohne dass es zu einer Anzeige gekommen wäre. Die Geschichten wirken zum Teil wie aus einem ‚Comicstrip. Auf einer Party, zu der sie niemand eingeladen hatte, gingen sie in den Speicher und klaubten Zeug zusammen, um es im Auto wegzuschaffen. Danach kehrten sie auf die Party zurück und griffen nach dem Spiegel hinter der Bar. Der eine vorne, der andere hinten, wollten sie sich mit dem Spiegel davonmachen. Doch da wurden sie ertappt – und erstarrten.

In einer dieser Nächte also stiegen sie in der Türkenstraße in die Wohnung einer Schauspielerin ein, Alexeij und dieser andere, der weder Freund noch gar Komplize war, wenn auch an seiner Seite. Beide waren betrunken. Die junge Frau erschrak, aber da sie die Eindringlinge kannte vom Theater, ergab sich eine Art Spiel, zwei Männer, eine Frau. Klar, sie wollten Sex mit ihr; unklar, ob sie ihn bekommen würden. So langten sie einfach zu, erst der eine, dann der andere. Ohne die Frau zu schlagen, aber doch, indem sie ihr ihren Willen

Eins

aufzwangen. „Ihre Angst war spürbar", sagt Alexeij. „Insofern war es eine Vergewaltigung."

Nach dem erzwungenen Sex mit der Schauspielerin wurde der andere nervös, er schlug vor, in seine Wohnung zu fahren, damit sie sich beruhige. Aber dort fing er an, sie zu bedrohen, sie solle bloß den Mund halten. Leck mich am Arsch, sagte Alexeij und fuhr mit der Frau zu ihrer Wohnung zurück. Dort machte sie ihm Frühstück und setzte sich auf seinen Schoß.

Und dann redeten sie über das, was vorgefallen war.

Das musst du entscheiden, sagte Alexeij. Wenn es für dich eine Vergewaltigung war, dann mach eine Anzeige.

Da wollte sie erst nur den anderen anzeigen. Er hatte ihr auch noch zwanzig Mark geklaut.

Aber Alexeij spürte, dass der Vorfall ebenso viel mit ihm selbst zu tun hatte, sogar essentiell, denn er wollte ja nichts als raus aus den Konventionen und der Moral. In dieser Nacht hatte er einen Moment erlebt, der für ihn unumkehrbar war. Es gab kein Zurück, ohne dass er sich lächerlich gemacht hätte. Dafür die Konsequenzen zu tragen, stellte er nicht in Frage.

Wer nicht dabei war, braucht darüber kein Urteil zu fällen. Wenn etwas zählt, dann ist es die Entscheidung der jungen Frau. Und sie hat sich entschieden – für eine Strafanzeige.

Modehaus: Maria Scheuring präsentiert ihr Geschäft, 1936 (oben)/ Rudolf M. Sagerer präsentiert das Geschäft, Maria Scheuring (2. Reihe, links), 1951 (Mitte) / Präsentation des Modehauses mit Verkäuferinnen und Familie als Statisten, 1952 (unten)

linke Seite:
Aumühle 1970 (Film 35 mm s/w, 90 min)
Alexeij Sagerer mit Kameramann Heinrich Tichawsky (Mitte: links und rechts)

Krimi 1969 (Film 35 mm s/w, 35 min)
Maximilian von Berg (Gangsterboss) und Manuela Hollak (Freundin)

rechte Seite: Passbild, 1968, Alexeij Sagerer

Watt'n (ein Kartenspiel) oda Ois bren'ma nida, 1999
Hias Schaschko (links, Schatten), Alexeij Sagerer (Mitte),
Franz Lenniger (rechts)

proT-Tür, 1969
Eingangstür zum proT in der Isabellastraße 40, München

Kanne, 1969
Vorwärts- und Rückwärtskanne in Weiss

Zahltag der Angst, 1981, Alexeij Sagerer

ZWEI   **ALLES AUF proT**

Filme machen

Ein Mann geht die Münchner Maximilianstraße entlang, so beschwingt, dass er eher läuft als geht. Er scheint etwas vorzuhaben. Als er mit einem ihm bekannten Detektiv zusammentrifft, stellt sich heraus, um was es geht: Er will mit seiner Freundin, einer jungen Blondine, hinaus ins Grüne, und dazu braucht er einen Sportwagen, um sie zu beeindrucken, am besten ein Cabriolet. Der Detektiv händigt ihm die Autoschlüssel aus. Der Ausflug aber hat fatale Folgen, denn zwei Gangster entdecken das Cabrio am Wegrand, dann auch das junge verliebte Paar im Gras. In der Annahme, sie hätten den Detektiv vor sich, schlagen sie den Mann bewusstlos und schaffen ihn, dazu dessen Freundin, in ein Bauernhaus zu ihrem Boss. Lasst ihn singen, heißt der Auftrag. Im Keller wird der Mann gefoltert, damit er preisgibt, wo das Geld geblieben ist, während der Boss sich mit der Blondine im Bett vergnügt, gefilmt vom Fußende her, vier schmutzige, fast schwarze Füße.

Unter den Schlägen stirbt das Opfer. Doch der Detektiv kommt ihnen auf die Spur. Er erschießt den einen Gangster, während der andere auf dem Lokus hockt. Durch den Schuss alarmiert, greift der Boss zu seiner Flinte und flieht nach einem erfolglosen Schusswechsel. Im Cabrio mit der Blondine nimmt der Detektiv die Verfolgung auf. Über eine Wiese jagen die beiden Autos, nach rechts, nach links schwenkend, einen Bogen fahrend, inszeniert wie ein Ballett. Der Detektiv wirft einen Brandsatz; der Wagen vor ihm geht in Flammen auf. Nach kurzem Gerangel ersticht er den Boss. Jener Gangster, der auf dem Lokus Entscheidendes verpasst hat, rast auf dem Motorrad hinterher, um sich den Detektiv vorzuknöpfen. Ein Schuss in den Rücken, und der Detektiv fällt vornüber. Mit der Blondine im Cabrio fährt der Gangster in eine zweifellos strahlende Zukunft.

Aber man kann die *Krimi*-Geschichte auch anders erzählen, aus der Warte der Blondine nämlich, die sich flexibel (oder auch pragmatisch) von einem Mann zum anderen hangelt, ehe sie bei einem kleinen Gangster landet. Genauso treuherzig wie auf die vier vorherigen Männer lässt sie sich am Ende auf ihn ein. Es bleibt ihr auch nichts anderes übrig, denn die Auswahl ist knapp geworden. Von fünf Kandidaten sind vier bereits tot. Die Abschiede scheint sie leicht zu verschmerzen, immer leichter sogar. Während sie am Anfang noch neben dem bewusstlosen Mann Nr. 1 (Freund) liegenbleibt, mit der Hand an seinem blutigen Hals, springt sie später ohne zu zögern weiter. Hat sie Mann Nr. 2 (Gangster) noch mit der Spitze eines Tannenzweigs im Mund bezirzt, hält sie so viel Engagement später nicht mehr für nötig. Große Augen, ein Lächeln, und schon zieht sie mit – ins Bett von Mann Nr. 3 (Gangsterboss), ins Cabrio von Mann Nr. 4 (Detektiv), ins selbe Cabrio von jetzt Mann Nr. 5 (Gangster). Aus dir könnte ich noch was machen, sagt Nr. 5 im Ton eines Angebers. Es sind dieselben Worte, die ihr Nr. 1 schon gesagt hat, vor einer sehr kurzen Ewigkeit auf dem Weg ins Grüne, als alles noch leicht und heiter war.

Krimi, gedreht in Schwarzweiß und 35 Minuten lang, erweist sich als Spiel mit dem Genre, das im Titel aufscheint. Alle erdenklichen Klischees werden aufgeboten, und das von der blonden Gangsterbraut ist das schönste davon. Die Bildsprache dagegen ist, im Bund mit dem Schnitt, alles andere als klischeehaft. Sie gibt den Rhythmus vor und, genau betrachtet, auch die Art und Weise der Erzählung. So chronologisch, wie eben geschildert, ist der Inhalt nicht zu haben, wenngleich die Geschichte unerbittlich fortschreitet. Zu Beginn blickt man auf ein ausgebranntes Autowrack, ohne dass man sich einen Reim darauf machen könnte, ebenso wenig wie auf die Figuren, die in kurzen Aufnahmen oder Szenen ins Spiel gebracht werden. Erst nach und nach kapiert man, wie sie sich zueinander verhalten. Noch dazu werden von Anfang an Bilder eingeblendet, die den Gang der Dinge vorwegnehmen, teils schockartig wie das blutige Gesicht des Gangsterbosses oder die Schusswunde im

Zwei

Rücken des Detektivs, teils beunruhigend malerisch wie das brennende Gangsterauto auf der Wiese. Im Stil von Comics werden da und dort Bewegungen in aneinandergereihte Standbilder zerlegt. In der Regel richtet sich die Kamera ruhig auf das Geschehen, ob von nah, ob von fern. Kaum Schwenks. Gleichsam genreregemäß wird auch die amerikanische Einstellung eingerichtet, vom Kopf bis zur Hüfte, wo im Western der Colt sitzt. Mehr als ein spärlicher Dialog ist nicht nötig, denn das Klangerlebnis besorgt die Musik, kratzig, sirrend und klopfend, komponiert von Jürgen von Hündeberg, hier unter dem Künstlernamen Maximilian von Berg, und Erwin Leitner.

Als der junge Alexeij in Paris über seine Zukunft nachdachte, traf er, ganz unpathetisch gesagt, eine Entscheidung fürs Leben: Schreiben, Theater machen, Filme machen. Dass er Ende der 1960er Jahre in allen drei Disziplinen hervortreten würde, und zwar mehr oder weniger gleichzeitig, war damals noch nicht zu erahnen. Mit *Krimi*, *Romance* und dem oben erwähnten Kannen-Epos *Pherachthis* nahm der Film einen hohen Rang ein in der Gründungsphase des proT. Alle drei Filme wurden vom proT produziert und auch im Theater gezeigt. Im Kern entsprach das Filmensemble dem Theaterensemble. Spätestens mit *Aumühle* galt Alexeij Sagerer als geschätzter, wenn auch nicht ganz geheuerer Sonderling des Neuen Deutschen Films. Ihm selbst mag diese Anerkennung zwar recht gewesen sein, aber allzu viel bedeutete sie ihm zu jener Zeit, 1973, nicht mehr. Inzwischen hatte er erkannt, dass Theater als Komposition unmittelbarer und reichhaltiger ist als der Film. Denn Film schafft nur die Illusion einer Komposition, zusammengefügt auf Zelluloid. Insofern ist Theater jederzeit in der Lage, Film in sich aufzunehmen, aber umgekehrt scheitert der Film daran, Theater in sich aufzunehmen, es sei denn als Illusion. Dessen ungeachtet, riefen Filmemacher, darunter Edgar Reitz, Werner Herzog und Alexander Kluge, im proT einen Arbeitskreis ins Leben und trafen sich hier mit Sagerer eine Zeit lang immer wieder.

Für den Schauplatz Maximilianstraße, die Anfangssequenz in *Krimi*, hatte Sagerer eine Drehgenehmigung eingeholt, das erste und das letzte Mal in seinem Leben. Denn er wollte sich fortan keine Vorschriften mehr machen lassen von Gremien, die das, was er tat, nichts anging. Während der Freund der Blondine die Straße entlanglief, filmte ihn eine fahrende Kamera. Nach jedem Drehtag schrieb Sagerer am Drehbuch weiter, jeweils nur einen Abschnitt, der für den nächsten Tag nötig war. So kamen die Schauspieler nicht in Versuchung, etwas längst auswendig Gelerntes der Kamera vorzuspielen. Dem beugte auch der Umstand vor, dass sie keine professionellen Schauspieler waren. Sagerer fand seine Leute in Bars und Kneipen, Guenter Albert als Detektiv etwa im Chez Margot. Er holte sie aus dem alltäglichen Umfeld. Erwin Leitner, in der Rolle des Freundes, hatte er aus Gauting mitgebracht. Wie Leitner, so schlossen sich auch Nikolai Nothof, der glückliche Gangster, und Manuela Hollack, die pragmatische Blondine, dem Theater an. Von Hündeberg, der den Gangsterboss spielte mit Sonnenbrille und Zigarre, war ihm ohnehin verbunden seit der *Oblomow*-Aufführung im Büchner-Theater. Den Engländer Christopher Price, Gangster-Partner von Leitner, gabelte er in einer Münchner Hippie-Kommune auf. Price stellte seinen Sportwagen zur Verfügung, mit dem Steuer auf der rechten Seite. Dieser Sportwagen, sagte er, dürfe nicht verbrannt werden. Beim Frisör lernte Alexeij eine Kosmetikerin kennen. Sie wurde seine Maskenbildnerin, nicht ohne dass sie vorher geübt hätte mit rohem Fleisch – für die Wunden. Alexeij sagt: „Ich hab Leute eher gefunden als gesucht."

Die Stunts führte er selbst aus. Zum Beispiel musste er sich anstelle des Gangsterbosses ans Steuer setzen, Gas geben und in der Kurve einen Baum streifen. Reflexhaft riss er das Steuer in letzter Sekunde herum. Also noch mal von vorn; dann klappte es. Am Schneidetisch, gemeinsam mit Kameramann Lothar Stickelbrucks, kamen ihm die Erfahrungen aus dem Arri-Kopierwerk zugute. Der Lichtbestimmer würde, das wusste er, Unterschiede in der Belichtung ausgleichen, mittels je eigenen Blenden für die Kopie.

In Plattling war Alexeij in der Nachbarschaft zum Kino aufgewachsen. Früh zog es ihn in Bann. Theater gab es ja kaum, außer den Weihnachtsspielen, die der Vater verfasste. Das Kino hatte einen Entlüftungsschacht, da kam er leicht hinein. Er musste sich an einem Vorsprung hochziehen, um in den Saal sehen zu können. Aber weil die Kraft nicht lange ausreichte, sank er bald wieder zu Boden. So bekam er nicht viel mit vom Film, allenfalls Ausschnitte. Erfolgsversprechender war der Weg über den angrenzenden Stadel. Nachdem er über den Dachboden balanciert war, stieg er auf der anderen Seite wieder hinunter. Dort bohrte er ein Loch in den Rücken des Kinos und erblickte über alle Sitzreihen hinweg tatsächlich die Leinwand.

Mit der Großmutter sah er seinen ersten Film im Kinosaal, *Lassie*. Und er weinte über das Schicksal des Hundes. Später liefen die Tarzan-Filme mit Johnny Weissmüller. (Lex Barker als Tarzan zog er nicht in Betracht.) „Irgendwann", sagt Alexeij, „war Weissmüller in psychiatrischer Behandlung. Dort stieß er den Tarzan-Schrei aus. Oder auf Cuba, wo sie drehten nach der Revolution, da wurden sie angehalten. Wieder stieß er den Tarzan-Schrei aus. Dadurch wurde er erkannt, und sie durften weiterfahren." Für Sagerer scheinen die Vorfälle zu belegen, dass Weissmüller seine Figur nicht repräsentierte, sondern durch Identifikation gewissermaßen hervorbrachte. In die damals populären Schlagerfilme ging er höchstens, um ein Mädchen näher kennenzulernen. Was auf der Leinwand geschah, war egal. Später schrieb er in der Lokalzeitung über den besonderen Film, der donnerstags gezeigt wurde. Russische Filme, Sozialdramen.

Mit Spannung erwartete das Publikum in Plattling Filme wie *Der Graf von Monte Christo* oder *Der Tiger von Eschnapur*. Diese Filme wurden geradezu ersehnt. Auch Alexeij konnte sich der Erwartungshaltung nicht entziehen. Denn er witterte das Sensationelle, das weit über die kleine Stadt hinauswies. Die spürbare Intensität, das Fiebern, noch ehe die Vorführung begann, nahm er zum Anlass für das spätere Theaterprojekt *Der Tieger von Äschnapur*. Anstatt die Handlung des Fritz-Lang-Films zu adaptieren, verließ er sich ganz auf die Kraft des Titels. Als Motiv genügte ihm der, allerdings verheißungsvolle, Satz: Nur der bekommt meine Tochter, die bezaubernde Prinzessin, der den Tieger von Äschnapur bringt.

Auch der zwanzigminütige Film *Romance,* in dem kein Wort gesprochen wird, ist von so einem Satz inspiriert. Er stammt von Alfred Döblin: „Ich will nicht, daß Du tot bist; ich will, daß Du erwachst." Daraus entwickelte Sagerer, gemeinsam mit Jürgen von Hündeberg, eine Vision für den Film. Ein Mann erweckt seine Frau wieder zum Leben, aber dann ist er enttäuscht und legt sie lieber wieder zurück in den Sarg, um sie (von ihr nicht mehr behelligt) zu bewachen. Gefilmt von Lothar Stickelbrucks, spielt George Augusta den Mann, Rosemarie Barens die Frau. Finanziert wurde der Film durch einen ungedeckten Scheck, gedreht an einem Wochenende. Vor einem von Stoffen verhängten Hintergrund sind ungemein verlangsamte Bewegungen zu sehen, ein Film wie ein Bild, das sich durch Nuancen verändert. Die Frau erwacht, ganz so, als hätte der Mann es sich gewünscht. Er sitzt links vom Sarg mit seinem Schwert und wendet sich ihr zu. Im Lauf des Geschehens kniet er vor ihr nieder, genau so, wie sie bald darauf vor ihm niederkniet. Aber da dreht er sie weg. Am Ende legt er sie zurück in den Sarg; seine Hände lösen sich von ihren. Er schließt ihr die Augen und bettet das Schwert auf ihren Körper. Danach nimmt er wieder Platz, diesmal rechts vom Sarg. „Was bringt eine Frau ins Spiel?", fragt Alexeij. „Und was will der Mann von diesem Spiel haben? Wie geht er damit um? Insofern hat *Romance* auch etwas mit *Krimi* zu tun." Da wie dort bringt die Frau eine neue, vermeintlich leicht durchschaubare Qualität ein. Weder in dem einen Film noch in dem anderen sind die Männer imstande, die Herausforderung anzunehmen.

Brandstiftung

Im Herbst 1969 geriet ein niederbayerischer Weiler namens Aumühle in die Schlagzeilen. Gelegen im Landkreis Passau, Schloss Fürsteneck in der Nachbarschaft, nahm die idyllische Gegend durch den Fremdenverkehr gerade einen gewissen Aufschwung, als die Nachricht eintraf, eines der Aumühler Häuser sei verkauft worden. In Kürze werde darin ein Heim für geistig behinderte Kinder und Jugendliche eingerichtet. Unter den Bürgern der umliegenden Gemeinden regte sich Protest, angeführt vom katholischen Pfarrer, Georg Stetter. Einige Gemeinderäte taten sich zusammen und schrieben einen Brief an den neuen Eigentümer, den Arzt Dieter Loew, versehen mit der unverhohlenen Drohung, er werde „Unangenehmes erleben". Befürchtet wurde, dass das Geschäft mit Touristen durch den Anblick geistig Behinderter erheblich beeinträchtigt würde. Bei Aumühle befinde sich ein Badeplatz; noch dazu führe der neuerschlossene Reit- und Wanderweg unmittelbar daran vorbei.

Am 17. Oktober 1969 besuchten Loew und der neue Heimleiter Georg Villain mit sieben behinderten Kindern die neue Unterkunft. Nach einem Ausflug wurden sie von rund hundert Fürsteneckern, darunter der Pfarrer und der Bürgermeister, bedrängt. Angeblich seien sie beschimpft worden, sogar Knüppel sollen geschwungen worden sein. Die herbeigerufene Polizei riet ihnen zur Abreise. Am Abend feierten die Bürger ihren Triumph über die unerwünschten Gäste mit spontan spendiertem Freibier. Auf Loews Grundstück entfachten sie ein Lagerfeuer und brieten Kartoffeln. Gegen 22 Uhr brannte der Dachstuhl des belagerten Hauses. Durch die Sirene alarmiert, eilte der in der Gegend abgestiegene

Heimleiter nach Aumühle. Er wurde aus dem Auto gezogen und verprügelt.

In einem Artikel des Spiegel vom 27. Oktober 1969 wurde der Vorfall ausführlich dargestellt. Demnach waren es erfolgreiche Geschäftsleute, die, weil sie Gewinneinbußen fürchteten, zum Widerstand gegen das Kinderheim rüsteten – und nicht, wie man leicht denken könnte, dumpfe, argwöhnische Bauern. Ein Hotelier, ein Bauunternehmer, ein Baumaschinenhändler und der Schlossverwalter scharten sich um den Pfarrer als ihren Anführer. „Die Bauernburschen machten die Statisterie für Freibier." Auf dem Rücken der Behinderten ging es allen um Eigennutz und Profit. Das Bischöfliche Ordinariat in Passau stieß durch den Verkauf ein unrentables Gebäude ab; der Arzt, der schon zwei gut gehende Heime eröffnet hatte, versprach sich ein drittes; und die Sozialämter schlugen alle Bedenken in den Wind, indem sie „für viel Geld Geistesschwache, Geisteskranke und schwer erziehbare Jugendliche ohne Unterschied in den Bayrischen Wald loswerden wollten, wohl wissend, daß dort keine Möglichkeit für Ausbildung und Eingliederung bestand".

In seinem Film *Aumühle* nähert sich Alexeij Sagerer nicht so sehr dieser Gemengelage, sondern dem Ungeheuerlichen, das im Kern der Geschichte lauert, und zwar auf drei Ebenen, die er geschickt miteinander verzahnt. Auf der ersten Ebene lässt er erst Pfarrer Stetter, dann Heimleiter Villain den Vorfall schildern; auf der zweiten rückt er nicht kommentierte Szenen aus einem Behindertenheim ins Licht. Während die erste und zweite Ebene dokumentarischen Charakter haben, entwickelt die dritte eine Spielhandlung. In einem durch Kulissen markierten Dorf zeigt sich eine archaisch stilisierte Bauernwelt. (Insgeheim eröffnet die Landschaft mit ihren eigenen Tönen eine vierte Ebene und die Musik eine fünfte. Eine Fahrt über die Landstraße, verlassene Höfe, Momentaufnahmen von Fürsteneck. Musikalisch werden dem Film zumal flächige Orgeltöne beigemengt, teils auch Frauen- oder Männerchöre.)

Sowohl Pfarrer Stetter als auch Heimleiter Villain sprechen im Stehen frontal in die Kamera. „Beide haben das Ganze erlebt", sagt Sagerer, „aber sie sehen nur eine Seite, nämlich jeder seine." Fragen wurden ihnen keine gestellt. Die Ansage lautete: Erzählen Sie, was Sie wollen. Aber sie mussten den Vorfall zweimal erzählen und so darauf achten, dass keine Ungereimtheiten entstanden. Erblickte Stetter am Lagerfeuer vor dem Heim „eine lustige Gesellschaft, die die Gelegenheit ausnutzte, um in größerer Gemeinschaft fröhlich zu sein", erschrak Villain vor einer „Bierflaschen schwingenden, torkelnden, randalierenden Menge". „Diese depperten Kinder", sagt Villain, „wollten sie im Ort nicht haben." Der Pfarrer habe die Öffentlichkeit schon vorher aufgehetzt. Dieser wiederum äußert den Verdacht, die Gegenseite, also Loew & Co., könnte ebenso gut das Feuer gelegt haben, „um uns hereinzulegen und den Fall Aumühle in aller Welt bekannt zu machen". Die Ermittlungen hätten zu keinem Ergebnis geführt. Pfarrer Stetter betont, dass er nichts mit der Brandstiftung zu tun, auch nicht dazu aufgerufen habe. Villain sagt: An den Haaren sei er gezerrt, mit den Füßen getreten worden. Zieht ihn aus!, hätten sie gerufen, werft ihn in den Bach! Außer einigen Fünf-Mark-großen blauen Flecken, merkt Pfarrer Stetter an, habe der den Heimleiter untersuchende Arzt nichts feststellen können.

In einem Heim spielen Behinderte; sie machen Musik, und sie tanzen – in Zweierreihen, dann auch Ringelreihen. Dazu erklingt Klaviermusik. Ihre offenbar nicht der Norm entsprechende Erscheinung wirkt geradezu sanftmütig, während sich Verhaltensstandards – seitens des Pfarrers und des Bauernvolkes in der Handlung – unter dem Druck des für sie Unnormalen ins Erschreckende verkehren.

Sagerer sagt: „Vor Behinderten ergibt sich ja schnell dieses sentimentale und scheinbar menschliche Getue. Aber was bedeutet ihre Ausgrenzung? Kein Mensch ist an ihrer realen Bewegung interessiert. Was stellen sie dadurch her? Wenn ich dieser Frage ausweiche, dann wird sich nie etwas ändern. Diejenigen, die gesellschaftlich ein bisschen mitspielen dürfen, werden immer am Normalen gemessen. Dadurch aber wird die besondere Sprech- und Bewegungsweise der Behinderten verschenkt. Ich wollte diese Kraft ins Spiel bringen, die reale Bewegung, ihre Vielschichtigkeit."

Eine ehemalige Braunkohlengrube bei Schwandorf in der Oberpfalz diente als Schauplatz. Schwere braune Erde, ein kleiner bräunlicher See. „Die Produktion hat in der Spielhandlung wie im Schlamm gelebt." Mit Material, das sie vorfanden, ließ Sagerer ein Dorf errichten, kulissenartige Markierungen durch Holzfassaden, Lattenzäune, Stangen, ein Rad. Gedreht wurde nur an Tagen ohne Sonne, damit das Licht keine Schatten warf. So gewannen sie flache, unheimliche Bilder in Schwarzweiß. Kameramann Heinrich Tichawsky folgte Sagerers Vorliebe für statische Einstellungen. Noch dazu arrangierte Sagerer die Figuren oft so, dass es aussah, als posierten sie für einen Fotografen. Oder für einen Maler. Taghell, aber keine Schatten, ernste, von der Mühsal des Alltags gezeichnete Gesichter, Bilder aus einer versunkenen ländlichen Welt. Ein paar Liebeshändel werden angedeutet. Eine Sau gibt es vom Großbauern für deine schöne Tochter. Du musst nur ja dazu sagen. Und wenn ein Kleinbauer (Nikolai Nothof) von seiner Geliebten zurückkehrt, empfängt ihn die Kleinbauerin mit den Worten: Hast' dein' Dreck wieda umetragn zur Kramerin? Davon abgesehen, macht kaum jemand den Mund auf.

Der Stamm des Ensembles bestand aus Schauspielerinnen und Schauspielern des proT; außerdem wirkten Männer, Frauen und Kinder aus der ansässigen Bevölkerung mit, für je fünfzig Mark pro Drehtag – nicht weniger als die Spieler des proT bekamen. Man könnte nicht sagen, wer zu den einen, wer zu den anderen gehört.

In sich steigernden Ritualen entlädt sich unterdrückte Aggression. Erst werden Hühner geköpft, dann Gänse. Die kopflosen Hühner und Gänse zucken und flattern noch eine

Weile auf der Erde umher. Ein Kind kommt mit einem Eimer und sammelt die Köpfe ein. Einige davon werden auf Nägel im Lattenzaun gesteckt. Irgendwann ruft ein Hellseher mit Bart und langem wehenden Haar dreimal Unglück! Dann ruft eine Frau: Die Deppen kommen! Die Einwohner des Dorfes laufen zusammen und sehen, dass sich ein Lastwagen nähert. Auf der offenen Lade sitzen sieben Kinder und der künftige Heimleiter. Dieser wird in X-Haltung zwischen zwei Pfähle gebunden. In einer Vollmondnacht entzünden die Dörfler Lagerfeuer und stimmen sich ein aufs letzte Ritual. Mit dem Schwert wird ein Schwein geköpft; auf den lange zuckenden Tierkörper wird eingehackt. Das Schwein weiden sie aus. Und den Schweinskopf drücken sie dem angebundenen Heimleiter aufs Gesicht.

In der Spielhandlung übertrug Sagerer das Ungeheuerliche, das Medien und Öffentlichkeit im Fall Aumühle sahen, auf die Kunst. Im Vergleich zu den dokumentarischen Ebenen wirkt die künstlerische offen bedrohlich, ehe sich die Atmosphäre gewaltsam entlädt. Dass das ZDF diesen Film nicht senden würde, war vorherzusehen. Im Gespräch sagte ein Redakteur: Da bekomme ich ja Lust, Bauern zu köpfen. Ja wieso denn?, fragte Alexeij. Für den Tod des Schweins ist der Künstler verantwortlich. Wenn, dann müssten Sie mich köpfen. (Als ob der Künstler kraft seiner Kunst aus dem Schneider wäre.)

Als Alexeij in einer Zeitschrift vom Geschehen in Aumühle erfuhr, staunte er nicht im Mindesten darüber. „Was da abgelaufen ist, war mir so was von klar. Ich kenne ja die Niederbayern. Ich weiß, wie das auftaucht und wie das Angst machen kann. Und wie sie sich dann wieder zurückziehen. Als ich einmal mit dem Wirt von Fürsteneck getrunken hab, hat er gesagt: ‚Ach ja, der Heimleiter, das Schrecklichste, was er fürchtete, war, dass sie ihn in den Bach werfen. Aber der geht einem ja eh nur bis zum Nabel.' Also, sie sind dann auch wieder versöhnlich. Sie haben sich halt hintergangen gefühlt."

Ein halbes Jahr lang hielt sich das proT-Ensemble für die Dreharbeiten in Schwandorf auf. Sie waren schmutzig, wenn sie ins Hotel zurückkehrten, weil sie den ganzen Tag in der alten Braunkohlengrube, einem teils schlammigen Gelände, verbracht hatten. Ins Schwimmbad durften sie nur einmal, weil das Wasser nach dem Baden braun war und ausgelassen werden musste. Sonst aber zeigte die gastgebende Stadt Verständnis und ließ sich das Filmprojekt gefallen. Weil die Bettwäsche nach jeder Nacht Schmutzflecken aufwies, wurde sie im Hotel, ganz pragmatisch, nicht mehr täglich gewechselt. Offenbar strahlten Sagerer und sein Team so viel Begeisterung aus, dass ihnen alles nachgesehen wurde. Besonders einem Lokaljournalisten blieb Sagerers Begabung, Menschen in seinen Bann zu ziehen, nicht verborgen. Er kündigte bei der Zeitung und versuchte, ihn für die Gründung einer politischen Partei zu ködern. Dieses Talent, Leute zu organisieren, befand der Lokaljournalist, der schon kein Lokaljournalist mehr war, sei in der Kunst völlig verschenkt.

Diese Lebenssituation, auf Gedeih und Verderb einander ausgeliefert zu sein, doch mit dem gemeinsamen Ziel, einen großen Film herzustellen, brachte Streit und Versöhnung hervor, Zuneigung und Abneigung, sexuelle Verwicklungen sowieso. „Wir waren ja freie Menschen", sagt Alexeij. „Beziehungsgespräche führten wir damals nicht."

In der Vollmondnacht, als das Schwein geköpft werden sollte, verlor der zweite Kameramann die Nerven und haute ab. Er wurde nie wieder gesehen. So bediente Tichawsky beide Kameras. Überhaupt war Tichawsky ein Gewinn für die Produktion, denn er stellte sich ohne Scheu zur Verfügung. „Du brauchst einen guten Kameramann, der in der Lage ist, das Bild zu finden, das du dir vorgestellt hast." Ohne Schwenks oder Zooms ließ er den Film nach Sagerers Vorstellung von einem statischen Bild zum anderen springen.

„Wir haben nicht mehr als immer schon getrunken." Bevorzugt griffen sie nach Doornkaat, was zur Folge hatte, dass sie, kaum eine Woche in Schwandorf, nirgendwo mehr eine Literflasche bekamen. Darauf war die Stadt nicht eingestellt. In jener Zeit, als er das Theater gründete, Stücke schrieb und Regie führte, als er die ersten Filme drehte, noch dazu die Nacht lang unterwegs war, in jener permanent angespannten Phase also, trank Alexeij Alkohol in großen Mengen. Wenn er am Morgen aufstand, knüpfte er sogleich ans Trinken vom Vorabend an, um einem Kater zu entgehen. „Ich wollte mich buchstäblich nicht ausruhen. Und so hab ich mich nüchtern getrunken. Ich wollte lebendig bleiben." Zum Frischwerden schluckte er Valium. Darauf reagierte sein Körper mittlerweile mit heller Wachheit, anstatt dass er schläfrig geworden wäre. Er nahm Aufputschmittel, Beruhigungsmittel, je nachdem; er nahm auch Drogen, die nicht erlaubt waren. Wen kümmerte es. In den letzten Drehtagen von *Aumühle* sackte er zusammen. Auf einer Pressekonferenz in Schwandorf brach ihm der Schweiß aus. Er wurde kreideweiß. So ein Gefühl, sterben zu müssen. Unter Koliken krümmte er sich. Die Konferenz mussten sie abbrechen. Am Ende von *Aumühle* war er so erschöpft und auch zittrig, dass er kaum noch Auto fahren konnte. Nothof, sein Beifahrer, warnte: Gegenverkehr, fahr rechts.

Genau betrachtet, verlief sein Leben damals nicht so viel anders als das Leben, das Fassbinder führte. Da wie dort herrschte ein Kommen und Gehen; da wie dort galt es, die Fliehkräfte zu schwächen, damit nicht alles auseinanderflog. Sagerer war das Zentrum der einen Gruppe, so wie Fassbinder das Zentrum der anderen war. Ein solches Zentrum musste fähig sein, alles, was drumherum geschah, zu integrieren.

Während sie 1970 an *Aumühle* arbeiteten, drohte Sagerer bereits Gefängnis. Der Film konnte vorher nicht mehr fertiggestellt werden und kam erst Ende 1973 ins Kino. Angesichts seiner gesundheitlichen Verfassung versprach der erzwungene Aufenthalt in Landsberg eine Art von Genesung. Kein Alkohol, er wurde wieder gesund. Fortan litt er auch nicht mehr an

Koliken. „Möglicherweise hat das Gefängnis mein Leben verlängert." Offenkundig war der Film nicht fürs Fernsehen gedacht, ZDF hin oder her. Da er aber auch keinen Verleih fand, vertrieb ihn das proT selber, nicht ohne Erfolg, denn wenn auch nicht landauf, landab, so war er doch da und dort zu sehen. Das Geld, das er gekostet hatte, rund 150 000 Mark, spielte er zwar nicht ein. Aber die Kritik fiel überwiegend positiv aus.

In der Süddeutschen Zeitung schrieb Peter Buchka: „Nein, das ist kein poetischer Film, schon gar kein schöner; keiner, den man sich ein zweites Mal antut, den man einmal aber sehen sollte: Möglich, daß man nur wenig über den ‚Fall Aumühle' lernt, doch sicher viel über sich." Und im Tagesspiegel empfahl auch Robert Rademann den Film, „die poetisch-böse Kraft der Inszenierung, welche mit stellvertretenden Tieropfern nicht spart". Das Berliner Magazin tip pries den Film als „ungemein wichtig und informativ". Und fragte sich, warum die Avantgarde von Kluge, Schlöndorff und Fassbinder, gern befasst mit dem abgründigen Verhalten ihrer Landsleute, den Stoff nicht aufgegriffen habe. Bei Sagerers Film allerdings komme keine Sehnsucht nach den oben Genannten auf.

Einmal, bei einem Treffen der Filmemacher im proT, rieten sie Sagerer zu, dem Filmverlag der Autoren beizutreten. Hätte er zugestimmt, wäre ihm manche Anstrengung, seine Filme in Umlauf zu bringen, erspart geblieben. Aber als er den Vertrag genauer unter die Lupe nahm, konnte er ihn nicht mehr unterschreiben. Besonders eine Klausel ließ ihn argwöhnisch werden. Darin sah er künstlerische Freiheit insofern eingeschränkt, als keine Blasphemie erlaubt war. Selbst wenn er gar nicht vorhatte, religiöse Gefühle zu verletzen, war für ihn dadurch der ganze Vertrag entwertet. Der Geschäftsführer des Filmverlags versuchte, seine Bedenken zu zerstreuen. Ach, das steht da halt nur so. Aber Alexeij lehnte ab. Intuitiv hatte er damals erfasst, dass eine derartige Klausel, wenn es hart auf hart kommt, der Kunst in den Rücken fällt. Und so ist es dann auch geschehen, als *Das Gespenst* von Herbert Achternbusch herauskam.

Nach *Aumühle* ging Alexeij Sagerer dem Kino verloren. Zwar spielte Film auch weiter eine Rolle in seiner Arbeit, aber nur noch in Verbindung mit dem Theater. Als das Münchner Filmmuseum ihm im Februar 1983 eine Retrospektive ausrichtete, stützte es sich vor allem auf die frühen Filme. Hinzu kamen Filme, die Sagerer für *Der Tieger von Äschnapur* gemacht hatte, einschließlich der beiden Werbefilme. Mit den Werbefilmen für die *Tieger*-Aufführungen gelangte er dann doch noch einmal auf die Kino-Leinwand, wenn auch nur im Werbeblock. In den Jahren darauf fing er an, mit der Videokamera umzugehen, wieder als Material fürs Theater. Durch Video war alles leichter und billiger geworden. Nicht ganz überraschend wurde Sagerer zu einem Pionier der Videokunst, sodass seine Arbeiten, wenngleich ursprünglich fürs Theater gedacht, auch in Ausstellungen liefen. So rückte das proT in die Nähe der bildenden Kunst. Mit Videofilmen bespielte er Installationen wie den *VierVideoTurm*, später, in den 1990er Jahren, Videotürme des *Nibelungen & Deutschland Projekts*. Als titelgebend erwies sich das Medium in *Der grösste Film aller Zeiten*, in Angriff genommen mit dem 28-stündigen Theaterprojekt *... und morgen die ganze Welt* (1997). Technisch aufwändig produziert, setzte und setzt sich der Film, gebunden an Projekte des proT, immer weiter fort. Ein Ende ist nicht in Sicht.

Spur der Comics

„Nach der Zeit im Knast – wie war das", frag ich ihn, „als du das erste Mal wieder ins Theater kamst?"

„Wie bei Odysseus", antwortet Alexeij. „Als er zurückkehrt von seinen Irrfahrten, tritt er am Hofe auf, und die Freier verschwinden auf einen Schlag."

Zwar war das proT dank Cornelie Müller nicht aufgegeben worden, noch dazu standen ihr Nikolai Nothof und Jürgen von Hündeberg zur Seite, aber im Theaterkeller hatten sich doch auch andere Gruppen eingenistet, teils Studenten, teils Psycho-Esoteriker. Das Profil der Bühne verschwamm zusehends. Nach Sagerers Verhaftung hatten sich hier und dort Leute zu Wort gemeldet, die das Theater für sich beanspruchten. Das ging so weit, dass eine Mitarbeiterin, Constanze Rottländer, vorsorglich die Akten in Sicherheit brachte.

Nach der Entlassung stellte Sagerer zunächst seinen Film *Aumühle* fertig. Besonders die Rolle der Musik, nach einer Komposition von Jürgen von Hündeberg, musste bedacht werden. Aber schon am 30. Oktober 1972 feierte das proT wieder eine Premiere unter seiner Regie: *Der Held der westlichen Welt* von John M. Synge. Nun mochte er zwar Synge, den Iren, weil er in Iren etwas Anarchisches witterte (übrigens ebenso wie in seinen niederbayerischen Landsleuten), aber ein Text der gängigen dramatischen Literatur entsprach nicht ganz der Vorstellung, die er sich von seinem Theater machte. Insofern war die Entscheidung für Synge aus der Not des Neuanfangs geboren. Wie sollte es jetzt weitergehen? So behalf er sich fürs Erste mit Stoffen aus der Bibliothek, die Anton Kenntemich, neu im Theater, mitbrachte; auch *Frankenstein* inszenierte er oder *Die Nachtwachen des Bonaventura.*

Da vorzeitig aus dem Gefängnis entlassen, war Sagerer auf Bewährung in sein altes Leben zurückgekehrt. Auflagen hatten sie ihm keine gemacht; er musste sich nirgendwo melden. Auflagen hätte er auch nicht akzeptiert. Lieber hätte er das letzte Drittel, acht Monate, noch abgesessen. Auch wollte er durch die Bewährungsfrist nicht gehemmt sein, nicht als Mensch und nicht als Künstler – was ein und dasselbe ist. „Du kannst nur verlieren, wenn du tust, was sie erwarten." Als würde er es darauf anlegen, fuhr er betrunken Auto. Und nach einem Gastspiel in Erlangen riskierte er eine Schlägerei. Doch er kam glimpflich davon, mit zusätzlich drei Monaten auf Bewährung.

Zwei

Im Juni 1974 wurde *Watt'n (ein Kartenspiel) oda Ois bren'ma nida* uraufgeführt. Indem Sagerer die Spur seiner Theatercomics wieder aufnahm, mag ihm klar geworden sein, wohin der Weg führte. Ein eigenes Stück, erst im Lauf der Produktion entstanden, ein Bewegungsmodell, das präzise, aber nicht realistisch ist, eine Kernidee, die, was immer auch geschieht, nichts von ihrer bindenden Kraft einbüßt. Ernst hat Humor, und Humor hat Ernst. Die Tragödie ist eine Komödie und umgekehrt. Die Zeit des Stöberns in der Bibliothek war vorbei. Nach *Gschaegn is gschaegn* sollte sich *Watt'n* als zweiter, über Jahre und Jahrzehnte gespielter proT-Klassiker erweisen.

Mit politisch gewolltem Realismus, der soziale Problemlagen repräsentiert, haben Comics nichts gemein. „Comics beweisen", sagt Alexeij, „dass auch die sogenannten einfachen Leute in der Lage sind, etwas Artifizielles zu begreifen. Wenn da Kästchen aneinander gereiht sind, fragen sie nicht, warum die Figur in dem einen Kästchen nicht hinüberschaut in das andere Kästchen. Nein, sie sehen, dass Comics eine eigene optische Qualität haben, die es so noch nicht gab. Du kannst Comics an jedem Punkt anhalten und feststellen, dass der Ausdruck stimmt. Sie verfügen über Vorgänge, die durch den Zeichner entwickelt werden. Reale Bewegung heißt nicht dumpfer Realismus. Du musst eine neue Ebene anlegen, die noch dazu sozial offen ist. In den Schauspielschulen spielen sie, eigentlich ziemlich armselig, immer nur nach vorne. Comics aber spielen nach allen Seiten. Und hältst du den Vorgang an, dann stimmt auch das einzelne Bild."

Wie vor den Kopf geschlagen, schrieb eine Hamburger Zeitung: Watt'n dat? Hätten sie den Titel genau gelesen, wäre die Frage überflüssig: Ein Kartspiel, steht da in Klammern. Watt'n wird gern gespielt in bayerischen Dorfkneipen. Wer am besten zu bluffen versteht, gewinnt. Rund um das Spiel entfaltet sich die Aufführung, genauer gesagt, rund um einen Kubus, der die Spieler immer wieder magnetisch anzieht und sie ihre Karten ausspielen lässt. Außer dem Kubus stehen nur drei Stühle auf der Bühne, hinten an der Wand eine Blechwanne und ein Kübel. Gewöhnlich wird Watt'n zu viert gespielt, aber Sagerer bevorzugte ein Watt'n zu dritt. Die Figuren, wie in den früheren Comics mit sprechenden Namen versehen, heißen Der Reinliche, Der Zufriedene und Der Unberechenbare. Durch das bewusst gewählte Dreier-Watt'n ergeben sich sowohl räumliche als auch dynamische Konsequenzen. Räumlich bringt die Konstellation Dreiecke hervor, stets von Neuem, da sich die Linien zwischen den Figuren unentwegt verlängern oder verkürzen. Dynamisch entstehen Verhältnisse von Nähe und Distanz, dabei stets zwei gegen einen. Einer also ist, zumindest zeitweise, immer allein. Als Der Reinliche und Der Zufriedene beim Kartenspiel einander näher kommen, so nah, dass die Hände einander, ob absichtlich oder nicht, berühren, stromert Der Unberechenbare unruhig umher, ehe er innehält: „Iaz moag e nimma!", das heißt: Jetzt mag ich nicht mehr!, oder besser: Jetzt reicht's mir aber! Kurz vor Schluss sind die Verhältnisse so weit ausgeglichen, dass jeder mit jedem tanzt. Männerpaare, ein erstes, ein zweites, ein drittes, ohne dass es den jeweils Ausgeschlossenen kränken würde.

Wird Watt'n im Wirtshaus gespielt, wird nie allein nur Karten gespielt. Kann sein, dass das Radio läuft. Kann sein, dass einer zur Jukebox geht. Einer erzählt einen Witz, ein anderer lacht oder lacht nicht. Einer bringt etwas Politisches zur Sprache, ein anderer kommentiert oder kommentiert nicht. Tritt eine Frau ins Wirtshaus, bemerkt jeder, der Karten spielt, ob sie gut aussieht oder nicht. Kann sein, dass sie anerkennend oder abschätzig darauf reagieren. Kann sein, dass einer pfeift und dann so tut, als hätte er nicht gepfiffen. Er schaut, die Karten mischend, auf seine Hände. All das Atmosphärische, das Watt'n umgibt, nutzte Sagerer als Material für *Watt'n*. Im Lautsprecher erklingt die Ansprache eines Jesuitenpaters über Lenins gar nicht so toten Geist, oder es erklingt eine Fußballreportage; Kirchenglocken läuten; und dreimal wird das Kartenspiel durch eine zweiköpfige Folkloregruppe unterbrochen, Gesang und Akkordeon. Mit Sprüchen beschwören sie das Glück im Spiel: „Mid am Unta geasd nia unta!" (Mit einem Unter gehst du nie unter), obwohl der Unter so gut wie nichts ausrichten kann. Das Dia einer schönen Nackten wird an die Wand projiziert, „Das ist eine Frau!", dazu schmatzende Genusslaute.

Watt'n ist detailliert choreografiertes Theater mit absurden Sprach- und Bewegungsspielen. Die Grimasse, die einer beim Kartenspiel zieht, verzerrt sich ins Groteske und bleibt lang im Gesicht. Gerade so, als wären die kurzen Szenen durch ein Und! aufgebaut, geschieht das und! das und! das, allerdings wie mit einem Taktstock geschlagen. Alles wirkt wie abgezählt, das Klacken der Schritte, das Ausspielen der Karten, selbst das Ziehen an den Haaren beim „Perücken verrücken" – nur dass keiner eine Perücke trägt, also ist es schmerzhaft. Eine Szene spielen sie im Zeitraffer, das ganze Watt'n in 15 Sekunden.

Einmal fallen zwei von ihnen hinten auf die Knie und winken in die Wand. „Wir bleiben hier knien bis der Zug kommt." Das brauchte Sagerer nur aufzugreifen, denn auf dem Weg zur Probe wurde er Zeuge, als ein Auto auf einem Bahnübergang stehenblieb; es sprang nicht mehr an. Resigniert saß der Fahrer hinterm Steuer, während die Frau aus dem Auto sprang und wie wild die Gleise hinunter winkte, obwohl weit und breit keine Straßenbahn zu sehen war. Mitten im höheren Unsinn sagt Der Reinliche: „Ich will provozieren, denken, Denkprozesse in Gang setzen!" Und als wäre damit das politische Theater der 1970er Jahre nicht schon genug parodiert, ruft Der Unberechenbare, flankiert von den beiden anderen wie von Aposteln, aus: „Mehr Freiheit für die Kunst!" Diesen Unberechenbaren spielte Sagerer in einer späteren Besetzung selbst.

Am Ende ruft er Feuer! Warum Feuer, wo es doch nicht brennt? Ist Feuer! der einzige Ruf, mit dem man die Kartenspieler von der Bühne jagen kann? Denn offenbar haben sie sich in einem Ballett verloren, aus dem es, tick und tack, kein Entrinnen zu geben scheint. Vielleicht aber ist der Ruf auch eine Referenz an den Untertitel *Ois bren'ma nida* (Alles brennen wir nieder). Entweder *Watt'n* oder *Ois bren'ma nida*, entweder spielen oder alles kaputt machen, entweder Kunst oder Feuer. Anstatt der Frage nachzugehen, setzt Sagerer ein ironisches Schlussbild: Der Zufriedene steigt, einen Feuerwehrhelm auf dem Kopf, in eine Wanne und zieht an einer von der Decke hängenden Gießkanne. In aller Ruhe lässt er sich nass regnen.

Watt'n dat? Gute Frage.

In München erblickten Kritiker darin vor allem Nonsens, eine „Choreographie für drei Irre", wenn auch in einem „herzerfrischenden Schauspiel", einen „besinnungslosen Bilderquatsch von glückseliger Albernheit", kurz, einen „wunderschönen Schmarrn". Erst Gastspiele im Ausland, auf dem Fringe Festival in Edinburgh etwa, lösten Artikel aus, welche die Präzision und Eindringlichkeit, die formale Klarheit der Aufführung hervorhoben. Ein Kritiker der Birmingham Post sah durch *Watt'n* alles in Frage gestellt, was er bisher über das Fringe geschrieben habe, ein Stück von einer ganz eigenen Kategorie. Nur ein Idiot, so bemerkte die Zeitung The Scotsman, könne so dumm sein, die vorzügliche Genauigkeit der Schauspieler nicht zu bewundern. Anlässlich eines Theaterfestivals in Zagreb versuchte der später erfolgreiche Dramatiker Slobodan Šnajder die Grenzen der Gewalt auszuloten, vergeblich, denn er scheiterte daran, die jeweiligen Übergriffe der Spieler zu begründen. *Watt'n* verstehen, schrieb Šnajder, heiße verstehen, woher die gewaltsamen Impulse rühren. Der Leiter eines Theaters nordöstlich von Zagreb entschuldigte sich in einem Artikel dafür, dass das Festival in seinem Bulletin eine missverständliche Münchner Kritik abgedruckt habe. Die Aufführung sei vollkommen klar und eingängig und biete eine Erfahrung, wie sie nur im Theater gemacht werden könne: „to Sagerer and friends – many thanks".

Zwei

Ein Jahr nach *Watt'n*, 1975, wieder im Juni, brachten sie *Lauf, Othello, lauf!* heraus, wieder Comics, wenn auch diesmal Musikcomics. Schlagwerk ist das ganze Orchester, anders gesagt, das Orchester stellt nicht weniger her als reinsten Rhythmus. Anfangs dazu gebraucht, die Atmosphäre mit dunkler Spannung aufzuladen, fährt es sodann in die Gesangstimmen, spornt an, hält zurück, putscht auf, schlägt nieder; es trommelt Arien herbei, und es setzt Zäsuren. Angeregt worden war *Lauf, Othello, lauf!* durch einen bizarren Kriminalfall.

Der Zeitung entnahmen sie, dass der nigerianische Student Michal N. in München des dreifachen Mordes angeklagt war. Durch ein Stipendium war Michal nach Frankfurt am Main gekommen, um eine Ausbildung zum Bauingenieur zu ergreifen. Auf einer Feier zur Unabhängigkeit Nigerias lernte er Dr. R. und dessen Frau kennen. Mit der Frau ging er ein intimes Verhältnis ein, ohne dass Dr. R., lange schon impotent, etwas einzuwenden gehabt hätte. Im Gegenteil, der Doktor erhoffte sich von der Gegenwart des schwarzen Naturburschen seelische und körperliche Gesundung. So nahm er den Liebhaber seiner Frau in sein Haus auf. Als das Ehepaar zunächst nach Starnberg und dann nach Kleinhadern umzog, galt es als abgemacht, dass Michal mitkam. Er kam auch mit. Und da er nun selber Arzt werden wollte, zahlte ihm der Doktor nicht nur eine Privatschule, sondern auch ein monatliches Taschengeld. Nicht mal das Kind, das die Ehefrau von ihrem Liebhaber bekam, beeinträchtigte das harmonische Beisammensein.

Doch anstatt dass der Doktor gesund geworden wäre, erkrankte der Liebhaber seiner Frau, und zwar psychisch. Michal fühlte sich von seinem Wohltäter verfolgt, glaubte sogar, er wolle ihn vergiften. Und die Frau kam ihm wie verwandelt vor, aufdringlich und herrschsüchtig. So sah er sich nicht mehr als Freund der Familie behandelt, sondern als Sklave. Seinem Wunsch wegzugehen widersetzte sich das Ehepaar. Eines Nachts schlug Michal mit dem Hammer auf den Kopf der neben ihm schlafenden Frau ein und schnitt ihr die Kehle durch; er ging ins Schlafzimmer des Doktors und erstach ihn; er ging ins Kinderzimmer und erstickte seine Tochter mit dem Kissen. Nach einem psychiatrischen Gutachten wurde Michal die Zurechnungsfähigkeit abgesprochen. Dem Psychiater hatte er anvertraut, er habe jetzt eine weiße Frau ausgewählt, er wolle sie heiraten und ein weißes Kind von ihr haben.

Durch Sagerers Musikcomics erscheint der Fall wie mehrmals gehäutet, ohne dass er seine Substanz verloren hätte. Eine Parodie auf Oper, Operette und Neue Musik mag näher gelegen haben als eine nachzuerzählende Geschichte. Wiederum sind Bewegung und Sprechweise, noch dazu das Singen präzise einstudiert. Da auf Sprache kein Verlass ist, wird sie dadaistisch zerlegt, wenngleich sie, für Musikcomics unverzichtbar, ihre lautmalerische Kraft bewahrt. Am Anfang tritt der Autor, also Alexeij Sagerer, mit einer Sonnenblume vors Publikum und lässt sich das Wort Othello auf der Zunge zergehen: „Téll Thäll Thälloo Lé Läll Lättoo Ôtt Oott Oothälloo." Auf einem wellenförmigen Podest in zwei Stufen gibt es einen Schleiertanz zu sehen, und eine Figur stimmt durch ein Rohr die Impotenzarie an. Nach einem Gastspiel in Rennes wirkte die französische Zeitschrift L' Avant-Scène Théâtre überrumpelt: „supershow chaotique", „humour hermétique". Das muss man nicht übersetzen.

Nur, chaotisch ist die Aufführung nicht. Wenn sie etwas kaputtmachen, dann nach Maß und Rhythmus. Dass ein tragischer Fall ins Komische umschlägt, liegt daran, dass im Herzen der Tragödie etwas Komisches nistet. „Kultur und Natur schütteln sich vor Lachen die Hand", steht bei Sagerer. Er braucht weder das Händeschütteln noch das Lachen zu zeigen. Hier der Doktor, dort der Naturbursche. Die Figuren stammen aus dem Fall in der Zeitung, Herr Doktor (Nikolai Nothof), Frau Doktor (Billie Zöckler), Tochter Michaela (Cornelie Müller) und Othello (Andreas Arnold). Ehe das

Verhängnis seinen Lauf nimmt, beschwören ihn die Frauen mit wohltönenden Stimmen: „Lauf, Othello, lauf!" (Leider war Michal zu schwach, um dem Ehepaar zu entkommen.)

Othello fürchtet seine Kastration und Ermordung. Drei Möglichkeiten stehen ihm vor Augen: „Erstens: Privat wahnsinnig. Zweitens: Öffentlich kriminell. Drittens: Extrem politisch."

„O weh, er erschlägt mich", beklagt Frau Doktor.

„O weh, er erdolcht mich", beklagt Herr Doktor.

„O weh, er erstickt mich", beklagt die Tochter.

Von der Blackfacing-Debatte ahnten sie Mitte der 1970er Jahre noch nichts. Aber Sagerer hätte sie ohnehin unterlaufen. Sein Othello nämlich ist weiß. Und wer das Gesicht schwarz schminkt, das ist der Herr Doktor. Aber es wird ihm nichts helfen. Othello ist das ewige Getrommel leid, er sehnt sich nach Blechbläsern. Tatsächlich erklingt ein wenig Tenorhorn mit viel Danebenpusten. Bevor alles gesagt ist, sagt Othello noch: „Ich habe mir jetzt eine weiße Frau ausgesucht. Ich möchte sie heiraten und weiße Kinder. Wo ist mein weißer Mantel?"

Wiederholt griff Sagerer in den frühen Jahren des proT nach Zeitungsartikeln, um die darin geschilderten Kriminalfälle in seinem Theater (oder im Film) aufgehen zu lassen. Werke wie *Killing, Aumühle* oder *Lauf, Othello, lauf!* erzählen zwar nichts, was eine Zeitung nicht besser erzählen könnte. Aber sie lenken den Blick auf das Theater (oder den Film) selbst, auf seine Möglichkeiten, auf die Machart. Ergäbe sich nicht ein durch künstlerische Mittel erzeugtes Drama, so hätte ein der Zeitung entnommenes Realdrama für das proT keine Bedeutung. Eine gute Geschichte, ob tragisch oder komisch, bringt nicht notwendigerweise gutes Theater hervor. Eigentlich ein Gemeinplatz, würde nicht gerne so getan, als könne sich Theater auf Geschichten ausruhen.

Für *Watt'n* lieferte die Zeitung keine Vorlage, aber im proT-Archiv liegen Jahre später erschienene Artikel mit den Schlagzeilen: „Tödliche Schüsse nach Kartenspiel" oder

„Nach 8000-DM-Gewinn beim ‚Watten' wurde es kritisch – Plötzlich spürte ‚Buale' zwei Messerstiche zwischen den Rippen". Diese Artikel belegen mit Beispielen, was Sagerer in der Aufführung an unterschwelliger Aggression aufflackern ließ. Dass er sich fortan öfter mit der Boulevardpresse befasst hätte, war leider nicht so. Erst 1993 sah er sich noch einmal dazu veranlasst und führte *Friseuse Carmen* auf. In der Abendzeitung hatte er die Schlagzeile entdeckt: „Carmen: ‚Ich wollte kein Sexobjekt sein' – Deshalb tötete die 16jährige ihren Freund". Carmen B. schlug mit einer Hantel auf ihren schlafenden Freund ein, dann nahm sie ein Küchenmesser und stach zu, und als er immer noch röchelte, erdrosselte sie ihn mit einem Schal. Nach der Tat lebte sie zwei Wochen mit dem Toten in der Wohnung.

In Sagerers Comics werden Figuren als Typen in Situationen gestellt. Ohne dass sie politisch oder sozial zu fassen wären, stehen sie für nichts anderes als das, was typisch für sie ist. Genau betrachtet, entwickeln sie sich auch nicht. Sie gehen als Kräfte in ein Spiel, in dem sie auf andere Kräfte treffen. „Sie werden durch Theater begriffen", notierte Sagerer auf einem Zettel, „wie man sie nur durch Theater begreifen kann." Nach *Lauf, Othello, lauf!* folgten Bergcomics unter dem Titel *Eine heiße Sommernacht im lindgrünen Hochwald* (1975) und Wiederkäuerkomiggs unter dem Titel *Die Rückeroberung der Prärie durch ein heimkehrendes Rhinozeros* (1976). Daraufhin verlor sich die Spur der Comics für lange Zeit, wenn auch nicht ganz, denn die Erfahrung, ob in der Sprech-, ob in der Spielweise, tauchte immer wieder auf. Und 1986 zeigte das proT die frühen Comics *Tödliche Liebe oder Eine zuviel* als Operncomics. Aber erst 2013 entstanden wieder neue Comics, und zwar Trash-Comics: *Ein Gott Eine Frau Ein Dollar.*

Der Titel war Alexeij Sagerer während eines Aufenthalts in New York City gekommen. Eines Tages rief er mich an und sagte, ich solle mitschreiben: „‚Ein Gott Eine Frau Ein Dollar' –

schau mal, was dir dazu einfällt". Die Aufgabe klang nach einer Reizwort-Geschichte, wie ich sie einst in der Schule hatte schreiben müssen. Aber dann wurde mir klar, dass in dem Titel nichts weniger als eine Welt verborgen lag. Und dass Alexeij mich zur Freiheit verdammt hatte. Gott, das war für mich die Schöpfung und das Schöpferische, die Religion und die Philosophie, das Allmächtige und die Ideologie; Frau, das war Liebe und Vertrauen, Sehnsucht und Erfüllung (oder Nichterfüllung), Sex und Gier, die ewige Unruhe; und Dollar, das war die Wirtschaft. Von Gott ging ich aus, und weil ich, was Gott betrifft, nichts Eindeutiges sagen wollte, stellte ich ihn mir für das Stück als schwebende Kraft vor. So kam ich, weil Dollar schon im Kopf spukte, auf das Werfen einer Dollarmünze, ganz so wie im Western immer wieder eine Dollarmünze geworfen wird, um eine Entscheidung herbeizuführen, sagen wir, über Leben und Tod. Der Flug der Münze, malte ich mir aus, das ist Gott. Diese Münze aber sollte im Bund mit einem Bösewicht stehen, moderner gesagt, mit einem Psychopathen.

Im Lauf dieser Überlegungen fiel mir eine Stelle aus dem Roman *No Country for Old Men* von Cormac McCarthy ein. Da zieht ein psychisch gestörter Killer durchs Land, und einmal, an der Tankstelle, macht er sich einen Jux, den verunsicherten Wärter eine Münze werfen zu lassen – Kopf oder Adler? Der Wärter hat Glück, der Killer verschont ihn. Diese Episode brachte mich ein gutes Stück voran. Der Schauplatz des Stücks sollte eine Tankstelle sein. Mein Psychopath sollte eine Vorliebe für Tankstellen haben: Überfälle, Gott spielen, töten. Das Stück wird aus der Sicht eines Wachmanns erzählt, während er Bilder einer Überwachungskamera analysiert. Er studiert den Überfall des Psychopathen auf eine Tankstelle in der Nacht, da eine von ihm begehrte Chinesin, Die Frau, an der Kasse stand. „Auf dem Gesicht der Chinesin liegt ein Ausdruck des Entsetzens. Zweifelsohne bezieht dieses Bild seine unheilvolle Kraft aus dem Schussfinger, der einer fremden Person, starr gerichtet auf die Chinesin, aus der Hand

wächst. Ungeachtet der gebieterischen Geste, fördert das Bild, bevor es erlischt, eine Komposition zutage, die nicht weniger als alles in sich birgt, eine Sekunde im Gleichgewicht."
Hinzu kommt, dass der Psychopath zum Spielen aufgelegt ist. Er lässt die Chinesin auf Leben und Tod eine Dollarmünze werfen und verlängert so den Augenblick in der Schwebe.

So wie mir Alexeij den Titel zugespielt hatte, so spielte ich ihm nun den Text zu, *ein Gott eine Frau ein Dollar*, aus dem er wiederum Theater machte: *Ein Gott Eine Frau Ein Dollar*. Titel, Text, Trash-Comics, darauf verständigten wir uns, sollten als Elemente jeweils für sich stehen und sich um die anderen nicht sorgen. Trotzdem war jedes Element aufgerufen, mit und in den anderen zu spielen, ohne sein Geheimnis preiszugeben.

Anlässlich der Uraufführung, 27 Jahre nach seinen letzten Theatercomics, schrieb Sagerer über das Genre: „Comics sind permanenter, eigener Intensitätsfluss, dem sie folgen in alle Richtungen, bereit für jeden Richtungswechsel. Frei von Gutem Geschmack, Meinung und Politik. Comics bilden keine Bewegungen nach und sind nicht narrativ, selbst wenn sie Geschichten erzählen. Comics fangen die Kräfte ein und sind zuende, wenn die Kraft, die sie treibt, erschöpft ist."

In der Aufführung fällt nicht ein einziges Wort meines Textes, und doch ist das Wesentliche zu sehen. Die Chinesin macht Alexeij zur FrauFrau, ihr Kind zur KindFrau. Sie sind einander libidinös zugetan. Überhaupt ist die Atmosphäre sexuell aufgeladen. Was im Text unmerklich pulsiert, die dunkle Lust des Psychopathen, das stille Begehren des Wachmanns, die Liebe der Mutter zum Kind, stülpt Alexeij zu expliziten Szenen und Klängen aus, bis hin zum Porno-Stöhnen aus den Lautsprechern. Mit Rot, Blau und Grün werden die Theaterfarben ins Spiel gebracht. Ein rot angestrichenes Gartenhäuschen, eine blaue Aral-Zapfsäule, ein grüner Schaukelstuhl. Im Schaukelstuhl sitzt der Wachmann (Sebastiano Tramontana) mit der Posaune statt einer Pistole; an der Aral-Zapfsäule und in den durch Plexiglas-Scheiben gekennzeichneten Gängen staksen, tänzeln und berühren einander FrauFrau (Judith Gorgass) und KindFrau (Theresa Seraphin), beide in kurzen blauen Latexkostümen; und aus der Hütte tritt, wenn es so weit ist, der Psychopath im Rüschenhemd (Sven Schöcker).

Sein Auftritt ist ein langer, ebenso finsterer wie feierlicher Moment. Mit vorgehaltener Pistole zwingt er sein weibliches Opfer, sich auszuziehen, dann wirft er die Dollarmünze, und dann schießt er (oder nicht). In einem Film, der im Theater der Theaterhandlung vorausläuft und auf Fernsehgeräten zu sehen ist, betritt er eine Tankstelle, kostet den erzwungenen Striptease aus und erschießt, nach einem Blick auf die Münze, die Nackte. Als Zeichen, dass sie tot ist, trägt sie ein rotes Kreuz auf der Stirn. Und weil der Killer eine Vorstellung davon hat, was ein Gott ist, stellt er eine Jesusfigur neben die Leiche. In der Theaterhandlung schwillt die Soundcollage ohrenbetäubend an. FrauFrau spielt mit sanftem Druck die entkleidete KindFrau dem Psychopathen zu. Er wirft die Münze.

Das Grausame und das Heilige

Antonin Artaud bewunderte die Marx Brothers. Er bewunderte ihre geistige Freiheit, „in der sich das durch Konventionen und Gebräuche verdichtete Unbewußte einer jeden Figur rächt, gleichzeitig aber auch das unsrige rächt". In *Animal Crackers* gibt es eine Szene, die in einem Salon spielt. Da stürzt sich ein Mann auf eine Frau, um mit ihr ein paar Tanzschritte zu machen und ihr dann, immer noch im Takt, den Hintern zu versohlen. Bei den Marx Brothers sieht Artaud den Geist der Poesie am Werk, das Reale zersetzend in einem Akt „brodelnder Anarchie".

In Antonin Artaud, aber auch Jerzy Grotowski scheint das proT geistige Vorläufer zu haben. Wie viele alternative Theatermacher, ließ sich auch Sagerer anregen von deren Begriffen und Strategien. Während Artaud seine Theorie nie praktisch erprobt hat, ist Grotowskis Theorie aus der Praxis, seinem Theaterlabor, hervorgegangen. Noch heute findet Artauds Attacke auf das in Europa vorherrschende Literaturtheater Anklang bei jenen, die Theater nicht als Instrument für dramatische Texte begreifen, sondern als Instrument für alles Mögliche. Die ihm innewohnenden Kräfte sind potenziell unbegrenzt. Artaud zufolge dürfe sich eine Inszenierung im „simplen Brechungsgrad eines Textes auf der Bühne" nicht erschöpfen. Theater müsse aufhören, sich der literarischen Vorlage zu unterwerfen und seinen „Götzendienst" an festgelegten Meisterwerken zu vollziehen. Dadurch werde nur der „bourgeoise Konformismus" bestätigt. Nicht weniger lehnt er alles Psychologische ab, da einzig und allein darauf bedacht, das Unbekannte auf das Bekannte zurückzuführen, auf das Alltägliche und Gewöhnliche. In seinem Buch *Das Theater und sein Double* verweist Artaud auf Schatten, die hinter dem Theater liegen. Gelingt es einem Schauspiel, diese Schattenwelt zu öffnen für Liebe und Hass, für Gewalt und Kriegslust, für das Unbewusste, so steht seine Notwendigkeit außer Frage. „Ein wirkliches Theaterstück stört die Ruhe der Sinne auf, setzt das komprimierte Unbewußte frei, treibt zu einer Art virtuellen Revolte."

Sein Manifest *Das Theater der Grausamkeit* feiert den körperlichen Charakter des Theaters, das Verlangen nach Ausdruck im Raum, die magischen Mittel der Kunst – und ersehnt nichts weniger als „erneuerte Exorzismen". So fächert Artaud die Sprache des Theaters weit auf, Worte, Geräusche, Klänge, Schreie, „Gebärden und Haltungen, die vom Schatz aller impulsiven Gebärden, aller Fehlhaltungen, aller geistigen und sprachlichen Fehlleistungen gebildet werden". Von der Musik verspricht er sich Konkretes, Töne, die wie Figuren eingreifen, ungewohnte Klänge und Schwingungen, unerträgliche Klänge, die einen verrückt machen. Wie die Musik, so seien auch Farb- und Lichtintensitäten einzubeziehen, nicht ohne kalkulierte Dissonanzen. „Die Intensität der Formen ist nur dazu da, um eine Kraft zu verführen und einzufangen."

Dies alles sei, vergleichbar einer musikalischen Partitur, in einer „Komposition" zu notieren. „Für das Theater", schreibt er, „besteht das Problem in der Festlegung und Harmonisierung dieser Kraftlinien, in ihrer Konzentrierung, im Gewinn von suggestiven Melodien aus ihnen." Wieder im Duktus des Manifests heißt es: „Wie eine Sprache, so wird auch das Schauspiel durchweg chiffriert sein. Auf diese Weise wird es keine überflüssige Bewegung geben, werden alle Bewegungen einem Rhythmus gehorchen; werden Gebärdensprache, Physiognomie und Kostüm einer jeden, bis zum äußersten typisierten Figur den Eindruck von ebenso vielen Lichtstrahlen machen."

Ohne ein Element der Grausamkeit sei Theater nicht möglich. In einem Brief an Jean Paulhan, geschrieben am 13. September 1932, erläutert Artaud den Titel seines Manifests: „Es handelt sich bei dieser Grausamkeit weder um Sadismus noch um Blut, wenigstens nicht ausschließlich." Ha, ha, der Zusatz klingt nicht allzu vertrauenserweckend. Aber dann schlägt Artaud eine Volte ins Philosophische: „Vom Standpunkt des Geistes aus bedeutet Grausamkeit Unerbittlichkeit, Durchführung und erbarmungslose Entschlossenheit, nicht umkehrbare, absolute Determination." Vor allem sei Grausamkeit luzid, „eine Art unerbittliche Führung, eine Unterwerfung unter die Notwendigkeit". Dem wird jeder, der vom Theater konsequente künstlerische Arbeit erwartet, bereitwillig zustimmen. Zumal Artaud, zugegeben, in einer extremen Pointe, seine Theatertheorie als durchaus existenziell versteht: „Alles, was handelt, ist Grausamkeit."

Artaud ist nicht frei von religiösen oder gar kosmischen Erwägungen. Dafür mögen Erfahrungen, die er mit dem balinesischen Theater gemacht hat, verantwortlich sein. „Mit der Hieroglyphe eines Atems will ich eine Idee vom heiligen Theater wiederfinden." Dabei ist das im Schatten Verborgene, das durch ein Schauspiel erhellt werden kann, schon in der weltlichen Perspektive eine Herausforderung. Weder die Idee der Schatten noch die Idee des Magischen oder Heiligen wäre kraft Schulterzuckens erledigt. Beeinflusst von Artauds Gedanken, gründete Peter Brook am Royal Shakespeare Theatre einst die Gruppe Theater der Grausamkeit. Von ihm stammt denn auch die treffendste Umschreibung des Heiligen, nämlich als das sichtbar gemachte Unsichtbare. „Die Idee", schreibt Brook, „daß die Bühne ein Ort ist, wo das Unsichtbare erscheinen kann, hält unsere Gedanken gefangen." In der Süddeutschen Zeitung wurden, ob in tieferer Absicht oder nicht, zwei der jüngeren Produktionen des proT, *Reines Trinken* und *Ein Gott Eine Frau Ein Dollar,* mit den Überschriften „Heiliges Bier" und „Heiliges Begehren" gewürdigt.

Für Jerzy Grotowski enthält Artauds Idee vom heiligen Theater etwas Wesentliches: die Erkenntnis, dass im Wechsel zwischen Spontaneität und Disziplin, zwischen Elementarem und Formalem der Ansporn für eine vor Spannung glühende Darstellung liegt. Im selben Atemzug überführt er Artaud eines Irrtums im Blick auf das balinesische Theater. Weder kosmische Zeichen noch Gesten der Anrufung höherer Mächte seien da zu beobachten, sondern schlicht Theaterchiffren, konkret in ihrer Bedeutung und für Balinesen allgemein verständlich.

Hellsichtig notiert Grotowski, dass Artauds Krankheit, Paranoia, im Widerspruch zur Krankheit seiner Zeit, Schizophrenie, stand. Das Schizophrene der Zivilisation äußere sich im Bruch zwischen Verstand und Gefühl, zwischen Geist und Körper. „Man kümmerte sich um ihn, behandelte ihn mit Elektroschocks, wollte erreichen, daß er sich als ein vom Verstand bestimmtes Wesen auffaßt: Das hieß für ihn, die Schizophrenie der Gesellschaft in sich aufnehmen."

Im Gegensatz zum Sinnenrausch, wie ihn Artaud propagiert, strebt Grotowski ein armes Theater an – ohne Schminke und spezielles Kostüm, ohne abgeteilte Bühne und Bühnenbild, ohne Beleuchtung und Geräuschkulisse. So hofft er der Essenz des Theaters, wie er sie sieht, nahezukommen, der Begegnung zwischen Schauspielern und Publikum. Insofern überrascht es nicht, dass das Heilige für ihn wenn, dann in den Handlungen des Schauspielers aufblitzt, in Augenblicken der Selbstoffenbarung. Von einem Schauspieler erwartet er Hingabe und Demut ohne Vorbehalte. Vor allem aber erwartet er Selbstdurchdringung gegen alle inneren Widerstände. Grotowski begreift den Schauspieler als Künstler, und je mehr er von sich preisgibt, desto größer seine Kunst. Egal, ob in Trance oder im Exzess, der Künstler kann nur sichtbar werden, indem er sich formaler Disziplin unterwirft. Wird aber das Unsichtbare sichtbar gemacht, so haben wir es mit einem heiligen Schauspieler zu tun.

„Jede Methode, die nicht in unbekannte Bereiche vorstößt, ist unzureichend." Im menschlichen Kontakt entwickele der Schauspieler seine Partitur, anders gesagt, im Geben und Nehmen. An diese Partitur müsse er sich halten, aber er komme nicht umhin, den Kontakt täglich neu aufzunehmen. Ebenso wenig wie das Unterbewusstsein dürfe das politisch und sozial Unterschwellige verdrängt werden. Der Künstler habe die Pflicht, die Wahrheit auszusprechen, ohne Rücksicht auf moralische Gebote. Der konventionellen Moral, fordert Grotowski, habe der Schauspieler distanziert zu begegnen, allerdings gestützt auf sein Gewissen. „Wenn man diesen Aspekt des Gewissens vernachlässigt, dann kommt es schnell dazu, daß man die ‚rechte Hand' mit der ‚linken Hand' verwechselt, was sehr angenehm ist und genau aus diesem Grund zu einer Verderbtheit des Inneren wird." Erstaunlich ist, dass Grotowski die Instanz des Gewissens nicht hinterfragt, da sie doch religiös oder ethisch, in jedem Fall aber sozial und kulturell geprägt ist.

Wahrhaftigkeit erlange das Spiel oftmals erst, wenn die Einreden des Gehirns verstummen, also im Zustand totaler Erschöpfung. Damit der Zuschauer durch Schauspieler zur

Selbstanalyse angeregt werde, müsse das Theater „das, was man die Kollektivkomplexe nennen könnte, attackieren, den Kern des kollektiven Unter- bzw. Überbewußtseins (es bleibt sich gleich, wie wir es nennen), die Mythen, die keine Erfindung des Hirns sind, sondern uns sozusagen durchs Blut, durch Religion, Kultur und Klima vererbt worden sind".

Frauen & Jäger

Am 7. September 1976 beklagte Thomas Petz in der Süddeutschen Zeitung die stilistische Eintönigkeit der Münchner Kellertheater. Für ihn bestand die Misere darin, dass die kleinen Bühnen so taten, als wären sie große Bühnen. Sie würden dem Stadt- und Staatstheater nacheifern, ohne dass sie über die entsprechenden Mittel verfügten. Sie würden Stücke spielen aus dem gängigen Repertoire, und sie würden sich einer Material- und Darstellungsästhetik bedienen, die unter anderen, vergleichsweise reich ausgestatteten, Verhältnissen entwickelt worden war. Von Grotowski und seinem armen Theater hätten sie nie etwas gehört. Alles in allem drohten sie die internationale Theaterbewegung zu verschlafen.

Jenseits dieser Tendenz, die er auf den Begriff Bildungstheater brachte, erblickte er als „radikale Alternative" das von ihm so bezeichnete kompetente Theater, bei dem der Zuschauer, auch ohne Vorkenntnisse, für jeden Vorgang kompetent sei: „Zwischen der Polit-Pop-Gruppe ‚Rote Rübe' (die leider in München kein eigenes Theater hat), Kelle Riedls Off-Off-Theater-Club, dem TIK und dem Freien Theater München von George Froscher ist das Schwabinger proT wohl der extremste Vertreter dieses Anti-Schauspiel-Theaters, von dem man sich jahrelang nicht sicher war, ob es überhaupt zulässiger Gegenstand einer seriösen Theaterkritik sei." Petz regte ein jährliches Treffen internationaler Theatergruppen in München an. Später ergab es sich, dass er selbst das Internationale Theaterfestival München aufzog und von 1979 bis 1985 leitete. Für die letzte Ausgabe nahm er eine Alexeij-Sagerer-Retrospektive ins Programm auf.

Mitte der 1970er Jahre erhielt das proT von der Stadt siebentausend Mark im Jahr. Dass das damals siebenköpfige Ensemble davon hätte leben können, war nicht zu erwarten. Mittlerweile verfügte das Theater über ein Repertoire aus eigenen Stücken; noch dazu hatte Cornelie Müller ein Kindertheater gegründet: KIMAT stand für Kinder machen Theater. Nach wie vor zeigte Sagerer kein Interesse für handwerklich geschulte Profis. „Schauspieler müssten wir erst umschulen." Er war auf authentische Charaktere aus, und er hatte ein Gespür dafür, wer sein Theater womit bereichern könnte. Von einem Bergbauernhof in Oberbayern kommend, schloss sich Agathe Taffertshofer dem proT an. Da die Männer im Ensemble sie ablehnten, warf Sagerer die Männer hinaus. Nun saß er da inmitten von Frauen und dachte für sie und für sich an den *Tieger von Äschnapur*. Nikolai Nothof blieb als Techniker dabei, und Jürgen von Hündeberg übernahm die Aufgabe des beratenden Tiegerjägers.

Das *Tieger*-Projekt sollte Jahre dauern. Es entstand eine Serie mit drei Folgen, denen *Tieger Null* als Auftakt oder, wie Alexeij sagen würde, als Vorwurf vorausging. Den ursprünglich geplanten *Tieger Unendlich*, eine Art von totalem Theater, das in 28 Stunden einmal um die Welt gehen sollte, ließ er fallen. (Die Idee aber lebte, wenn auch ohne Tieger, 1997 wieder auf, umgesetzt in *... und morgen die ganze Welt.*) Die Fährnisse der *Tieger*-Arbeit brachten es mit sich, dass eine Folge, *Tieger Zwei*, missglückte. Sie wurde gelöscht – und Jahre später unter dem alten Titel neu herausgebracht.

Der Tieger von Äschnapur Null oder Sylvester auf dem Lande galt als Aktionsabend, einmalig und angefüllt mit rohem Material. Eine halbe Stunde lauscht das Publikum der über Lautsprecher eingespielten Stimme von Sagerer und damit den Gedanken, die er sich über den *Tieger von Äschnapur* macht. Das heißt, so klar ist das gar nicht, worüber er nachdenkt, stammelnd, sich verhaspelnd, aber immer weiter und weiter. Und man könnte nicht sagen, ob am Ende wirklich ein *Tieger* herauskommt. Eher geht es um die Not, neues Theater zu machen anstelle des alten mit seinen „wertvollen Themen als Hilfsmaßnahmen"; es geht um Hühner, ums Stroh und ums Scheißheisl; und dann ist plötzlich das Plattling der Kindheit wieder da. Im Geheimen mit einer 14-Jährigen verlobt, beschloss Alexeij, als er noch nicht so hieß, den Erstgeborenen Alexeij zu nennen. Doch als die Beziehung scheiterte, nahm er selber den Namen an. Auf der Bühne geschieht solange nichts; nur eine Kerze flackert im Raum. In einer fast meditativen Atmosphäre wird also der Tieger geboren. Danach treten die Schauspieler auf. Die Männer hacken Holz, mit großer Axt ganz dünne Zweige; Strohballen werden geöffnet und verstreut. Suse, liebe Suse, singt Agathe Taffertshofer, was raschelt im Stroh? Eine Brotzeit wird aufgetischt, und groß wie in der Oper wird gesungen zu Geige und Zither. „Bevor wir eine alte Kunst machen", sagt Sagerer, „machen wir lieber einen neuen Schmarrn."

Als hätte sich ein Ätsch! im Titel eingenistet, sprachen sie nur noch von Äschnapur. Das märchenhafte Eschnapur, das die Menschen im Plattlinger Kino bezaubert hatte, schwang allenfalls als Sehnsuchtsvokabel mit. Noch dazu verwiesen die Figuren auf das Kino-Erlebnis, Tigerjäger, Maharani, Stiefmaharani, Großmaharani und die bezaubernde Prinzessin. Nur der bekommt die bezaubernde Prinzessin, heißt es in der ersten Folge, der den Tieger von Äschnapur bringt. So spannend das auch klingen mag: die Jagd nach dem Tieger, die Prinzessin als Trophäe – in den einzelnen Folgen spielte das Motiv so gut wie keine Rolle. Stattdessen erwies sich *Der Tieger von Äschnapur* als große autobiografische Erzählung des Alexeij Sagerer, besonders über Kindheit und Jugend in Plattling. „Das Fantastische liegt ja hier bei uns", sagt er, „nicht in Eschnapur." Gleichzeitig fraß sich *Der Tieger* ins Theatertheoretische hinein, mit dadaistischer Spielerei und valentineskem Scharfsinn.

Zwei

„Mit dem Theater ist es sowieso noch besonders blöd, weil wenn es nicht gemacht wird, dann ist es gleich nicht mehr da. Und Rezepte, die nicht hinhaun, die woll'n ma auch nicht vakaffa. Wir sind überhaupt schlecht dran, weil wir auch keine Witze machen, sondern ein Witz sind und nicht mal den könn' ma vakaffa, weils uns sonst nicht mehr gibt. In einem konventionellen Theata da kannst machen was du willst, es wird immer wieder konventionelles Theata, da gibt's keine Chance, da bist erledigt. Aber ein Rennfahrer, der muß die Hirner durcheinanderschütteln, sonst hätt' er gleich ein Lehrer werden können."

Im *Tieger von Äschnapur Eins oder Ich bin die letzte Prinzessin aus Niederbayern* spielt Sagerer den Tiegerjäger, Cornelie Müller die Maharani und Agathe Taffertshofer die bezaubernde Prinzessin. Noch nicht allzu bekannt auf der proT-Bühne, stellt sich Agathe genau so vor, wie eine sich vorstellen muss, die hereingeschneit gekommen ist: „Also, ich komm von einem Bergbauernhof, was ich schon g'sagt hab'. Mit einer reinen Grönlandwirtschaft – Grünlandwirtschaft, des kommt von grün – und später hab ich dann noch in einer Wirtschaft in der Küchen gearbeitet und im Fasching manchmal als Bardame. Mein Talent zum Theater hab ich beim Bauerntheater entdeckt – aber weiter hab ich mir noch nichts dabei gedacht." Später, wenn die Maharani schwere Säcke schleppt und Rüben auf die Bühne poltern lässt, weil Plattling einst mit der modernsten Zuckerrübenfabrik Europas geworben hat, dann läuft die Prinzessin nur aufgeregt hinterher, ohne einen Finger zu rühren. Erstens, weil sie eine Prinzessin ist – so erklärt man es sich inhaltlich. Zweitens, weil sie noch Zither spielen muss – so erklärt man es sich pragmatisch. Mit dieser wilden Szene in Fritz-Lang-tauglichen Seidenkleidern haben sie den stillsten und poetischsten Moment gesprengt, die blaue Szene, nichts als blaues Licht an der Wand.

Einmal im Jahr gab es in Plattling ein Sandbahnrennen, so sensationell wie die modernste Zuckerrübenfabrik. Zu diesem

Rennen kamen mehr Zuschauer, als die Stadt Einwohner hatte; und überall roch es nach Rennbenzin. Weil die Motorräder keine Bremsen hatten, bremsten die Fahrer mit ihren eisernen Schuhsohlen. Die Gesichter waren hinter der Brille und dem Tuch vor dem Mund verborgen. Alexeijs Vater wollte nicht, dass sie vorn an der Planke standen. Sie mussten sich ducken, damit ihnen keine Steinchen ins Gesicht geschleudert wurden. Der Tiegerjäger erzählt von diesem Rennen und von seinem Vater, der mit grüner Stimme auf ihn eingeredet hat. Ständig hat der Vater etwas Grünes gemurmelt.

Als der Tiegerjäger mit seiner Theatatheorie um einen Tisch herumrennt, unzählige Male, fängt er an zu keuchen, er schrammt sich das Schienbein auf, gleich kann er nicht mehr. Nach der Vorstellung kam der Leiter der Münchner Theaterwissenschaft auf Alexeij zu und sagte, diese Szene habe er nicht, weil in Sorge um ihn, genießen können. Gutes Theater, fügte er hinzu, sei für ihn wie eine halbe Flasche Sekt, das könne er genießen. Soso, mochte Alexeij gedacht haben, das ist dann bestimmt kein Theater, das zu weit geht, denn sonst wäre es ja wie eine ganze Flasche Sekt. Ein Hauch von Politik umweht Cornelies Rennen um den Tisch. Was hätten wir für Möglichkeiten, sagt sie ins Mikrofon, wenn wir nicht Theater machen würden? Die Optionen sind bekannt aus *Lauf, Othello, lauf!*; schon der bedrängte Othello spricht sie aus: „Erstens: Privat wahnsinnig. Zweitens: Öffentlich kriminell. Drittens: Extrem politisch."

Als das Münchner Stadtmuseum im Jahr 2013 eine Ausstellung zeigte unter dem Titel „Wem gehört die Stadt? Manifestationen neuer sozialer Bewegungen im München der 1970er Jahre", da bedachte es auch das alternative Theater mit einer Ecke. Groß war die Ecke zwar nicht, aber immerhin wurde das proT geehrt mit einem Video. Darauf zu sehen und zu hören gab es Alexeij Sagerers „Bierrede" aus dem *Tieger Eins*.

„Also, ich hab da immer gesagt zu ihnen, ich brauch eine Szene, wo ich in Ruhe mein Bier trinken kann und da warns zuerst gar nicht so dafür, aber dann hab ich ihnen gsagt, wenn wir so weiter machen, dann könn' ma ja gleich Kunst machen. Ich mein, man darf schon Kunst machen, aber man darf nicht sagen, daß es eine ist, weil sonst die einen des ernst nehmen und ganz schwachsinnig darüber red'n und deswegen die andren nicht hereinkommen mögen, weils glauben, daherin da segns des, was die einen darüber gsagt ham, und des woins mit Recht auf gar keinen Fall sehn. Dabei ist die Kunst der reinste Irrsinn, aber die ham ja nicht den Irrsinn ernst genommen, sondern die Kunst und dann ist die ganze Kunst halt eine traurige Sach worn, gell. Also, wenn einer schön singt, des ist schon schön, aber wenn die andern deswegen nicht mehr schnaufen, dann hams gar nichts davon, weils ja die Luft im Hirn brauchen täten. Aber wenn die Maharani deswegen so schön singt und die bezaubernde Prinzessin deswegen so schön ihre Sehnsucht nach dem Tieger von Äschnapur in die Zither hineinlegt, damit der Tiegerjäger in aller Ruhe ein Bier trinken kann, dann schnaufen die Leut in aller Ruhe weiter und können sich in aller Ruhe zu derer Musik ihre Gedanken machen. Ja und so hamas dann gmacht."

Während die Maharani singt und die bezaubernde Prinzessin Zither spielt, trinkt der Tiegerjäger ex eine Flasche Bier.

1977, als der *Tieger Eins* Premiere hatte, war Cornelie schwanger. Als im Jahr darauf Tochter Anna auf die Welt kam, heirateten sie und Alexeij.

„Das wundert mich", sag ich, „dass du dich auf etwas so Bürgerliches wie die Ehe eingelassen hast."

„Nein", sagt Alexeij. „Dadurch hab ich mir für die Kinder einen gewissen Schutz versprochen vor der Repräsentationsgesellschaft."

1980 wurde Sophia, die zweite Tochter, geboren.

„Das nomadische Leben hab ich nicht aufgegeben, nur weil jetzt zwei Töchter da waren. Ich wollte nicht das schlechte Vorbild sein, das Kinder als Ausrede benützt, um die Konsequenz zurückzuschrauben. Die Gesellschaft würde ja gerne Rollen verteilen, Vaterrollen, Tochterrollen. Dabei handelt es sich immer um konkrete Menschen. Und da ist es völlig egal, ob sie deine Tochter ist oder nicht."

Mit Anna als Baby posierte er für ein später berühmt gewordenes Foto, das, zumal als Plakat, für den *Tieger Drei* warb. Es war ein ironisches Madonnenbild. Statt des Jesuskindes die Tochter im Arm, statt des Zepters ein Messer in der Hand, statt der heiligen Maria der unheilige Alexeij Sagerer. Aber auch schon im *Tieger Zwei* war Anna zu sehen, im Politischen Film, in dem sie von der Mutter gestillt wird. In dieser Szene lässt Cornelie ein denkwürdiges Sagerer-Wort fallen: „Alles, was die Politik in die Hand nimmt, verkommt sofort zur Politik." Anna merkt auf, fast wie erstarrt, und kurz darauf trinkt sie weiter. Später einmal, draußen auf der Wiese, lief die kleine Anna strahlend auf ihren Vater zu, und er strahlte bestimmt zurück, aber ihn beschlich auch ein beunruhigendes Gefühl: Ist das jetzt die reinste Idylle?

„Kinder schaffen schon Irritationen", sagt Alexeij. „Einmal wurde es mir unheimlich, und ich bin nach Erlangen gefahren, nur um zu trinken und alles durcheinanderzuschütteln."

In einem Video für das spätere Stück *Münchner Volkstheater* ist Sophia zu sehen, in einem Stubenwagen, leicht vor und zurück bewegt. Dazu die Worte: „Dieses Kind hat den Namen Sophia Pherachthis Mariä Erscheinung vom Licht. Es hat ihn aber noch nicht kriegen dürfen, weil der Name gebräuchlich sein muss. Dabei ist das Kind noch so gut wie ungebraucht." Pherachthis, so heißt auch Sagerers Kannen-Film, stand in keinem Register, und so bedurfte es einer List, um die Behörde zufrieden zu stellen. Ein befreundeter Professor der Münchner Universität schrieb für Alexeij ein fantasievolles Gutachten, in dem er Pherachthis zur „Göttin der Abendröte" erklärte, mehr noch: zur „Arbeitergöttin". Aus politischen Gründen sei dieser Name von den Herrschenden unterdrückt worden. Davon ließ sich die Behörde überzeugen, und heute steht es jedem frei, eine Tochter Pherachthis zu nennen. Denn der Name ist registriert.

Der *Tieger Zwei* von 1978, exakt betitelt als *Der Tieger von Äschnapur Zwei oder Ich bin das einzige Opfer eines Massenmordes,* überlebte nicht lange. Obwohl Publikum und Kritik ihr Vergnügen daran hatten, ihr Hä? und ihr Kopfschütteln, nicht anders als früher auch, zog Sagerer das erste und einzige Mal in seinem Künstlerleben eine Produktion zurück. Er wollte sie unter seinen Werken nicht einmal mehr aufgelistet sehen. „Irgendetwas reagierte da nicht aufeinander", sagt Alexeij. „Die einzelnen Elemente sind gut, die Filme sogar sehr gut, noch dazu die Mundmusik mit *di da wisch i fei scho no.* Aber leider haben diese Elemente den ganzen *Tieger Zwei* nicht gebraucht."

Gewitzt veränderte er die Figurenkonstellation. Weil Cornelie sich um das Kind kümmern musste, die Maharani dadurch ausfiel, nahm er Billie Zöckler hinzu und nannte sie Stiefmaharani. Die bezaubernde Prinzessin bekam einen neuen Vormund. Im Frisiersalon wurde eine Hochzeit geprobt, mit zärtlichen Spraydosen. Als verspäteter Tiegerjäger kam ein Trompeter ins Spiel. Dieser Musiker hatte es nicht leicht zwischen den auftrumpfenden Frauen Billie Zöckler und Agathe Taffertshofer. Er fühlte sich von ihnen wie an die Wand gedrückt – und bekam es mit der Angst zu tun. Vorm Theater saß er im Auto, blass, zitternd, unfähig, die paar Schritte nach Äschnapur zu gehen. Immer wieder rang er um seine Fassung. Nach den ersten Vorstellungen traf er die Entscheidung, dieses sagenhafte Land nie wieder zu betreten.

Auch das Verhältnis zwischen Billie und Agathe war angespannt, nicht frei von Eifersüchteleien, welche die tollere Schauspielerin sei und welche dem Regisseur die liebere. Kurz, der *Tieger Zwei* war nicht zu halten. Nur der Titel gab so lange nicht nach, bis er 1982 eine neue Produktion benennen durfte.

Was den Untertitel *Ich bin das einzige Opfer eines Massenmordes* betrifft, so lag ihm ein abenteuerliches Erlebnis zugrunde. Jahrelang war im proT nie eine Vorstellung ausgefallen, und so war Alexeij beunruhigt, als der Techniker ankündigte, auf eine trinklustige Bauernhochzeit gehen zu wollen, sodass am Abend von Technik im Ernst nicht mehr hätte geredet werden können. Darum fuhr er ihn und dessen Freundin hin, im weißen Ford Transit, dem Theaterauto, und achtete darauf, dass sich der Techniker nicht vergaß. Diese Bauernhochzeit strapazierte die Nerven, weil dort dauernd Geld kassiert wurde – Mahlgeld, Musikgeld, Brautgeld. Und da sie alle schon am Nachmittag tranken, waren sie schnell betrunken. Ausgerechnet Alexeij, der ja mitgefahren war, um das Betrinken zu verhindern, trank ein Glas nach dem anderen. Als das Abendessen aufgetragen wurde, ein trockener kalter Schweinsbraten, eine Scheibe Hausbrot und ein bisschen Senf, da war er schon so gereizt, dass er den Teller durch den Raum schmiss. Die Hochzeitsgesellschaft zeigte Irritationen; manch einer machte seinem Ärger Luft. Der Techniker riet dazu aufzubrechen, damit die Theateraufführung nicht ausfalle. Im Ford Transit konnten sie vorne zu dritt sitzen, und wenn Alexeij den Zündschlüssel ins Schloss hätte stecken können, dann hätten sie auch losfahren können. Der ist ja stockbesoffen!, schrie die Freundin des Technikers auf. Der fährt uns in den Tod! Worauf der Techniker ihr eine langte, dass sie Nasenbluten bekam. Darauf stiegen die beiden aus und kehrten in die Gesellschaft zurück, um das Nasenbluten zu stillen. Bei den Leuten herrschte die Meinung vor, die Zuhälter hätten ihre Nutte verprügelt. Dann gingen acht oder neun in der Absicht vor die Tür, Alexeij anzugreifen.

„Ich kenn das ja schon aus Niederbayern", sagt er. „Du musst aufpassen, dass dir keiner in den Rücken fällt. Ich geh also langsam rückwärts, und die folgen mir." Es war bitterkalt, er trug einen Wintermantel. Und während er einen Schritt hinter den anderen setzte, überlegte er, wie sie das Ganze untereinander regeln könnten. Doch dann stolperte er über einen Kaninchenzaun und rutschte in einen Bach. Bis zum Mund im Wasser, wurde er von der Strömung mitgerissen. Am anderen Ufer fiel ihn ein Schäferhund an. Dann trieb er weiter ab, ehe es ihm gelang, aus dem Bach zu steigen. Völlig durchnässt ging er zurück. Inzwischen waren Polizei und Sanitäter vor Ort, gerufen von besorgten Gästen in der Annahme, Alexeij sei ertrunken. Ihr Arschlöcher!, brüllte er ihnen ins Gesicht. Und zu den Polizisten sagte er, er wolle eine Anzeige machen wegen Massenmordes.

Am Abend fiel die Vorstellung im Theater aus.

Fast nackt, nur einen weißen Jesusschurz um die Hüften, schleppt sich Sagerer mit einem Holzkreuz auf dem Rücken über die Bühne. Just married, steht hinten auf seinem Körper. So fing 1979 die dritte Folge an, *Der Tieger von Äschnapur Drei oder Ich bin imbrünstig mein Alexeij Sagerer*. Wieder stark autobiografisch gefärbt, strahlte das Stück trotz des Slapsticks der tanzenden roten Wärmflasche etwas Einsames und Düsteres aus. Unter dem Druck der Erziehung, der Lehranstalt und der Justizvollzugsanstalt droht ein Mensch kaputtzugehen. Und er muss darauf schauen, weder sich selbst noch seinen Witz zu verlieren. Im hysterisch keifenden Ton ahmt Sagerer Ermahnungen nach: Hast du deine Zähne geputzt? Tust du uns auch keine Schande machen? Hat denn das Gefängnis bei dir überhaupt nichts genützt? In einem Film wird ein roter Osterhase verbrannt. Es dauert lang, denn der Hase ist aus Zucker; er schmilzt. Dazu ertönt Sagerers Stimme, Jammern und Stöhnen, Laute des Hustens und Erstickens.

Im *Tieger Drei* spielte Alexeij ein inbrünstiges Solo. Selbst der Techniker war nicht mehr dabei. Das, was technisch notwendig war, übernahm Agathe. Er selbst hatte Löcher in die Decke gebohrt und Scheinwerfer aufgehängt. In der Aufführung schlitzt er schwarze Säcke auf, sodass gelbe Chips herunterrieseln; der ganze Boden ist übersät von Chips. Er schaufelt sie zu einem Haufen da, zu einem Haufen dort. Lange passiert nichts anderes. Durch die Bewegung des Schaufelns wird im reinsten Sinn Theater hergestellt.

Im Vorfilm ist Agathe nackt zu sehen. Gelassen erzählt sie von ihrer Bewerbung als Aktmodell. Sie zweifelt, weil sie sich für zu dick hält. Als sie sich vor Studenten ausgezogen hat, sagt der Professor: Solche Menschen gibt es auch, wie Sie sehen.

Von Anfang an wird damit der Kunst- und Theaterdiskurs wieder angestimmt. Nach der Schlägerei in Erlangen, so erzählt Sagerer, habe ihm der Richter gesagt, modernes Theater müsse damit rechnen, dass es beleidigt werde. Anlässlich des Ankaufs der Beuys-Installation *Zeige deine Wunde* in München sprach der CSU-Politiker Peter Gauweiler von modernem Gekleckse. „Weil er keine Ahnung davon hat", sagt Alexeij, „das ist das Problem. Man setzt ja auch keine Kaminkehrer ein, die nicht schwindelfrei sind." Am Ende legt er sich erschöpft und mit der Posaune an der Seite auf eine Pritsche. An die Wand, an der er liegt, wird ein Film mit Theaterinterviews projiziert. Große Bühnen, kleine Bühnen, jeweils die Chefs. Die Fragen stammen von Sagerer; gestellt werden sie durch Jürgen von Hündeberg als Reporter mit Mikrofon in einer operettenhaften Tiegerjägeruniform.

Kann der Schauspieler durch intensive Tierbeobachtung zu natürlicheren Bewegungen auf der Bühne gelangen? Wie unterscheiden Sie einen Profi auf der Bühne? Kann ein schlechter Mensch durch eisernes Training zu einem guten Schauspieler werden? Schildern Sie mir den Zusammenhang zwischen modernem Theater und moderner Ernährung. Wie bringen Sie die faschistische Gefahr zuerst auf die Bühne und dann hinunter ins Publikum?

Das Bayerische Staatsschauspiel unter Kurt Meisel wollte nicht mitmachen, da darauf bedacht, Fragen vorher zugestellt zu bekommen. Außerdem wüssten sie nicht, was mit ihren Antworten geschehe. So projiziert das proT an dieser Stelle nur Schwarzfilm, wozu Alexeij Sagerer auf der Tonspur seinen Brief an Kurt Meisel verliest. Der Beitrag des Bayerischen Staatsschauspiels, heißt es darin, sei „keineswegs der uninteressanteste".

Zwei

In Ellbrunn, gerade noch Oberbayern, fast schon Niederbayern, mietete Sagerer in den 1970er Jahren ein Bauernhaus. Dorthin zog er sich zurück, um Texte zu schreiben und Kurzfilme zu drehen. Auch ein fürs Kino produzierter *Tieger*-Werbefilm entstand dort, prominent besetzt mit Jürgen von Hündeberg. Als beratender Tiegerjäger war er unabkömmlich geworden. 1982 kaufte Sagerer dann ein Haus in Ried. Zeitweise lebte er dort mit drei Frauen zusammen. Jede wusste, dass sie nicht seine einzige war. Mit den dreien, Cornelie Müller, Agathe Taffertshofer und Brigitte Niklas, brachte er den rundum erneuerten *Tieger Zwei* heraus. Und er ließ sie vor der Kamera eine *Eifersuchtstragödie* spielen – in den zugeteilten Rollen von Großmaharani, Maharani und bezaubernder Prinzessin. Für einen anderen Film, produziert für *Zahltag der Angst*, dachte er sich ein zärtlich-ironisches Bild aus: Die drei liegen nackt auf dem Bauch, eng aneinander, und ein roter Pinsel setzt Buchstaben für Buchstaben erst auf den oberen, dann auf den mittleren, schließlich auf den unteren Körper. Die Buchstaben ergeben einen Sinn: die Rolle auf den Leib geschrieben.

Nach Ried nahmen sie auch die kleinen Töchter Anna und Sophia mit, und Brigitte brachte ihre Kinder dazu. Mitten in der Nacht rüttelte Alexeij sie aus dem Schlaf, weil er die Idee für einen *Tieger*-Film hatte. Alle mussten aufstehen, sich warm anziehen und dann hinaus in die Kälte. Alexeij filmte, wie sie eine Madonna durch den Schnee zogen. Diese Madonna war eine Gipsfigur; in der *Maiandacht* sollte sie später erneut ihren Auftritt haben.

In diesen Jahren versuchte Sagerer nicht weniger, als das Wesen des Theaters zu ergründen. Was heißt Theater jenseits der inhaltlichen Krücken? Einer spricht, ohne dass er dafür einen Spot bekommt. Gerade durch die Weigerung, sich der Sprache zu unterwerfen, meldet das Theater seine Ansprüche an. Schon in der Schule hegte Sagerer eine Faszination für Zahlen. Nach seiner Auffassung stellen Zahlen selber Theater her. Seit jeher ist das Theater von Zahlen (und vom Zählen) geprägt. Dreimal über die Schulter gespuckt heißt toi, toi, toi; drei Schläge mit dem Stock auf die Bühnenbretter eröffnen das Schauspiel; fünf Akte hat ein Stück. Besonders Primzahlen haben es Alexeij angetan, Zahlen also, die nicht durch Gesetze zu kontrollieren sind. In welchen Abständen sie auftauchen, folgt keiner Regel. So baute er 1982 den *Tieger von Äschnapur Zwei oder Ich bin das einzige Opfer eines Massenmordes* nach Primzahlen auf.

Jedes ins Spiel gebrachte Element, ob Auftritt, Text, Musik, Licht oder Dia, sollte für sich betrachtet werden können. Jedes verfügte über eine Primzahl, welche die Dauer seines Erscheinens bestimmte. Souverän, wie ein Element war, blieb es so lange im Raum, bis seine Zeit abgelaufen war, einerlei, ob angestrahlt oder nicht, denn das Licht folgte seiner eigenen Primzahl. Dadurch war eine herkömmliche Inszenierung, die ein Element ans andere bindet, ausgeschlossen. Stattdessen legte Sagerer eine Tabelle mit Primzahlen an, umso ausgetüftelter, als selbst der zeitliche Abstand, in dem ein neues Element hinzukam, einer Primzahl entsprach. Tonelemente zum Beispiel nahmen sie in Plattling auf, Bahnhof, Kneipen oder das Rauschen der Isar, und spielten sie nach eigenen Mischungen primzahlengemäß ein.

In der Mitte erhebt sich eine eingestaubte Fensterwand; das Publikum sitzt links und rechts davon. Die drei Schauspielerinnen stechen Säcke an, die von der Decke hängen, damit Weizenkorn herunterprasselt. Cornelie stürzt sich in eine lärmende Litanei aus Meldungen der Lokalzeitung, und Agathe stammelt im Mafioso-Look Konsonanten hervor. Langsam ziehen sie eine Dachrinne auf die Bühne. Ein Schubkarren spielt mit und ein schwebender Kontrabass, auf dessen Saiten Cornelie Musik sägt. Das Theater spielt, wenn es sein muss, im Dunkeln, weil die Primzahl des Lichts es so verlangt. Unter den Zuschauern herrscht gespannte Ratlosigkeit. Offenbar spüren sie, dass etwas Besonderes vor sich geht, durchaus geplant, aber nicht zu durchschauen. Wer sich an

Töne hält, mag die eigenartige Musikalität anerkennen. Zum Schluss, nach 4519 Sekunden oder 75 Minuten und 19 Sekunden, verklingt der Abend mit einem rieselnden Geräusch.

Der Tieger wurde zwar jahrelang gejagt, aber nicht erlegt. Und vielleicht durfte er auch gar nicht erlegt werden. So erhielt zwar niemand die Hand der bezaubernden Prinzessin, aber das hat den Vorteil, dass wir weiter von ihr träumen können. Jedenfalls sind wir mit allerhand Sensationen, wie sie niederbayerisches Leben und modernes Theater bieten, bedacht worden. Und wir haben uns gespannt darauf eingelassen wie die Menschen in Plattling auf den *Tiger von Eschnapur* im Kino. Im Abspann von Fritz Langs Film wurde bereits für den zweiten Teil, *Das indische Grabmal*, geworben, „noch spannender, noch gewaltiger, noch grandioser", gerade so, als wäre es ein Slogan von Alexeij Sagerer. Zerreiss die schönste Frau über dem höchsten Platz der Tieger.

Der *Tieger Zwei* von 1982 war die letzte Produktion des proT in der Schwabinger Isabellastraße. Danach mussten sie das Kellertheater räumen. Als sie im Jahr darauf in die proT-Halle umzogen, Schleißheimer Straße 418, richteten sie dort eine Tiegernacht aus, die *Tieger Eins, Zwei* und *Drei* – Zug um Zug.

Unmittelbares Theater

Selbst wenn der Begriff erst 1986 öffentlich bekannt wurde, und zwar durch das Festival „Die vier Tage des Unmittelbaren Theaters" in der proT-Halle, so war das, wofür er stand und steht, von Anfang an gemeint gewesen. Das Bezeichnende brauchte Zeit, um das Bezeichnete zu erfassen. Das heißt, wirklich erfasst worden ist die Ästhetik des proT damit bis heute nicht. Und daran wird auch dieses Buch nichts ändern. Wäre es anders, so hätte ich eine Niederlage einzugestehen. Das proT begrifflich festzunageln, hieße, es in seiner Entfaltung zu behindern, schärfer gesagt, es seiner Lebendigkeit zu berauben. Für Alexeij Sagerer scheint dieses Dilemma nicht zu existieren, und wenn es einmal für ihn existiert hat, dann hat er es längst gelöst: „Unmittelbares Theater kann man nicht definieren. Ich versuche, es immer wieder neu zu denken. Sonst liefe ich ja Gefahr, mich selbst zu repräsentieren."

Schon in den 1960er Jahren sprach Peter Brook über „Das unmittelbare Theater". Aber auch er verweigerte eine Definition. Nachdem er „Das tödliche Theater" als „etwas betrüblich Aktives" geschildert, „Das heilige Theater" und „Das derbe Theater" auf potenzielle Impulse untersucht hatte, skizzierte er das unmittelbare Theater als Ort seiner Sehnsucht. Vieles, was er damals anführte, könnte Sagerers Zustimmung finden. „Ich habe ein für allemal erkannt, daß es anmaßend und töricht ist zu glauben, ein lebloses Modell könne für einen Menschen stehen." Wolle eine einmal geborene Rolle erhalten bleiben, müsse sie stets neu geboren werden, was sie unentwegt verändere. Er verwies auf die Konditionierung des Schauspielers, auf dessen Repertoire an alltäglichen Gesten, das die schöpferische Arbeit beeinträchtige. Jedem beliebigen Menschen, so Brook, könne er alles, was er von Theaterregeln und -techniken wisse, in wenigen Stunden beibringen. Der Rest erweise sich in der Praxis. Noch dazu betonte er die Qualität des permanenten Neuanfangs. „Im Theater wird die Tafel immer wieder leergewischt."

Die Verlockung der Repräsentation besteht darin, dass sie einen Idealtypus vorgaukelt, dem zu entsprechen das höchste Glück sei. Doch das Leben verläuft nicht in diese Richtung; es verläuft, da nicht ein Leben dem anderen gleicht, in alle möglichen Richtungen. Insofern hebt Sagerers Theater das Einmalige hervor, kenntlich gemacht durch das Prinzip der Differenz. Zwar seien er und das proT, da ein Vorgehen dem anderen bisweilen ähnele, durchaus erkennbar, sagt Sagerer, aber ohne dass er sich auf ein eigenes Ideal zurückziehe. In gewisser Weise wiederhole er sich zwar selbst, aber nie identisch, immer in Variationen, also verschoben. Nach seiner

Überzeugung folge diese künstlerische Bewegung dem Leben selbst und dessen Kraft, sich zu entfalten. „Das Theater, das ich formuliere, steht in einem Vorfeld zur Intensität. Es entsteht erst, indem es wird. Theater und Leben haben Gesetze, Notwendigkeiten, nach denen sie sich richten. Aber diese Gesetze müssen immer wieder neu gefunden werden. Sie sind einmalig, man kann auch sagen, sie sind immer die Ausnahme, nie die Regel."

Pointiert betrachtet, liegt im Blickwinkel der Repräsentation alles, was einander ähnelt, wobei sich da und dort Differenzen ergeben können; im Blickwinkel des Unmittelbaren aber liegt die Differenz, wobei sich da und dort Ähnlichkeiten ergeben können. Welchen Sinn ergäbe es, einem idealen Menschen nachzueifern? Der Sinn läge allenfalls im unablässigen Scheitern am Ideal. Es wäre lebensfremd und einigermaßen grotesk, eine Idealfigur, so es sie denn einst gegeben hat, immer zu wiederholen. Und trotzdem werden weder Erziehung und Schule noch Politik und Ideologie noch Kultur und Religion müde, den Menschen Vorbilder vor Augen zu halten. Im Blick auf das Vorbild jedoch verfehlt der Mensch sich selbst.

„Die Religion ist eine Erfindung der Repräsentation", sagt Alexeij. „Da gibt es einen Schöpfer, der nicht mehr hier ist, obwohl alles hier ist, was hier entsteht, und da gibt es ein Paradies, ein ideales System, das hinter jedem Staat steht. Durch die Transzendenz des Schöpfergottes erhältst du ein Vorbild. Alles andere ist nur Abklatsch. Alles andere ist mit Sünde und Schuld belastet. Mit Sünde und Schuld werden sie alle ins System geholt. Wird das Ideal angegriffen, bröckelt der Prototyp. Und die Vorstellung, die du dir von ihm gemacht hast, kann plötzlich nirgendwo mehr anknüpfen. Ohne Religion wäre es sehr schwierig gewesen, Repräsentation so stark ins Bild zu setzen."

Für die Theaterpraxis ergeben sich daraus Konsequenzen. Es kann, zumal dem proT, nicht darum gehen, einen idealen

Hamlet oder einen idealen Mephisto oder eine ideale Bernarda Alba auf die Bühne zu stellen. Es zählt vielmehr die Kraft und Intensität des Schauspielers als Künstler, der Vorgang, auf den er sich einlässt, die unmittelbare Bewegung, die er vollzieht. „Schon bei *Gschaegn is gschaegn* besteht die Unmittelbarkeit darin, dass der Schauspieler an dem Vorgang dranbleibt und den Vorgang durchlebt. Man könnte es so lesen, dass alle nur Bier trinken und schnupfen. Und dass dieses Biertrinken und Schnupfen sich dauernd verschiebt, bis der Vater die Tochter ersticht."

In *Ein Gott Eine Frau Ein Dollar* hat FrauFrau den ersten Auftritt. Mit klackenden Schritten dreht sie eine Runde durch den Raum; sie fängt ihn gleichsam ein, indem sie durch ihr Gehen im Latexkostüm eine (auch erotische) Kraftlinie zieht. „Ich schicke niemanden hinaus, dem ich nicht zutraue, dass er die ins Spiel gebrachte Kraft durchhält", sagt Alexeij. „Bei mir wird der Schauspieler durch die Komposition geschützt. Alle Kräfte sind durchkomponiert." Unmittelbarkeit sei das, was er von Schauspielern verlange. In der Regel lehnt er es ab, mit ausgebildeten Schauspielern zu arbeiten, weil sie im Zweifel in die Repräsentation flüchten, in das, was sie gelernt haben. Der eingeübten realistischen Spielweise können sie nur schwer entrinnen, selbst wenn sie in der Ausbildung mit Grotowskis Ideen in Berührung gekommen sind, die ja auch auf das Unmittelbare zielen. Vereinzelt wurde Alexeijs beharrliche Arbeit mit Laien verächtlich gemacht. Das Missverständnis begann schon mit dem Begriff. Als Laien nämlich sind seine Schauspieler nicht aufzufassen. Im Gegenteil, sie sind Experten, die dieses Theater tragen.

Dass Sagerer sein Projekt *Der Tieger von Äschnapur Unendlich* aufgab, hing mit der Erkenntnis zusammen, dass Unendlich allenfalls in der Repräsentation existiert, durch ein eigens dafür erfundenes Zeichen. „Aber es gibt kein Unendlich. Es gibt nur ein Immer, das nie aufhört und permanent Einmaliges produziert. Das Ziel ist nicht Unendlich. Es ist schlicht nicht gegeben und deshalb auch nicht erreichbar. In der Sprache der Repräsentation wirkt Unendlich wie ein Sack, der alles verschluckt. Dabei muss der Prozess des Lebens als Entfaltung gedacht werden. Du weißt nie, wohin dich der nächste Schritt führt."

Damit die Kraft des Unmittelbaren nicht nachlässt, bedarf es in der Wiederholung einer Verschiebung, und sei sie auch nur minimal. Eine einmal geborene Rolle muss, wie Peter Brook sagen würde, stets von Neuem geboren werden. Ehe sie für *Watt'n* auf die Bühne gingen, besprachen die Schauspieler etwaige Verschiebungen, vor allem in der Dynamik der Abläufe – so wie ein Bobfahrer, der im Kopf vorher seine Strecke durchgeht. Im Fall, dass seine Wunschmaschine Theater geglückt war, atmete Sagerer durch: So wolle er leben, so wolle er sichtbar sein. In einem solchen Augenblick der Euphorie hatte er das Gefühl, alles sei machbar. Und so ließ er sich von einer zwei Meter hohen Mauer zu Boden fallen und schlug mit dem Gesicht auf. Kurzzeitig bewusstlos, überall Blut, die Zähne eingedrückt.

Einen gewissen Hang zum Pathos wird man dem proT nicht absprechen können. Nichts gegen Pathos, hat Max Frisch gesagt, wo es empfunden ist. Für Sagerer ist Pathos insofern legitim, als es aus dem Prozess heraus entsteht. Bei *Gschaegn is gschaegn* zum Beispiel, wenn der Wirt auftritt und die Ärmel hochkrempelt, blitzt Pathos auf. „Ich setze diese Kraft frei", sagt Alexeij. „Jede Ameise hat eine Art von Pathos, wenn sie sich sichtbar macht als das, was sie ist. Das hat mit Kraft und Lebendigsein zu tun und ist nur im Lauf des Prozesses zu erkennen. Der Prozess lässt alles zu, ohne indifferent zu sein. Und dieses Heraustreten aus der Indifferenz, das könnte man als Pathos bezeichnen. Jedes Element bringt Pathos mit, die Kraft der Selbständigkeit."

Zwar ist das proT alles Mögliche, aber im Kern ist es ein Produktionstheater. Es fragt: Was kann ich mit welchen Mitteln herstellen? Wie kann es funktionieren? Es fragt nicht:

Was kann es bedeuten? Das Unbewusste, bereits bei Artaud und Grotowski mit Aufmerksamkeit bedacht, gilt im proT als produktive Kraft. Denn es arbeitet nicht, wie gern behauptet, symbolisch, sondern es stellt konkret etwas her; es produziert. Im *Tieger Eins* etwa leuchtet, wie bereits erwähnt, ein Dia auf: Jetzt kommt die blaue Szene. Dann ein weiteres Dia: Das ist unsere reinste Szene. Dann nichts als blaues Licht an der Wand, dazu Töne einer Flöte. Nachdem das Licht erloschen, die Töne verklungen sind, herrscht Befangenheit im Publikum; der Raum liegt im Dunkeln. Die Befangenheit löst sich erst, als ein letztes Dia aufleuchtet: Dass ein Nichts so schön sein kann. Plötzlich sieht jeder die neue Kraft des blauen Lichts, wenngleich ihnen ein blaues Licht bereits bekannt gewesen sein dürfte. Das Unbewusste erzeugt Pathos in dem Moment, da es ins Bewusstsein dringt.

Dadurch, dass es Unmittelbares gegen Repräsentatives setzt, ist das proT vom Wesen her politisches Theater. Es zeigt, dass etwas anderes möglich ist als ein politisch, sozial und kulturell genormtes Leben. Kunst ist in demokratisch verfassten Gesellschaften alles andere als gefährlich für Politik, am wenigsten, wenn sie politische Themen aufgreift und erwartungsgemäß abhandelt. Wenn sie aber den Mechanismus der Repräsentation angreift, der durch sanfte oder nicht so sanfte Unterdrückung alles am Laufen zu halten scheint, dann wird die politische Ordnung empfindlich verletzt. Ist im Theater die Entfaltung eigenständiger Kräfte möglich, so könnten sich diese ja auch sonst wo entfalten. Nicht ausgeschlossen, dass Menschen eine Sehnsucht entwickeln nach dem direkten, unmittelbaren Leben. Und dass sie sich weigern, weiter mitzuspielen. Das System der Repräsentation aber ist darauf angewiesen, dass die Leute dabei bleiben. Und es bietet auch alles Erdenkliche auf, um Gesellschaften zu verführen. Am besten gelingt ihm diese Verführung, indem es Gesundheit, Sicherheit, Kontrolle und Verlässlichkeit verspricht. Wer sich dem nicht fügt, gerät existenziell schnell unter Druck, sodass er dann doch lieber mitmacht, als sein Leben selbst in die Hand zu nehmen.

Für das proT gibt es keine Außenseiter, keine Verstoßenen oder Asozialen; es gibt nur Menschen mit unterschiedlichen Kompositionen, die es zu entdecken und zum Vorschein zu bringen gilt. Je stärker die Komposition, desto willkommener, weil sie Qualitäten des Unmittelbaren enthält. Ohne Aufhebens zu machen, integriert Sagerer diese Kräfte in die Komposition Theater (oder Film), egal, ob es sich um Behinderte oder psychisch Gestörte handelt, um Trinker oder Prostituierte. Mit diesem Theater wird die Politik nicht fertig.

1975 veröffentlichte das proT ein Manifest, besser gesagt: die Parodie auf ein Manifest und damit auf das angeblich so rebellische Theater der 1970er Jahre. Sprachspielereien, verquere Kreuzungen, Wahnwitz – es wurde den Leuten leicht gemacht, das Manifest, je nachdem, als dada oder gaga abzutun. „Friedenstauben Blut blut blut / Stigmata Menstrata! Bluterblumen blun!" Aber darin standen auch Parolen, die im Bodensatz des Witzes nichts als die Wahrheit enthalten: „Prozessionstheater macht keine Politik sondern ist Politik." „Prozessionstheater ist eine einzige Bewußtseinserheiterung."

Auch dem Begriff unmittelbares Theater näherte sich Sagerer spielerisch. Doch indem er die Essenzen ihrer Ordnungsmuster und Klischees entledigte, sagte er mehr über sein Theater aus, als der Leser vielleicht vermutet: „Unmittelbares Theater befreit das Wort von der Benennung, den Raum vom Innenarchitekten, die Bewegung vom Transport, die Musik von der Harmonie, die Rüben vom Bauern, das Dia vom Vortrag, die Politik von den Sesseln, das Holz von den Möbeln, die Malerei vom Rahmen, den Film von den Schauspielern, das Bier vom Rausch, den Körper von der Seele, das Video von den Medien, die Skulptur vom Pokal, das Stroh vom Kopf, das Auto von der Autobahn, die Schweine vom Steak, den Kohl von der Birne, das Theater von der Simulation."

DREI   DAS DELTA

Video, Dark Stars und Schweine

„Eine Stadt hat Fieber", schrieb Maxim Biller in der Zeitschrift Tempo über das München der 1980er Jahre. Damals unvermeidlich, begann er seine Reportage in der Disko P1: „Er hält eine Tequila-Flasche in der Hand und träufelt der doofen Angie aus Harlaching den Alkohol in den Schlund. Zu diesem Zweck reißt sie den Mund so weit auf wie sonst nur die Oberschenkel beim Sonnenbad im Englischen Garten. Das, Fremder, ist München. Es gefällt dir nicht? Du denkst, es ist oberflächlich? Armer Leser." Besonders gern schaute sich Biller bei den Künsten um, einem Kurzfilmfestival zum Beispiel, aus dem er die nicht ganz unwesentliche Erkenntnis zog, „daß in unserer kleinen Stadt immer Spaß dabei ist, egal, wie ernst oder avantgardistisch man sich gibt". Ins proT schaffte er es damals nicht, aber weil auch Theater vorkommen musste, schaffte es das proT in die Zeitschrift, und zwar als „Das monomanische Theater", wie unter einem Foto von Alexeij Sagerer stand, dazu ein Hinweis auf den *Tieger von Ätschnapur.* Durch den Schreibfehler gelangte das Ätsch, für Alexeij seit jeher im Titel anklingend, endlich in die Öffentlichkeit.

In den 1980er Jahren floss das proT alles andere als monomanisch dahin. Es trat über die Ufer und riss mit sich, was nicht niet- und nagelfest war. Im Rückblick hat es den Anschein, als wäre dadurch eine Art von Delta entstanden, das, bleibt man im Bild, in das *Nibelungen & Deutschland Projekt* mündete. In diesem Jahrzehnt zog das Theater verstärkt benachbarte Kunstgenres an wie Performance, Video, Musik oder bildende Kunst. In der proT-Halle wurden Festivals veranstaltet. Und das proT selbst gastierte in Ausstellungen. Mit der Einladung zur documenta 8, 1987 in Kassel, sah es sich unversehens auf dem Olymp der bildenden Kunst angekommen. Das, Fremder, hättest du jetzt nicht gedacht.

1980, kaum dass sein Stück *Münchner Volkstheater* Premiere hatte, bekam Sagerer Ärger mit der Kleinen Komödie, einer Boulevardbühne. Deren Anwalt, bar jeder den Streitfall betreffenden Vorkenntnisse, drohte mit einer Klage. Er schrieb: „Wie der Presse zu entnehmen ist, verwenden Sie zur Zeit in Ihren Anzeigen den Zusatz ‚Münchner Volkstheater'. Sie verletzen damit das ausschließliche Recht unserer Auftraggeber an der Führung dieses Titels. Wir untersagen Ihnen daher ab sofort, den Namen ‚Münchner Volkstheater' im Zusammenhang mit Ihrer eigenen Theaterunternehmung zu verwenden."

Absurd wirkte das Schreiben in zweierlei Hinsicht: Zum einen hatte sich das proT ja nicht umbenannt, sondern nur ein Stück mit dem Titel *Münchner Volkstheater* herausgebracht; zum anderen, und das wog, was das Absurde betrifft, schwerer, maßte sich eine kleine Privatbühne an, Allgemeingut zu kolonisieren und begrifflich für sich zu beanspruchen. Das Absurdeste aber war, dass diese Kolonisierung rechtlich verankert worden war, durch einen Eintrag ins Handelsregister.

Obwohl die Kleine Komödie, als sie mitbekam, dass im proT nur ein Stück unter dem von ihr beanspruchten Theatertitel gespielt wurde, sogleich die Waffen streckte, antwortete Sagerer mit einem Brief:

„Die Kleine Komödie spekuliert also mit einer Identität ‚Münchner Volkstheater', die es nie gab und die die Kleine Komödie schon gar nicht hat. Die wäre aber vielleicht immer noch eine ‚private' Irreführung, welche die Kleine Komödie vor allem mit ihren Besuchern auszumachen hätte, wenn sie sich diese Irreführung nicht auch noch hätte schützen lassen – so als wenn Irreführung etwas wäre, das einen Anspruch auf Schutz hat – bei uns. Das wär ja grad so, als wenn sich irgendeine Partei ‚Rechtspartei' nennen würde, am End noch ohne es zu sein, und daraufhin die anderen Parteien sich nicht mehr so nennen dürfen, selbst wenn sie eine wären. In gewisser Weise handelt die Kleine Komödie durch die versuchte Blockierung eines Begriffes wie ‚Münchner Volkstheater' gegen eine lebende Theaterarbeit. So etwas traut man eher einem

Drei

Seifenfabrikanten zu, der mit Theater ein bißchen Geld machen will."

Außerdem rief er in Erinnerung, dass Volkstheater immer auch etwas Derbes, Obszönes und Unausgewogenes habe. Im Einklang mit Peter Brooks Gedanken über „Das derbe Theater" lenkte er so die Aufmerksamkeit auf seine Spielart von Münchner Volkstheater.

Wenige Jahre später eröffnete die Stadt das Münchner Volkstheater an der Brienner Straße, nicht ohne dass sie der Kleinen Komödie vorher den Titel abgekauft hätte. Während einer Leitungskrise in den 1990er Jahren brachten Die Grünen Alexeij Sagerer ins Gespräch. Gemeinsam mit George Podt, bislang an der Schauburg, hielten sie ihn für geeignet, die Intendanz zu übernehmen. Nach seiner Idee sollte von den acht Millionen des Etats eine Million auf die Infrastruktur entfallen. „Und dann jeweils eine Million für extreme Aufträge", sagt Alexeij, „sieben Produktionen also, eine nomadische Sache, wo sich das Theater auf sieben verschiedenen Wegen erst finden muss." Insofern hätte er, anstatt ein Repertoire zusammenzustellen, künstlerische Vorgehensweisen gefördert. Es wäre eine gute Pointe gewesen, hätte er, dem sie den Titel Münchner Volkstheater entziehen wollten, das große Haus gleichen Namens übernommen. Aber für sein alternatives Modell von Stadttheater konnte sich die Politik mehrheitlich nicht erwärmen.

An der Wand hängt eine durchsichtige Plastiktüte, eine Blase mit roter Farbe, unter der am Boden eine Zinkwanne steht. Volkstheaterblut. Mit einem Stichling zapft der Mann die Blase an. Volkstheaterblut läuft aus. „Der Mann würde gerne die Frau verprügeln, die aber immer noch den Sterbegeräuschen ihres Großvaters lauscht und dazu Schokolade ißt, um den Tod zu überwinden." Der Mann geht in die Damentoilette, wo er, wie es im Stück heißt, unkeusche Berührungen an sich selber vornimmt. Dabei schlägt er nur mit einem nassen Handtuch gegen die Wand, immer wieder, immer heftiger.

„Der Mann steigert die unkeuschen Berührungen. München braucht unbedingt ein Volkstheater."

Agathe Taffertshofer spielt die Frau, Erhard Sonnengruber den Mann. Ihnen beiden gehört die Bühne. Sie nehmen Eier aus Schachteln und legen sie behutsam unter der Hängelampe aus, vierzig Stück; dann berühren sie da eines und dort eines mit ihren nackten Füßen, ehe sie eins nach dem anderen zertreten. Der Vorgang, heißt es, habe Ähnlichkeit mit einem sich steigernden Tanz. Es ist der Eiertanz einer ramponierten Ehe. Einmal erzählt Erhard über Erfahrungen mit der Irrenanstalt, über Verhaftetwerden und Ausbrechen, über Spritzen zur Beruhigung und das Malen von Bildern. Und Agathe erzählt über Theater und wie es ist, wenn sie öffentlich ihre Kleider ablegt. Beide erzählen gleichzeitig, bis ihnen nichts mehr einfällt.

Diese Szene, das gegeneinander gerichtete Erzählen voneinander, läuft auf Video. Auf einem Gerüst stehen Fernsehapparate. Das Video gibt hier von Anfang an den Takt vor. Die Volksschauspieler Taffertshofer und Sonnengruber werden im Video vorgestellt, und sobald sie auf der Bühne stehen, müssen sie sich nach den temporären Einheiten des Videos richten. Zeitweise werden die Abläufe der Theaterhandlung von einer Stimme auf dem Video dirigiert, gesprochene Regieanweisungen, denen die Volksschauspieler ohne Umschweife folgen. Im Fernsehapparat erscheint ein Fernsehapparat auf einer mit Schnee bedeckten Wiese; hin und wieder flimmern Streifen über das Bild. „Dann taucht von links ein leichter Schatten auf und trifft auf den Bildschirm. Die Schutzscheibe zerbricht, die Bildröhre implodiert und die Rückwand fliegt weg. Man kann durch den Fernseher hindurchschauen in den Schnee." Dieser Vorgang wird zweimal, erst von halbnah, dann von nah, wiederholt, damit dann drei implodierte Fernseher zu einem Turm aufgeschichtet werden können. In der Nacht brennt der Fernsehturm.

In *Münchner Volkstheater* setzte das proT, nicht lange nach der New Yorker Wooster Group, Video im Theater ein.

Das Medium war zwar nicht mehr ganz jung, aber gerade erst populär geworden. Auf deutschen Bühnen jedoch war es noch so gut wie unbekannt. Genauso, wie Sagerer im Theater das Medium Theater hinterfragt, so hinterfragt er im Video das Medium Video, und sei es, indem er den Fernseher einschlägt und Durchblick gewährt auf eine Schneelandschaft. *Der Fernseher ist der Gipfel der Guckkastenbühne* heißt sein Bild- und Textband über Video. Auf einen Schlag, so scheint es, sind beide Medien letztgültig hinterfragt, wenigstens in ihrer konventionellen Erscheinung. Mit der Zeit wurde Sagerer zum bekanntesten Einschläger weit und breit. Wie viele Fernsehapparate unter seiner Regie implodiert sind, ist theaterhistorisch umstritten.

Das Stück enthält eine Art Ostergeschichte von Karfreitag bis Ostersonntag, mit wuchernden Assoziationen. Im Video wird ein Mensch ans Kreuz gebunden. In der Ostergeschichte erblickte Sagerer vor allem die Passionsgeschichte und versah sie mit düsteren Zügen. Der Mann und die Frau haben ihre Liebe verspielt, aber sie spielen ohne Liebe weiter, weil sie kein anderes Spiel kennen als das Ehespiel. In den folgenden Jahren zeigten sie *Münchner Volkstheater* nur noch am Karfreitag. Erhard Sonnengruber verausgabte sich jedes Mal dermaßen, dass er in die Psychiatrie musste.

Gegen Ende sieht man im Fernseher einen Regisseur auf der Couch sitzen, daneben eine Reporterin, die ihm über die nackte Brust streichelt, Alexeij Sagerer und Brigitte Niklas. Es soll ein geistvolles Gespräch werden, und so bittet der Regisseur um Hirn. Von der Seite bekommt er drei frische Schweinehirne gereicht, die er sich umständlich auf den Kopf legt, um dann eine Plastiktüte darüber zu stülpen. *Das Interview mit dem zukünftigen Regisseur eines utopischen Films* kann jetzt tatsächlich stattfinden, und es findet auch statt, ohne dass die Reporterin etwas Nennenswertes in Erfahrung brächte. Alexeij, du willst einen Film machen? „An sich will ich an sich keinen Film machen an sich", stottert der Regisseur und reibt frisches Hirn auf seinen Kopf. Einen utopischen Film? „Einen utopischen Film will ich an sich machen."

Als Epilog wird ein dreißigminütiges Video mit dem betrunkenen Alexeij Sagerer ausgestrahlt. Unaufhörlich trinkt er weiter Bier, und er redet, stammelt, redet ebenso unaufhörlich, denn jetzt scheint es ums schwer fassbare Ganze zu gehen, es ist der *Beginn einer geisterhaften Theatertheorie.* Oder das Ende? Gegliedert ist der Monolog theoriegerecht von Punkt eins bis zwölf, von „Utopie: noch nicht Gestaltetes" bis „Ziel: Utopie des bereits Gestalteten". Dazwischen kreuzt er wild herum, Öffentlichkeit, Medium, Material, formale Situation (Politik) und emotionale Situation (Psychologie). Zunehmend strengt es ihn an, die schon behandelten Punkte aufzuzählen. Viel mehr als die Gliederung bringt er nicht hervor. Anfangs steht er im blauen Sakko hinter einer Scheibe, in der einen Hand eine Zigarette, in der anderen eine Bierflasche, dann tritt er ins Zimmer. Er steppt ein bisschen in der Ecke, er sitzt an der Wand und klopft auf einen Kronkorken am Boden. Im Liegen rollt er eine Flasche hin und her. Und bei all dem hört er nicht auf, der Theatertheorie nachzugrübeln. „Schau schau wann man an sich schweben üba an Abgrund an sich schweben des lernt ma an sich nur nur am Theater." Aber es ist nicht leicht, sich in der Luft zu halten. Und wenn jemand müde und erschöpft ist, sehnt er sich nach Ruhe. „Ich wollt an sich nua ein Stück (...) ein ganz sanftes Stück an sich des wo einfach solang dauert (...) einfach nua ganz sanft die Pulsadern öffnen und während von diesem Stück mein Blut verrinnen lassn." Alles zu unserem Vergnügen.

Durch Video weckte das proT Interesse auf dem Gebiet der bildenden Kunst, bei Künstlern, Galeristen und Ausstellungsmachern. Offenbar ohne dass es einer bewussten Entscheidung folgte, schuf es da und dort Berührungspunkte – mit der Zeit nicht mehr zu übersehen. In *Zahltag der Angst* von 1981 löste sich Alexeij vom gesprochenen Wort, von einer Geschichte ohnehin und ließ die Schauspielerinnen in abs-

Drei

trakten Arrangements auftreten, fast nach Art einer Performance. Und der Film, der dazu entstand, *Zahltag der Angst – Intensitäten,* fügte sich in die noch junge Videokunst ohne Weiteres ein.

In der Aufführung gibt es Raum A und Raum B. In Raum A sitzt das Publikum und verfolgt nicht nur, was auf der Bühne, sondern auch, was in Raum B, gleichsam backstage, geschieht, mit Hilfe von Monitoren. In Raum B befinden sich Technik, Umkleideplätze und Requisiten. Einmal, als Agathe Taffertshofer sich entkleidet, wird ihr das Spionieren zu viel, sodass sie einen Deckel auf das Kameraauge drückt. Dann sind die Monitore schwarz.

Fast zwanzig Jahre später, an der Berliner Volksbühne, machte Frank Castorf mit der Kamera aufgenommene Backstage-Szenen zu seinem Markenzeichen. Er ließ sie auf eine große Leinwand projizieren. Seine unzähligen Epigonen ahmten ihn auch darin nach. Genau genommen aber sind sie allesamt Epigonen des Alexeij Sagerer.

Gleichzeitig wird hier das Medium selbst zum Thema gemacht. So erscheint auf den Monitoren auch das Bild eines Monitors, langsam näher kommend und den Bildschirm ausfüllend. Nun sieht es so aus, als wären da jede Menge Monitore hintereinander gestaffelt. Aber das Bild bleibt nicht, wie es ist. „Es verzerrt sich, es zuckt, es steht, es verschwimmt, es wird rhythmisch unterbrochen, wird rot, blau, blaugrün, violett, blaurot, hellgrün, wird nur Farbe, wandert in Farben, verblasst, zittert, stürzt."

Zahltag der Angst war von Arztromanen inspiriert, sodass sich alle Beteiligten aufgefordert sahen, diese Romane zu lesen. Sagerer holte seine *Tieger*-Frauen dazu und nannte sie nach alter Gewohnheit Maharani (Cornelie Müller), Großmaharani (Brigitte Niklas) und bezaubernde Prinzessin (Agathe Taffertshofer). Er selbst wollte der konventionelle Tiegerjäger sein. Doch mit dem *Tieger von Äschnapur* hatte dieses Stück so gut wie nichts zu tun; weder gab es inhaltliche Verweise noch formale. In ihrer Abstraktion wirkte die Aufführung wie eine bewegliche Installation. Lichtintensitäten werden in Gestalt von roten, blauen oder grünen Neonröhren ins Spiel gebracht; Musikintensitäten durch John Cage, Duke Ellington oder Arnold Schönberg. Maria Callas singt eine Arie aus Bellinis *Norma*, und es erklingt Musik aus John Carpenters Film *Dark Star*, einer mit schmalem Budget gedrehten Science-Fiction-Parodie. In Lederhose tritt der Tigerjäger ans Mikrofon, ohne dass er zu singen anfinge. Er hält einen Kassettenrekorder ans Mikro und lässt singen. Das ist mit Vollplayback gemeint. Die Intensitäten sind nichts als Intensitäten, das heißt, sie bedeuten nichts, sie stehen für nichts – außer für sich selbst.

Mit einer Polaroidkamera knipsen die Frauen, die wie Krankenschwestern angezogen sind, jeden Gast im Publikum. Die Fotos legen sie in ein Körbchen, um sie dann backstage an einer Wäscheleine aufzuhängen. Eine Kamera filmt die Fotos von Menschen, die sich auf den Bühnenmonitoren jetzt selber sehen können. Auf einem Kinderroller, eine Handlampe in der Hand, fährt Cornelie, die Maharani, in einem Bogen herein. Sie bleibt stehen und schreibt mit der Lampe Zeichen in die Luft. Auf den Monitoren sind über den Bildschirm huschende Lichtflecken zu erkennen, die schwarze Zeichen auf grauem Hintergrund hinterlassen. Ohne Verzug lösen sich diese Zeichen wieder auf.

Im Film steht *Dark Star* für einen Planeten. Man könnte aber auch einen herausragenden Künstler, sofern er Blicke in den Abgrund nicht scheut, so nennen. Dark Stars hätten schon zu *Münchner Volkstheater* gepasst. In *Zahltag der Angst* sind es Dark Stars in Weiß. Die Frauen tragen weiße Schwesternkittel, weißes Kopftuch und weißen Mundschutz. Alles Übertriebene, sagt Artaud, ist weiß. Ein Nachttischchen auf Rollen, wie im Krankenhaus üblich, wird hereingeschoben. Und hereingeschoben wird auch ein Patient: Apathisch sitzt der Tigerjäger im Rollstuhl und starrt, zwei Schlagzeugstecken in den Händen, vor sich hin. Als ihn die Schwester zu einem Beckenständer schiebt, schlägt er, zum Kind vergreist, auf das Becken ein. Angst ist, wenn man trotzdem lacht.

Ungleich süffiger gab sich das proT bei *proT trifft Orff – wir gratulieren*, 1985 in der Blackbox des Kulturzentrums Gasteig. Drei Jahre zuvor war Carl Orff in München gestorben, 1985 hätte er seinen neunzigsten Geburtstag begehen können. Wie es sich gehört, gratulierten sie also, wenn auch ohne Anbiederung. Schon der Titel *proT trifft Orff* verwies auf ein Zusammentreffen, Zusammenprall nicht ausgeschlossen, ganz anders als noch im selben Jahr der Titel *proT mit Satie*. Mit dem Komponisten Erik Satie gingen sie ein komplizenhaftes Verhältnis ein; er war einer, mit dem sie sich verbünden wollten. Zwanzig Stunden lang am Stück spielten sie Theater und Musik in der proT-Halle. Angelegt war diese Zeitspanne nach Saties Klavierstück *Pages Mystiques*, drei Teile, wobei der zweite Teil in Variationen um ein Bassthema kreist. Diesen zweiten Teil, *Vexations*, auf Deutsch Quälereien, wünschte Satie 840-mal hintereinander zu hören. Alexeij schlug ihm den Wunsch nicht ab.

Orff dagegen hat einen Orffwurm nach dem anderen komponiert; ihm mussten sie keinen Wunsch erfüllen. Zudem versprach ein Zusammentreffen dramatischere Folgen als ein trautes Miteinander. Orff verfügt über Pathos, genauso wie das proT. Aber die Begriffe entsprechen einander nicht. Indem das proT sein Pathos sichtbar macht, droht das Orffsche zu verblassen, fast wie nie da gewesen. In gewissem Sinne könnte man *proT trifft Orff* als Vorspiel bezeichnen, und zwar für „proT trifft Wagner", eine Jahre währende Konfrontation im *Nibelungen & Deutschland Projekt*. Bei Orffs *Carmina Burana*, den Liedern aus Benediktbeuren, einst entdeckt in der dortigen Klosterbibliothek, mag einer durchaus auf ländliche Bezüge stoßen. Aber einer wie Sagerer nahm gleich fünf Schweine dazu. Damit gelangte er mit großem Foto auf die Titelseite der Abendzeitung: „Für Orff: Sauerei im Gasteig".

„Tiere stellen sich selbst her", sagt Alexeij, „wie wir eigentlich auch, aber wir sind durch Repräsentationen verbogen, weil berechenbar gemacht. Schweine dagegen sind unmittelbar Schweine. Die wollte ich mit uns konfrontieren, die wir unmittelbares Theater machen. Ja, wir spielen ja auch wie Schweine. Genauso lief es später bei … *und morgen die ganze Welt*, 28 Stunden lang mit sieben Schafen im Kubus. Da mussten wir schauen, dass wir gegen die Schafe nicht abfallen, indem wir zum Beispiel ins repräsentative Theater flüchten." Einmal hat er zu mir gesagt, ein Schaf produziere immer nur Schaf, zu hundert Prozent, als liege darin etwas Ideales. Im Zweifel betrifft es die schauspielerische Kunst, das Heilige.

Im Hintergrund erhebt sich eine Wand mit 24 Videomonitoren. Auf jedem Bildschirm ist etwas anderes zu sehen, Hollywood, Nachrichten, Porno, bekannte Gesichter und unbekannte. Vor dieser permanent flimmernden, wenn auch tonlosen Kulisse befindet sich ein abgesenkter, mit Stroh ausgelegter Schweinekoben. Umgeben ist er von einem rechteckigen Laufsteg. Es kommt vor, dass nichts anderes passiert, als dass Schweine, anstatt Schweine zu spielen, Schweine sind. Und weil gerade kein Scheinwerferlicht auf sie fällt, spielen bläuliche Schimmer auf ihren Rücken. Denn das Videoprogramm strahlt in 24 Kanälen weiter aus.

Andächtig fängt die Geburtstagsparty an: Alexeij tritt auf mit einer Orff-Flöte in der linken, mit zwei Kaffeetassen in der rechten Hand. Durch leichtes Zittern lässt er die Tassen auf den Untertellern und auch eine gegen die andere klappern und bläst ein paar Töne dazu. Kurz darauf setzen Orffs *Carmina Burana* über Lautsprecher ein, vertraut bombastisch. Wer hat den ersten Pathos-Wettstreit gewonnen? Die Tassenmusik mit drei oder vier Flötentönen würde ich gern noch mal hören. *Carmina Burana* erklingen fortan immer wieder; einzelne Lieder werden vom Ensemble, teils mehrstimmig, gesungen. Mit grotesken Späßen versuchen sie, das Orffsche Pathos zu unterwandern, genauer gesagt: Sie versuchen es, wo

Drei

noch nicht hohl genug, weiter auszuhöhlen. Franz Lenniger und Alexeij Sagerer führen einen Slapstick in blauen Liegestühlen auf, ein epileptisches Ballett zur Musik des Jubilars. Und die Schweine grunzen dazu, ohne dass es ihnen jemand erlaubt hätte. „Wo war Orff 1936?" Kann gut sein, dass er in Berlin gewesen ist, um seine Musik für die Hitler-Olympiade zu hören. Orffiziere schweifen als Kellner umher, einmal mit Flaschen und Gläsern auf einem Tablett. Franz und Alexeij stehen am Tablett wie an der Bar und machen sich über die Getränke her, dass es klappert und klirrt für die Orffsche Trinkmusik. Und weil bei so viel Durst immer wieder etwas heruntersprizt, ist auch das Schwein schon da, das vorwitzigste wenigstens. Mit den Vorderbeinen auf der Bühne, den Hinterbeinen im Koben, leckt es Tropfen vom Boden auf. Gesagt wird, dass das Schwein an sich nicht dumm ist. Und so bringt sich eben dieses Schwein in jeder weiteren Aufführung sofort in Stellung, sobald die Trinkmusik erklingt.

Die Blackbox galt als vornehme Experimentierbühne. Niemand im Kulturzentrum Gasteig war dafür, dass die Bühne für Schweine geöffnet wurde. Fürs Experimentieren nämlich war ein Kunstholzboden ausgelegt worden. Und der durfte keinen Kratzer bekommen. Zum Schutz nicht der Kunst, sondern des Kunstholzbodens wurde der Koben mit einem Teppichboden versehen. Vom Tierschutzverein hatten sie keine Bedenken, solange die Schweine älter als sechs Wochen waren – „wahrscheinlich wegen des Verdachts auf Kinderarbeit", sagt Alexeij. Außerdem wollten Tierschützer einmal bei der Probe dabei sein.

Schon im Stall kamen sie den Schweinen mit Musik, natürlich von Carl Orff, und offenbar hatte kein Schwein etwas dagegen. Während der Proben hielten sie sie in der proT-Halle; eine Schauspielerin kümmerte sich, fütterte und streichelte sie. Alle fünf passten in den Ford Transit, das Theaterauto. Schließlich mussten sie an mehreren Abenden in der Blackbox auftreten. Nur zum Einsteigen ließen sie sich anfangs schwer bewegen. Sie mit einem Apfel zu locken, schlug fehl. „Ich musste sie körperlich hineinbringen", sagt Alexeij. „Nachdem ich die letzte und größte Sau endlich hineingerungen hatte, sprangen die anderen wieder heraus. Beim zweiten Mal ging es schon besser. Den Orff mochten sie irgendwie. Sie haben kapiert, was ich vorhabe. Und dann dachten sie sich eine Reihenfolge aus, und so stiegen sie jedes Mal ein. Ich musste bloß die Tür aufziehen." Zum Transportieren im Gasteig hatten die Spieler des proT eine Sänfte gebaut, um darin jedes Schwein einzeln in den Aufzug zu tragen, nach oben zu fahren und in der Blackbox abzusetzen. Dort ließen sie es dann laufen. Nach begeisterten Kritiken war der Widerstand im Haus gebrochen. Aufseher wurden zu Fans und waren empört, wenn eine Vorstellung einmal nicht ausverkauft war. „Schweine haben ja etwas wunderbar Komödiantisches. Das größte hat mit mir kokettiert und so getan, als wollte es raus aus dem Koben, jeden Abend an derselben Stelle." Inzwischen kannten die Schweine ihren Orff.

Vielleicht ging das Pathos-Match sogar unentschieden aus. Einem Theater wie dem proT kann ja nichts daran liegen, Material aus dem Feld zu schlagen. In Momenten, wenn die Schauspieler Lieder von Orff selber singen, liegt ein verzwicktes Pathos in der Luft. So als hätten gegnerische Teams nach dem Match ihre T-Shirts getauscht.

Die Musik schwillt an, das Finale naht. Zwei große Gongs werden aufgebaut, und Franz und Alexeij, jeder einen Schlägel in der Hand, tun so, als würden sie sich warm machen, immer wieder innehaltend vor Anspannung, allzeit bereit. Irgendwann endet die Musik, ohne dass ein Gong ertönt wäre. Sie legen die Schlägel weg. Das Spiel ist aus.

documenta 8

Ende Oktober 1981 war das proT erstmals in einer großen Ausstellung zu sehen. Für ein Theater mag das ungewöhnlich erscheinen, nicht so aber für das proT, denn Sagerer fühlte sich bildenden Künstlern oft enger verbunden als Theatermachern. Schon sein früher Komplize von Hündeberg war Maler. Nikolai Nothof und Karl Aichinger, beide als Schauspieler im Ensemble, fingen in den 1970er Jahren an zu malen und stellten ihre Bilder im Kellertheater aus. Bei Aktionsabenden des proT lösten sich die Grenzen der Genres ohnehin auf. Dafür, dass sich die Kontakte zur Kunstszene vertieften, sorgte nun Brigitte Niklas. In der Künstlerwerkstatt Lothringer Straße 13 zeigten zwölf Münchner Künstler Videoinstallationen, darunter auch Barbara Hamann und Wolfgang Flatz. Die Installation des proT erwies sich als aufwändig, denn sie konnten nicht anders, als mit dem ganzen Theater anzurücken. Ihr Kunst-Video hing an der Produktion *Münchner Volkstheater* oder umgekehrt: Das Theater hing am Kunst-Video, umso mehr, als es davon seine Einsätze bezog. Wie oben erwähnt, führte bei diesem Stück das Video Regie.

Im Gespräch mit dem Magazin Videokontakt antwortete Sagerer auf die Frage nach der Grenze zwischen den Genres: „Alles, was ich mache, fällt unter den Begriff ‚Theater'. Das Theater ist die einzige unbegrenzte Kunst, vom Material her eigentlich überhaupt nicht definierbar. Alles, was unter dem Namen ‚Theater' passiert, wird Theater. Wenn man Film im Theater einsetzt, ist es kein Film mehr, sondern Theater. Wenn man Theater filmt, wird es immer ein Film. Die Erfahrung ‚Theater' kann der Film nicht vermitteln, während Film, Fernsehen und Musik Bestandteile der Erfahrung ‚Theater' sein können." Und befragt nach seinen Plänen mit Video im Theater, sagte er: „Wir wollen in Zukunft mehr Monitore einsetzen, die von jedem Punkt des Raums aus sichtbar sind. Und dann soll kein fertig produziertes Band mehr ablaufen, sondern wir wollen live aufnehmen und wiedergeben. Das Videobild wird jeden Abend differenziert. Was man auf dem Monitor sieht, ist etwas, was jeden Abend neu hergestellt wird. Gleichzeitig. Zum Beispiel werden die Schauspieler, wenn sie abgehen, durch eine Kamera hinter der Bühne ‚dabeibleiben'." Dieses Vorhaben sollte er bereits mit *Zahltag der Angst* in die Tat umsetzen.

Das Video dazu wurde im Herbst 1982 in der Ausstellung „Videokunst in Deutschland 1963 – 1982" in der Städtischen Lenbachgalerie gezeigt. Für diese erste umfassende und, ja, repräsentative Schau über Videokunst war es nicht mehr nötig, eigens Theater zu spielen. Das proT-Video schlug sich alleine durch, mit Vogelgezwitscher und grünen Leuchtstreifen, mit drei Frauen, die aus dem Fernseher schauen: „Wir müssen jetzt unbedingt Text bringen, weil ohne Text wäre es nur l'art pour l'art." Von Professor Klaus Lazarowicz lässt sich Sagerer erläutern, was in dessen Theatertheorie mit triadischer Kollision gemeint ist, also mit A, B und C. Und ein roter Pinsel schreibt drei nackt aneinander liegenden Frauen die „Rolle auf den Leib".

Zahltag der Angst – Intensitäten war das erste proT-Video, das von der Lenbachgalerie angekauft wurde, so wie später auch vom Goethe-Institut. Es folgten 1986 *Küssende Fernseher*, 1989 *Ein Kunst in Video* (gemalte Filme) sowie 1997 *Endgültig* und *7 deutsche Himmelsrichtungen*.

In der Ausstellung von 1982 war außerdem Videokunst von Rebecca Horn oder Nam June Paik zu sehen, von Ulay und Marina Abramović, von Barbara Hammann oder Jochen Gerz, von Wolf Vostell oder VA Wölfl, von Ulrike Rosenbach oder Joseph Beuys – insgesamt 59 Filme. „Für künstlerische Zwecke halte ich es für ein fragwürdiges Medium zunächst", so Beuys damals über Video. Diese Äußerung mit dem hintersinnig hintangestellten „zunächst" wurde durch die Zeit widerlegt. Und so zog die Ausstellung weiter und weiter, etwa in die Nürnberger Kunsthalle oder die Berliner Nationalgalerie. Auf dem Festival Videoart in Locarno stellte das proT im August 1983 *Fernsehbilder* vor, ein aus vorliegendem Material komponiertes Video über bemalte, implodierende und brennende Fernseher. Im Jahr darauf lief es auch auf der Ersten

Bonner Kunstwoche, ebenso wie die Videos *Musikfilm* und *Video-Regie-Theater für Der Mann und Die Frau*.

Als sie 1984 auf eben dieser Kunstwoche mit *Watt'n* und Videos gastierten, verstärkten sich ihre Beziehungen zur bildenden Kunst. Das Gastspiel in Bonn war insofern entscheidend, als sie dadurch die Neugier von Kuratoren weckten. Kurz darauf erhielten sie Besuch in München, und dem Anschein nach fielen sie eindrucksvoll auf. So wurden sie 1987 auf die documenta eingeladen.

Dem Kasseler Rathaus benachbart, lag das New York, Disko und Bistro unter einem Dach. Hier, wo mit dem Slogan „La Fête permanente" geworben wurde, spielte das proT in der ersten Juliwoche vier Tage lang, seinerseits unter dem Slogan „proT für die Welt". Am ersten Abend zeigten sie *Der Tieger von Äschnapur oder Die Geburt der Tragödie*, am zweiten *Eine heiße Sommernacht im lindgrünen Hochwald* (Bergcomics), am dritten *Zahltag der Angst* und am vierten *Konzert am VierVideoTurm*. Das so im documenta-Katalog angekündigte Programm wuchs mit der Zeit immer mehr an, als wollte sich das proT in all seinen Facetten präsentieren – ohne dass weitere Tage dazugekommen wären. Vor allem *Intercity*, Silvester 1985 herausgebracht, tauchte unverhofft als vierstündiges Gastspiel auf. Angelegt auf vier schmalen Podesten, sind 840 Einzelszenen zu sehen, Auftritt, Abtritt, Wiederholung und Wiederholung der Wiederholung. Teils stammen sie aus früheren Produktionen, teils sind sie eigens entworfen worden. Ein Mann liest in einem brennenden Buch, eine Frau trinkt aus einer Schnapsflasche, eine Tänzerin bricht erschöpft zusammen. Nächste Szene, nächste. Eine Szene folgt auf die andere, rhythmisiert durch Licht, Ton, Percussion, Gesang. Wieder liest der Mann in einem brennenden Buch, wieder trinkt die Frau aus einer Schnapsflasche, wieder bricht die Tänzerin erschöpft zusammen. Bei 840 Einzelszenen denkt man unwillkürlich an Erik Satie, an seine *Vexations*, deren Grundthema er 840-mal variiert wiederholt wissen wollte. Dass das Programm dermaßen überschäumte, lag wohl auch daran, dass alle mit dabei sein wollten in Kassel. Zwar brachte Alexeij nicht tausendundeinen proT-Münchner mit, so wie der Konzeptkünstler Ai Weiwei tausendundeinen Chinesen auf die documenta 12, aber 14 Mitwirkende waren es am Ende schon.

Geleitet von Manfred Schneckenburger, zog sich die achte documenta, weil ihr die Strenge der siebten fehlte, den Vorwurf der Beliebigkeit zu: „bunte Stimmungspalette", „Mixtur aus Zeitgeist, Routine und Sachzwang". Vorherrschend sei eine „theatralische Aufbereitung bei den für Kassel realisierten Arbeiten". Ein Werk des im Jahr zuvor gestorbenen Beuys, *Blitzschlag mit Lichtschein auf Hirsch,* müsse, obgleich posthum arrangiert, als Herzstück der Ausstellung aufgefasst werden, da es an den erweiterten Anspruch der Kunst gemahne. (An Andy Warhol, der erst seit ein paar Monaten tot war, erinnerte niemand.) In einem Essay für den Katalog stellte Bazon Brock nüchtern fest, dass die Funktion der Kunst in ihrer Wirkungslosigkeit liege. Gleichwohl könne sie, indem sie Kriterien zur Unterscheidung aufstelle, die Wahrnehmung schärfen. Anstatt dass sie sich einspannen lasse als Mittel der Sozialpolitik, solle sie auf ihren Differenzierungen bestehen.

„Die documenta 8 integriert in einem bisher nicht dagewesenen Umfang Performance und Theater", schrieb Die Zeit. „Sie offeriert die Programme einer Audiothek und Videothek." Was es in dieser Ecke zu sehen gab, darüber verlor die Kunstkritikerin kein Wort. In der Süddeutschen Zeitung dagegen wurden anlässlich von Performance-Tagen im August nichts als dürftige Ereignisse erblickt, offenbar Grund genug, die „Krise einer Kunstform" auszurufen. Enttäuscht erging sich die Kritikerin in der Beschwörung des Vergangenen: „Dem ‚Bedürfnis nach Unmittelbarkeit' (Elisabeth Jappe) verdankte die Performance in den siebziger Jahren ihren Aufschwung. Grenzen wurden gesprengt, der Körper als Medium entdeckt, Improvisationen gewagt, technische

Drei

Mittel, allen voran Video, daneben Laser und Synthesizer einbezogen. All dies geschah mit der Entdeckerlust der Pioniere und brachte bemerkenswerte Ereignisse hervor."

Am 10. Juli gab das proT einen fünften Abend in Kassel, nicht in der Disko New York, sondern in einer kargen, düsteren Säulenhalle des Renthofs. Dieser fünfte Abend wird, von heute betrachtet, mit dem Auftritt des proT auf der documenta identifiziert. Vermutlich entsprach er am ehesten der Vorstellung einer Kunstinstallation. Und vermutlich erkannten ihm die Dabeigewesenen alle Qualitäten einer Performance zu. Die Aktion hieß *Küssende Fernseher*.

Anders gesagt, „die Öffnung der Guckkastenbühne", wie Sagerer versprach. Wer sein Wort vom Fernseher als Gipfel der Guckkastenbühne noch im Ohr hatte, der rechnete mit einem Sagerer, der den Bildschirm einschlagen würde. Aber worin besteht der Kuss? In der Halle befinden sich rund dreißig Fernseher, am Boden stehend oder liegend oder auch zu einem Turm aufgeschichtet. Größtenteils aber hängen sie an Stahlseilen von der Decke, sie schwingen und pendeln, und sie versenden ihr Programm und damit ihr flimmerndes Licht und die Töne dazu. Zu sehen ist, was zum Zeitpunkt der Aktion von den unterschiedlichen Anstalten geboten wird; teils auch nur Leuchtstreifen auf dem einen oder anderen Gerät. Erst nach und nach werden die Programme eingeschaltet. Außer dem Bildschirm-Flimmern erhellt kein Licht die Halle. Den Tönen der Fernsehprogramme wird bald schrille, bald ruhige Musik beigemengt, nach Kompositionen von Jürgen von Hündeberg, Cornelie Müller und Alexeij Sagerer. Bis ins Detail folgt der Ablauf einer Choreografie. Alle Zweifel verfliegen: Das ist das wahre Fernsehballett.

Plötzlich stürzt ein großer Fernseher aus zehn Metern Höhe herunter und schlägt auf einem kleinen auf, sodass sie mit Knall und Blitz implodieren. Das ist der erste Kuss.

Alle Fernsehgeräte sind mit einem Schaltpult verkabelt. Nach der Implosion müssen sie umgehend ausgeschaltet werden, damit sie nicht weiter unter Strom stehen. Bereits 1983, an Heiligabend, wurde die Aktion das erste Mal aufgeführt, in einer der Dachauer Hallen in München. „Die Fernseher haben wir geschenkt bekommen", sagte Sagerer damals der Presse. „Denn an Weihnachten kaufen die Leute neue Fernseher." Insofern war der Zeitpunkt gut gewählt. Als noch niemand wusste, was genau sich ereignen würde, fügte er rätselhaft hinzu: „Wir öffnen die Fernseher auch. So werden sie wieder zum dreidimensionalen Theater." Im Blick aufs Fernsehprogramm galt Heiligabend als vielversprechend. Der Kuss zweier Fernseher würde sich dazu eignen, Sentimentalitäten auszulöschen. Tatsächlich hielt in der Stunde der Performance der Papst eine Weihnachtsansprache, ohne einen Schimmer davon, dass das Verhängnis längst seinen Lauf genommen hatte.

Dramaturgisch auf dem Höhepunkt, geben sich drei Fernseher-Pärchen zu erkennen, denen durch menschliche Helfer, den Schwingern, klargemacht wird, dass sie füreinander bestimmt sind. Der erste Schlag aufs Mikrofon signalisiert den Helfern: auseinanderziehen, der zweite Schlag: hochziehen, der dritte Schlag: loslassen. Wie Verliebte schwingen die Fernseher aufeinander zu, ein Kuss knallt, und sie sind hinüber.

Die schattige Schwester namens Performance

Er sitzt an einem Bistrotisch, er trinkt Bier, und mit der Zeit stehen etliche leere Flaschen auf dem Tisch. Bier trinkt er so, als wolle er gut durch den zweistündigen Abend kommen, das heißt, als wolle er den Verlust an Flüssigkeit schalkhaft ausgleichen, denn er verliert viel Flüssigkeit, nämlich Blut. Im Münchner Kunstverein tritt Alexeij Sagerer mit einer Krankenschwester auf, und er greift für die Performance auf einen früheren Titel zurück und klammert ihn an diesen Tag. Es ist der 5. Juli 1990, *Zahltag der Angst: Heute*. Von fünf Kameras aufgenommen und so auch auf Monitoren sichtbar gemacht, werden die Handlungen der Krankenschwester genauestens verfolgt und in Details hervorgehoben. Geduldig zapft ihm die Krankenschwester immer wieder Blut ab. Kaum ist die Ampulle voll, fliegt sie in hohem Bogen ins Publikum. Alexeijs Adern geben nicht weniger als zwei Dutzend Ampullen her. In dieser Performance steckt, wenn auch nicht beabsichtigt, eine symbolische Pointe: Er gibt sein Blut, Theaterblut, egal, ob das Publikum es haben will oder nicht.

Gleichzeitig ist auf einer Live-Projektion eine junge Frau zu sehen, allein in einem geschlossenen Raum. Nackt ist sie den Blicken ausgesetzt, ohne dass ihr das Angestarrtwerden etwas anhaben könnte. Sie setzt die Selbstgewissheit ihres Körpers gegen die Voyeure. Und sie erweckt nicht den Eindruck, dass für sie heute Zahltag ist. Viele Jahre später, in *Reine Pornografie,* nahm Sagerer das Szenario – nackte Frau in einem geschlossenen Raum – wieder auf. Die Live-Übertragung lief übers Internet, und die Nackte befand sich nicht nebenan wie im Kunstverein, sondern lag auf einem mit rotem Leintuch bespannten Bett, irgendwo in dieser Stadt.

Wird von Performance geredet, gibt insgeheim jeder vor zu wissen, was damit gemeint ist. Aber weder begrifflich noch pragmatisch ist das Genre leicht zu fassen. Etwas Schillerndes liegt darin, auch weil Praktiker sich ums Begriffliche nicht scheren. Am ehesten noch herrscht Verständigung über Aktionen in der bildenden Kunst. 1971 in Santa Ana, Kalifornien, ließ sich Chris Burden, damals noch Student, in der Performance *Shoot* von einem Freund in den Oberarm schießen; schockiert, mit halb offenem Mund, zeigte er seine Wunde. Oder 1975: In Innsbruck ritzte sich Marina Abramović in *Lips of Thomas* einen fünfzackigen Stern in den Bauch; nackt kniete sie nieder und geißelte ihren Rücken mit der Peitsche; am Ende legte sie sich auf ein Kreuz aus Eisblöcken, unter einem Heizstrahler an der Decke, dessen Wärme die sternförmige Wunde erneut zum Bluten brachte; Zuschauer griffen ein und zogen sie von den Blöcken herunter. Oder 1979 in Stuttgart, als Wolfgang Flatz in *Treffer* nackt vor einer weißen

Wand stand und Menschen aus dem Publikum mit Dartpfeilen auf sich werfen ließ; für den ersten Treffer waren fünfhundert Mark versprochen; 15 Minuten gelang es ihm auszuweichen, ehe ihn ein Pfeil traf.

An diesen Aktionen lassen sich alle gängigen Merkmale einer Performance ablesen: der Körper als Medium, das Authentische, das Grenzüberschreitende, das Unmittelbare und das Einmalige. Aber hält man auch nur kurz inne, verschwimmen die Merkmale schon wieder. Denn Kunstmarkt und Festivals haben das Einmalige weitgehend verdrängt. Gern wiederholt eine Künstlerin oder ein Künstler die Performance. Dadurch nimmt das Unmittelbare unter Umständen Schaden. Manche Performances sind so gut kalkuliert, dass von Grenzüberschreitung schwerlich die Rede sein kann. Wie authentisch ist ein Vorgang, wenn er von vorn bis hinten inszeniert erscheint? Und auch der Körper ist nicht mehr unbedingt gefragt, wenn stattdessen eine Maschine, wie bei *Stifters Dinge* von Heiner Goebbels, performativ zu musizieren vermag.

Der Begriff leitet sich ab vom englischen Verb „to perform", was so viel heißt wie „vollziehen"; in einer Performance werden also Handlungen vollzogen. Damit ist noch nicht viel gewonnen, vor allem wenn man darauf aus ist, Performance von Theater abzugrenzen. Aber vielleicht ist das auch gar nicht nötig, wenigstens nicht in trennscharfer Absicht. Spätestens seit den 1960er Jahren ist Theater von einer Bewegung beeinflusst, die mit herkömmlichen, literarisch angeregten Inszenierungen nicht mehr allzu viel gemein hat. Und seit derselben Zeit treibt auch die Performance immer wieder neue Blüten hervor. Es fällt auf, dass die beiden wesentlichen deutschsprachigen Bücher, die im Blick auf diese Tendenzen seit Ende der 1990er Jahre geschrieben worden sind, theoretisch unterschiedlich ansetzen. Einerseits mit dem Begriff des Theaters, andererseits mit dem Begriff der Performance. Und man wird das Gefühl nicht los, dass sie unausgesprochen auf dieselben Phänomene zielen, insbesondere da sie teils auf dieselben Beispiele verweisen. Gemeint sind *Postdramatisches Theater* von Hans-Thies Lehmann und *Ästhetik des Performativen* von Erika Fischer-Lichte. Die Geschichte des proT verläuft nicht nur im von beiden untersuchten zeitlichen, sondern auch künstlerischen Rahmen. Darum lohnt es sich, das proT da und dort in der Theorie zu spiegeln.

Nach Lehmann steht postdramatisches Theater eher für ein Theater der Zustände als eines der Handlungen. Es ersetze die dramatische Handlung durch Zeremonie, durch eine Feier des Körpers und der Präsenz. Entfernt davon, Bedeutungen hervorzurufen, zeichne es sich durch „referenzlose, aber mit gesteigerter Präzision vorgetragene Abläufe" aus. „Theater findet als eine zugleich völlig zeichenhafte und völlig reale Praxis statt. Alle Theaterzeichen sind zugleich physisch-reale Dinge." Dort, wo Lehmann die Wechselwirkung von Text und theatraler Situation anführt, spricht er von „Performance Text" – anstatt entsprechend seiner Terminologie von „Theater Text" zu sprechen. Jedenfalls enthalte dieser „Performance Text" eine ganz neue Qualität: „mehr Präsenz als Repräsentation, mehr geteilte als mitgeteilte Erfahrung, mehr Prozeß als Resultat, mehr Manifestation als Signifikation, mehr Energetik als Information". Das Politische liege in der Art und Weise der Zeichensetzung, das heißt, in der Organisation von Wahrnehmung, noch dazu in der Freisetzung von Affekten, also Kräften, wie Sagerer sagen würde. „Theater erinnert so zugleich immer auch an den Raum neuer, vom offiziell Approbierten abweichender Setzung, fordert implizit nicht nur zu performativen Akten auf, sondern zu solchen, die auf eine neue Art und Weise Bedeutung ins Spiel bringen oder besser: aufs Spiel setzen."

Der Formalismus des postdramatischen Theaters, wenngleich ein qualitativ neuer Schritt, löse noch immer Ratlosigkeit aus. Aufschlussreich ist Lehmanns Beobachtung, dass dadurch oft „eine schwer erträgliche Kälte" entstehe, zumal für diejenigen, die menschliche, in der Regel psychologisch entwickelte Erfahrungen auf der Bühne zu sehen erhoffen. Tatsächlich gehe es ja im Theater nicht nur um visuelle Prozesse, sondern auch um menschliche Körper und ihre Wärme. Für eine ganze Reihe von postdramatischen Produktionen mag das Kälte-Syndrom durchaus zutreffen, für das proT zum Glück aber nicht. Denn dass es sich in kühlem Formalismus verlöre, muss man nicht befürchten. Ein einfaches Mittel bewahrt es davor: sein Humor.

Anfang der 1960er Jahre setzte, so Fischer-Lichte, in den Künsten der westlichen Kultur eine „performative Wende" ein. Eine neue Kunstgattung bildete sich heraus, die Aktions- und Performancekunst. Von Vorläufern eines postdramatischen oder gar unmittelbaren Theaters spricht Fischer-Lichte nicht, obwohl sie gleichfalls in den 1960er Jahren zu suchen und zu finden wären. Statt Werke würden nun zunehmend Ereignisse hervorgebracht. Handlungen und Objekte entfalteten ihre unmittelbare Wirkung, ohne dass sie damit Bedeutungen verknüpften. „Der Materialstatus fällt hier nicht mit dem Signifikantenstatus zusammen, er löst sich vielmehr von ihm ab und beansprucht ein Eigenleben." Auch Fischer-Lichte operiert mit dem Gegensatzpaar Präsenz und Repräsentation. Während sie der Präsenz Unmittelbarkeit und Authentizität zuerkennt, die Erfahrung von Fülle und Ganzheit, setzt sie Repräsentation dem Verdacht aus, einer Macht- und Kontrollinstanz zu unterliegen, nämlich der vorgegebenen dramatischen Literatur. Diese übe auf den Schauspieler und seinen Körper eine Art von Repression aus, indem sie von ihm verlange, Figuren abzubilden.

Doch sie erkennt, dass der strikte Gegensatz auch Zweifel aufkommen lässt. „Sowohl Präsenz als auch die Figur werden durch spezifische Verkörperungsprozesse hervorgebracht. Dabei entsteht die Figur nicht als Abbildung oder Nachahmung von etwas Vorgegebenem, sondern wird durch den Prozeß bestimmter Verkörperungsprozesse allererst erzeugt. Die jeweils hervorgebrachte Figur ist an die spezifische Körperlichkeit des Schauspielers gebunden, der sie hervorbringt. Der phänomenale

Leib des Schauspielers, sein leibliches In-der-Welt-Sein bildet den existentiellen Grund für die Entstehung der Figur. Jenseits dieses individuellen Leibes hat sie keine Existenz."

Im Rhythmus sieht Fischer-Lichte das nicht auf Gleichmaß, sondern auf Regelmaß zielende Ordnungsprinzip. In der Tat richtet auch Alexeij Sagerer seine Produktionen rhythmisch aus; dadurch erlangen sie ihre hohe Musikalität. Fischer-Lichte schreibt: „Es ist jedesmal der Rhythmus, der Beziehungen oder Beziehungslosigkeit etabliert. (...) Er läßt kein hierarchisches Verhältnis zwischen den Elementen zu. Sie erscheinen alle als gleich wichtig und gleichwertig. Die Aufmerksamkeit wird so auf ihre spezifische Materialität gelenkt, auf ihr je besonderes Erscheinen im Raum." Anders ausgedrückt: auf ihre Intensität.

Liveness, wie Fischer-Lichte sagt, unterscheidet Theater, Aktions- und Performancekunst fundamental von medial vermittelten Ereignissen. Nach Heiner Müller macht die Anwesenheit des potenziell Sterbenden das Besondere im Theater aus. So würde es Sagerer zwar nie formulieren, aber angesichts des potenziellen Todes wirkt seine Feier der Lebendigkeit umso hintergründiger. Natürlich ist auch Fischer-Lichte nicht entgangen, dass sich das Fernsehen einst an der Wahrnehmung eines Publikums vor der Guckkastenbühne orientierte. Sogar zum Zweck der Reklame. Für eine Anzeige wurde ein Paar in Abendgarderobe in die Sessel vor den Fernseher gesetzt, ganz so, als hätte es im Parkett eines Theaters Platz genommen. Bekanntlich ist der Fernseher der Gipfel der Guckkastenbühne. Und so verwundert es nicht, dass alternative Theatermacher zugunsten der Liveness nicht im Guckkasten spielen wollen.

Am Rand streift Fischer-Lichte die Rolle von Tieren im Genre der Aktions- und Performancekunst. Und sie spricht ihnen eine „geradezu unheimliche ‚Präsenz'" zu. Da mit Präsenz ein zentraler Begriff ihrer Theorie berührt wird, sollte man diese Einlassung nicht unterschätzen. „Die Tiere verstärken so die prinzipielle Unverfügbarkeit der Aufführung, ja bringen sie überhaupt erst in den Blick der Zuschauer, wenn nicht auch der Akteure." Durch Tiere ergibt sich jene Unmittelbarkeit, die Theater oder Performance, wollen sie nicht langweilen, ununterbrochen anstreben. Ein Schaf produziert immer nur Schaf, so wie ein Schwein immer nur Schwein produziert.

Egal, welchen Begriff man bevorzugt, den des postdramatischen Theaters oder den des Performativen – deutlich geworden ist, dass das proT einer künstlerischen Strömung angehört, wenn auch auf besondere Art und Weise. In einem Fernsehinterview hat es Alexeij seiner niederbayerischen Sturheit angelastet, dass er am Theaterbegriff festhalte. Den Performancebegriff hat er, obwohl durchaus geeignet für so manche Aktion, nie offen propagiert. Aber vielleicht erweist sich seine Idee vom unmittelbaren Theater am Ende als das Missing Link zwischen den begrifflichen Anstrengungen. Unbesorgt lässt sich von unmittelbarem Theater sprechen, ohne die schattige Schwester namens Performance zu verkennen; sie ist stets mit gemeint. Diese Schwester verfügt über die Kraft, das Theater an seine potenziellen Impulse zu erinnern. Dadurch wirkt sie auch auf das mittelbare literarische Theater ein, weil imstande, einen Schauspieler auf sein Innerstes zu stoßen, auf seinen Körper und seine Bewegung, um ihn so in die Lage zu versetzen, eine Figur nicht darzustellen, sondern herzustellen. Es ist nicht ausgeschlossen, dass selbst in einem Repertoirestück ein heiliger Schauspieler zum Vorschein kommt.

Doch ehe man zu euphorisch wird, sollte man sich die Unterscheidung von Innen und Außen ins Gedächtnis rufen. In den oben erwähnten Büchern spielt sie keine Rolle, was erstaunt, denn sowohl Performance als auch postdramatisches Theater sind im Außen entstanden. Bis heute lässt sich verfolgen, wie Künstler Gefahr laufen, ihr ureigenes Potenzial, ihre Vorgehensweise einzubüßen, sobald sie von Institutionen des Innen hofiert und eingegliedert werden. Der vermeintliche Erfolg, in großen Häusern oder auf großen Festivals aufzutreten, wird nicht selten durch schleichende Kompromisse erkauft. Nur wenige Ausnahmen gibt es, die den Verführungen des Innen nicht erliegen – und sogar noch innerhalb einer Institution fortsetzen, was sie einst jenseits des kulturell Etablierten in Angriff genommen haben.

In Shanghai lebt Zhao Chuan und macht mit seiner Gruppe Grass Stage Theater. Mit dem, was gewöhnlich auf Chinas Bühnen passiert, wollen sie nichts zu tun haben. Nichts mit kommerzieller Unterhaltung, nichts mit politischer Propaganda und nichts mit kommerziell unterhaltender politischer Propaganda, wie man die neueste, monströse Kreuzung nennen könnte. Zhao Chuan hat sich im Außen verschanzt, er nimmt weder Geld von der Politik noch Geld von der Wirtschaft. Nicht mal Eintritt darf er für Aufführungen, die zum Teil aus der Performance erwachsen, verlangen. Nach jeder Vorstellung tritt er vors Publikum: Wem es gefallen habe, der möge es honorieren. Kaum je gastiert Grass Stage in einem Theater; sie spielen in Bars und Bibliotheken, in Zelten und Seminarräumen. Und sie ziehen ihre Geschichten aus dem Volk, das in Gestalt sogenannter gewöhnlicher Menschen auch selbst auf der Bühne steht. In dem riesigen Land soll Zhao Chuan einer von vielleicht nur dreien sein, die radikal alternatives Theater wagen.

Jedem Projekt gehen Recherchen voraus, so auch *World Factory*, seinem jüngsten. Gezielt wird auf Foxconn in Shenzhen, eine Firma, die für Apple produziert. Wanderarbeiter, die Heimat und Familie zurückließen, um ihr Glück in der Großstadt zu versuchen, drohten zu verzweifeln am Stumpfsinn ihrer tagtäglichen Verrichtungen. 2010 haben sich dort etliche Arbeiter zu Tode gestürzt. Inzwischen sind die Gebäude der Firma mit Netzen umkränzt.

Im Theater von Zhao Chuan sagt der Körper alles, was einem durchaus performativen Ansatz entspricht und damit in die Nachbarschaft zu Alexeij Sagerer rückt. Der Körper sagt, inwieweit er frei und inwieweit er geknechtet ist. Darum arbeitet Zhao Chuan lieber nicht mit handwerklich geübten Schauspielern. Ein nicht ausgebildeter Körper und eine nicht ausgebildete Stimme strahlen einen ganz eigenen Glanz aus, schreibt er in seinem Essay *Physical Odyssey*. Und dieser Körper vermag das Publikum nicht weniger zu beeindrucken als der Körper eines professionellen Schauspielers. Auch darin stimmt er mit Sagerer überein. *The Body at Stake* heißt ein von ihm mit herausgegebener Band über Experimente in zeitgenössischer Kunst und im zeitgenössischen Theater in China: Der Körper wird gewissermaßen aufs Spiel gesetzt.

Im Januar 2015 hielt Thomas Dreher in der Münchner Akademie der Bildenden Künste einen Vortrag über „Wiener Aktionismus und Aktionstheater in München". Erwartungsgemäß erwähnte er die berüchtigte Performance *Kunst und Revolution* 1968 in einem Hörsaal der Wiener Universität, die Arreststrafen für einige Künstler nach sich zog. Dabei waren damals Otto Muehl, Peter Weibel, Valie Export oder Günter Brus: „Simultan zu Muehls Peitschenhieben auf Manuskriptblätter, von denen ein Masochist vorliest, und zu einem Weitschiff-Wettbewerb von Muehl und der Direct Art Group singt Brus die österreichische Nationalhymne. Dabei führt er Onaniebewegungen aus, ritzt sich die Haut, uriniert und entrichtet die große Notdurft. Mit diesem grotesken Einsatz von Exkrementen, Geschlechtsteilen und Gewalt (in Andeutungen) provoziert Aktionstheater zur Dekonstruktion, zur Umwertung aller Werte und damit zur Rekonstruktion." Und er erwähnte die Aktion *Exit*, gleichfalls 1968 in den Münchner Augusta-Lichtspielen. Nicht nur das Medium Film hinterfragten die Wiener Aktionisten, sondern auch die Umstände der Vorführung. Peter Weibel rief in den Saal: „Feuer ist Licht, Kinematographie ist Licht, schreien die Reaktionäre. Sie sollen es haben – das bewegliche Lichtbild!" Kurz darauf beschossen versteckte Aktionisten durch Löcher in der Leinwand das Publikum mit Knallfröschen, Rauchbomben und Feuerkugeln. Die Zuschauer flüchteten aus dem Kino.

Drei

Besonders im Blick auf Hermann Nitschs Orgien Mysterien Theater entdeckte Dreher Einflüsse des Wiener Aktionismus auf das Münchner Aktionstheater. Doch die performativen Erben sind dünn gesät. Nur Wolfgang Flatz und Alexeij Sagerer konnte Dreher in seinen gedanklichen Kosmos halbwegs integrieren. Wie bei Nitsch sticht die Verwendung von Tierkadavern hervor. 1998, zum hundertsten Geburtstag von Bertolt Brecht, ließ Flatz in der Performance *Physical Sculpture meets Brecht* einen toten Schimmel häuten; 2012 ließ Sagerer in *Weisses Fleisch* einen Pferdekadaver zerlegen, dessen Einzelteile an Ketten emporziehen und weiß anmalen, sodass sie wie Skulpturen wirkten. Gefilmt im Verborgenen, bedeckte eine Frau ihren nackten Körper mit Hostien und stieg in eine mit roter Farbe gefüllte Wanne.

„Kadaver, Blut und Sexualität führt der Wiener Aktionismus zusammen, während Sagerer sie trennt. Sagerers Alternative zum Wiener Aktionismus ist die Einkreisung der Zusammenhänge zwischen Kadaver, Blut und Sexualität in Grenzbereichen zwischen An- und erkennbar Abwesenden (wie in ‚Weisses Fleisch' das Blut des Pferdes)." Indem Dreher hier Zusammenhänge benennt, verweist er im Stillen auf die integrierende Kraft des proT. Rein der Provokation wegen, wie man dem Wiener Aktionismus unterstellen mag, würde Sagerer kein Theater machen, zumal die Provokation durch ihre Ausrichtung aufs Establishment stets dem Establishment verhaftet bleibt. In Otto Muehls Kommune zum Beispiel verwandelte sich der Freiheitsgedanke spiegelverkehrt in einen Autoritätsgedanken, bis hin zum Anspruch ihres Gründers, die nachgeborenen Töchter zu entjungfern. Gegen den seiner selbst so sicheren Wiener Aktionismus setzt Sagerer die unberechenbare Fülle des Lebens. So steht er zwar nie auf der angeblich richtigen Seite, aber auch nie auf der angeblich falschen. Er schreitet den Kreis ab.

Angeregt durch Sagerers Einkreisungen, zog Dreher ein vorläufiges Fazit: „Dies provoziert in der Rückschau die

Nibelungen & Deutschland Projekt: Der Nibelung am VierVideoTurm, 1992, VierVideoTurm nach der Veranstaltung, proT-ZEIT, Steinseestraße 2, München

oh, oh Maiandacht …, 1987, proT-Halle: Raum für *oh, oh Maiandacht …* am 27. Mai 1987: Blaue Sonne, Hängezaun und Steinskulpturen von Nikolaus Gerhart (Gast)

Portrait, 1998, Alexeij Sagerer mit Zoro Babel (rechts)

Nibelungen & Deutschland Projekt: Endgültig, 1995
Bayerisches Staatsschauspiel im Marstall
4-mal VierVideoTurm, Steine (Nikolaus Gerhart), Saxofon
(Dietmar Diesner), Tanzendes Paar (Lara Körte und Lukas Miko)
und 77 Deutsche als 77 Deutsche

proT trifft Orff – wir gratulieren, 1985 / Carmina Burana trifft den Tieger von Äschnapur / Produktion für das Kulturzentrum Gasteig – Black Box / Schweine (unten), Werner Prökel (Orffizier links), Werner Eckl (Orffizier Mitte), Axel Kotonski (Orffizier rechts)

Frage, ob nicht die soziale Relevanz des Begehrens und des Vergänglichen – die physische und psychische Verletzbarkeit – das wichtigere Thema des Wiener Aktionismus war als der Gegensatz zwischen direkter oder unmittelbarer, nicht entfremdeter Aktion und immer schon entfremdeter Medienvermittlung."

Flatz und Sagerer steuerten je eine Performance bei, der eine *Krüppelballett*, der andere *Frau in Weiss füttert Mann im Lendenschurz vor Kamera*. Die Produktion des proT stammte aus *Programm Weiss* und wurde 2009 uraufgeführt. In der Kunstakademie war nur eine schmale Version des ursprünglichen *Voressens* zu sehen. Ein Mann im Lendenschurz, eine Frau in Weiß, die ihn füttert, eine Frau in Schwarz, die ihn filmt.

„Wenn wir Nahrung aufnehmen", sagt Alexeij, „deformieren wir sie beim Kauen und Verdauen. Die neue Komposition, die dabei herauskommt, sind wir. ‚Wandlung und Deformation' heißt der Untertitel. Und wenn wir sterben, werden wir umgewandelt in neue Kompositionen. Wir bleiben in der Lebendigkeit. Denn das, was wir waren, wird wieder ins Leben hineingetragen, während alles Repräsentative wie nie da gewesen verpufft. Dein Sofa hier, auf dem ich jede Nacht sitze, wird sich immer daran erinnern, dass ich einmal darauf gesessen bin. Das Essen also wird zu einem künstlerischen Akt gemacht. Essen ist der stärkste Vorgang, den ich kenne. Und so bin ich auf *Voressen* gekommen, das heißt, vor anderen essen, also öffentlich."

Drei Podeste stehen im Raum, jeweils besetzt mit einem tiefen Tisch, auf dem Nahrungsmittel aus dem Supermarkt ausgebreitet liegen, rote Paprika, grüner Salat, Schweinshaxen und Brot, unerhörte Farben. Hinter dem Tisch sitzt jeweils ein Mann auf einem Stuhl, nackter Oberkörper und eine weiße Windel als Lendenschurz. Jeder für sich hat eine junge Frau, die ihn füttert, eine Braut in Weiß oder eine Krankenschwester oder auch eine Tennisspielerin. Gefüttert wird nach exakt getakteten Abläufen. Flüssigkeit läuft übers Kinn, Essensreste verfangen sich im Bart. Assoziativ denkt man an eine

Frau, die den Mann als Kind gefüttert hat. Denn warum sonst die Windel? Obwohl es auf den ersten Blick wie Verwöhntwerden aussieht, hat der Mann in diesem Vorgang nicht den stärkeren Part. Er wirkt wie ein Kind oder ein hilfsbedürftiger Greis. Umso mehr, als ihm nicht nur eine Frau in Weiß, sondern auch eine Frau in Schwarz beigesellt ist, eine Kamerafrau, die ihn kühl bei der Fütterung filmt. Bei Lichtwechseln mit kurzen Stopps, unterschiedlich von Podest zu Podest, verändern die Kamerafrauen ihre Position. Noch dazu gibt es ein viertes Podest, verborgen hinter grünen Vorhängen und nur durch Live-Projektionen auf die Leinwand einzusehen. Dort sitzt ein nackter Mann, über und über mit Hostien beklebt, in einer Badewanne. Eine Frau in weißer Unterwäsche zieht mit dem Mund eine Hostie nach der anderen von seinem Körper.

Alexeij sagt: „Hier, ausgehend von der Hostie, findet eine Auseinandersetzung mit der Repräsentation statt, mit der Kirche und ihren Vorstellungen vom Paradies. Die Hostie dagegen, weiß, geschmacklos, kein Salz, ganz weich, repräsentiert nicht, sondern wird tatsächlich zum Leib des Herrn. Nimmt man das streng in sich auf, wie ich es als Kind gemacht habe, dann stellt man den Herrn auch für sich selber her. Er ist so lange in einem, bis die Hostie sich im Mund auflöst."

Auf der Leinwand sind abwechselnd Aufnahmen von den drei sichtbaren Podesten zu sehen wie auch Aufnahmen aus der verborgenen Ecke. Am Ende betreten 28 Menschen die Bühne, 14 Paare, jeweils eine Frau in Weiß und ein Mann mit nichts als einer weißen Windel. Jede Frau schält ein Ei und füttert ihren Mann damit. Kein Ei gleicht dem anderen, ebenso wenig wie eine Frau der anderen gleicht oder ein Mann dem anderen. Es gibt kein ideales Ei, an dem sich andere Eier orientieren könnten. Und es gibt auch keine ideale Frau und keinen idealen Mann. Was es allerdings gibt, ist das einmalige Ei, die einmalige Frau und den einmaligen Mann.

In seinem jüngsten Buch über *Das verzehrende Leben der Dinge* bezeichnet Wolfgang Schivelbusch die Nahrungsaufnahme als Urkonsumption: „Bei der Konsumption von Nahrung ist der Fall klar. Nahrung wird einverleibt, verdaut, assimiliert, in ihrer ursprünglichen Form vernichtet und umgewandelt in die Körpersubstanz des Konsumenten. Wie aber soll man sich die Konsumption der nicht essbaren Dinge vorstellen?" Hat Sagerer mit *Voressen* also erst die Urszene des Verbrauchs auf die Bühne gebracht? Sind weitere Folgen der verzehrenden Kraft des Lebens, Wandlung und Deformation, vorstellbar? Schivelbusch verweist auf Spuren des Gebrauchs und der Abnutzung, auf ausgetretene Treppenstufen, abgetragene Kleidungsstücke und von den Lippen der Gläubigen abgeküsste Ikonen. Aber auch umgekehrt verliert sich der Mensch an Menschen und Dinge, gerade so, als würde er gleichfalls, wenn auch nicht mit Haut und Haar, verzehrt. „Jeder kennt das Gefühl, dass Gegenstände durch ihren täglichen Gebrauch vertraut werden, dass sie scheinbar etwas von der eigenen Person annehmen." In der aktiven Perspektive betrachtet, schreibt sich der Mensch so in die Welt. Auch das Sofa in Berlin, auf dem Alexeij so viele Nächte lang saß, wird seinen Abdruck für immer bewahren.

Du kannst nicht die Muttergottes sein

Die 1980er Jahre waren das Jahrzehnt der Hallenkultur. Alle redeten davon, obgleich das Wort nicht ganz zutraf, weil es ja um die Künste ging und nicht um eine sie wie auch immer einhegende Kultur. Seit 1983 verfügte auch das proT über eine eigene Halle, genau betrachtet: über das hintere Drittel davon. Denn die große Halle beherbergte drei Einheiten, proT-Halle, Studiotheater und Alabamahalle – letztere wurde 1984 durch die Fernsehsendung *Live aus dem Alabama* allseits bekannt. Aber mit 450 Quadratmetern Fläche und achteinhalb Metern Höhe hatte selbst das hintere Drittel noch beachtliche Ausmaße. Während des Internationalen Theaterfestivals 1985, auf dem Alexeij Sagerer eine Retrospektive seiner Aufführungen zeigte, fing eine benachbarte Lagerhalle Feuer und brannte nieder. Angeblich blieb das Festivalgelände nur dank des Ostwinds verschont. Wer Pointen liebt, und sei es eine nicht ganz geheuere, mag eine darin sehen, dass sie in der proT-Halle am Abend vor der Brandnacht *Watt'n (ein Kartenspiel) oda Ois bren'ma nida* gespielt hatten.

Das proT-Delta der 1980er Jahre verbreitete sich mehr und mehr. Zunehmend trat das einstige Kellertheater auch als Veranstalter in Erscheinung. In der Halle zogen sie Festivals auf wie „Die vier Tage des Unmittelbaren Theaters" 1986 und 1987. Im Jahr 1987 gab es zudem ein Festival namens „Septemberwoche", ein anderes namens „Dezemberwoche". Da wie dort griff das proT nach Musik, bevorzugt in der unmittelbaren Variante. Ein Kommen und Gehen von Musikern, hieß es eines Abends in den „Aprilwochen" 1988. Walter Meier spielte Geige, Akkordeon und Trompete; in *Watt'n* trat er damals der Folkloregruppe bei, ganz schnauzbärtiger Mafioso mit Sonnenbrille und Trenchcoat, der den Gesang von Cornelie Müller, rotes Kleid, Blume im Haar, begleitete. Mit der Performance *Nature Morte* nahm auch eine bildende Künstlerin am Festival teil, nämlich Nina Hoffmann, die dem proT verbunden bleiben sollte. Nachdem 1986 die Urform der *Maiandacht* geboren worden war, fing das proT in den folgenden Jahren Künstler (oder Künstlergruppen) ein wie mit Tentakeln, für jeden Maiabend einen anderen. Etwas Wesentliches hatte sich verändert: Während das proT früher aus einer Gruppe von eingeschworenen Enthusiasten bestanden hatte, öffnete sich Sagerers Theater nun für Gäste, wenn auch im Rahmen einer vorgegebenen Komposition.

Wie haben sie mit dem wenigen Geld derartige Festivals auf die Beine gestellt? Darüber kann man heute nur staunen. Was ging in den Köpfen von Kulturpolitikern vor, als sie feststellten, dass das proT, unabhängig und an ihnen vorbei, die Stadt mit Kunst-Festen überschüttete? Manche sagen Sagerer Züge eines Schamanen nach. Er muss die Künstler durch Hexerei betört haben. Auf einer Podiumsdiskussion, rund ein Jahrzehnt später, sagte Tom Stromberg: Ein Künstler in München stehe vor der Frage, ob er auf ein von der Stadt zu gründendes Kreativzentrum hoffen oder lieber gleich bei Sagerer mitmachen solle.

Die Verbreiterung des Theaters schlug sich auch im Liebesleben nieder. Aber auch die Liebe trug dazu bei, das Theater zu verbreitern. Selbst der Presse entging nicht, dass in Sagerers proT überwiegend Frauen auftraten und auch hintergründig mitwirkten. Die Viererkonstellation, ein Mann, drei Frauen, war privat ungewöhnlich und künstlerisch erfolgreich, besonders in *Tieger Zwei* und *Zahltag der Angst*. Trotzdem verlangte es Alexeij nach Veränderung. Gerade so, als hätte sich die Konstellation überlebt, dachte er daran, sie zu sprengen. Letztlich bezweifelte er, dass er so die nächsten künstlerischen Schritte gehen konnte. Da kam der Zufall ins Spiel. Der Zufall sah ausgesprochen gut aus und hatte, seitens des Vaters, spanisches Blut; er war weiblich und hieß Sonja Breuer. In einer Bar war sie Alexeij aufgefallen, und obwohl sie da mit ihrem Freund saß, ging er hinüber und küsste sie. Nach ihrer Telefonnummer fragte er nicht, aber er ließ ihr seine da. Am nächsten Abend rief sie ihn an.

„Es ist sinnlos, Frauen erobern zu wollen", sagt Alexeij, „weil Frauen sehr genau wissen, ob sie dich mögen oder nicht." Offenbar hatte er Glück. Mit Sonja zog er eine eigene Spur in die Landschaft des proT. Damals konnte durchaus der Eindruck entstehen, dass er zwei oder zweieinhalb Theater unter einem Dach beherbergte. Auf dem Pfad, den er mit Sonja ging, kamen Aufführungen zustande wie *Das Stärkste TierSpielSpur* oder *7 Exorzismen*. 1986 brachte Alexeij ein Kartenspiel heraus, es hieß *Das Stärkste TierSpiel,* und Sonja schickte er mit einem Bauchladen los, um das Kartenspiel im Publikum zu verkaufen. Gut zehn Jahre, nachdem er Spiele-Kolumnen geschrieben und mit *Globetrotter* für Pelikan sogar ein eigenes Spiel erfunden hatte, kehrte er mit einem

Drei

Kartenspiel in sein altes Metier zurück. In Wien etwa war das *TierSpiel* in einem Laden am Naschmarkt zu haben. Das Magazin Wiener stellte hinsichtlich der 72 Tierkarten fest: „Die Regeln sind wie im wirklichen Leben." Damit war gemeint: Das stärkere Tier sticht das schwächere.

Wenn Männer über Frauen reden, sagen sie schöne, einfache Dinge. Diese Frau hat ein Gesicht wie eine Eintrittskarte, sagte zum Beispiel ein Mann zu Alexeij. Mit der kommst du überall rein. Mit Sonja erlebte Alexeij das leidenschaftlichste Begehren, das innigste Beisammensein ebenso wie den fürchterlichsten Krach. Eine Liebe, ein Kampf. „Eine wahnsinnig intensive, körperliche Beziehung", sagt Alexeij, „wo du das Gefühl hast, du verreckst, wenn sie nicht da ist." Als er, gleichzeitig ja Familienvater, mit seiner Frau Cornelie und den Töchtern nach Sizilien fuhr, drehte Sonja durch und wurde vollkommen verwirrt auf der Straße aufgegriffen. In Florenz trafen sie sich dann, sie nahmen ein Zimmer im Hotel und fielen übereinander her, um kurz darauf wieder zu schreien und zu streiten. „Die ganzen vier Jahre war es Kampf. Es ist nicht anders zu machen, weil es einer realen Bewegung folgt. Und nur so ist es fantastisch. Dadurch kapierst du einiges, was du später durch die Erfahrung woanders einbringen kannst. Diese Inbrunst, die in der *Maiandacht* liegt, hat mit dieser Sexualität zu tun."

„Aber in der *Maiandacht* ist Sonja nicht dabei", sag ich. „Mit ihr machst du *7 Exorzismen*."

„Ja, weil ich sie initiieren will", gibt Alexeij zur Antwort.

„Du bist ein Hexer."

„Nein, bin ich nicht."

„Du verhext Frauen."

„Nein, aber ich bin der Böse. Ich bin derjenige, der sie verführt."

In der Karwoche des Jahres 1988 wurden in der proT-Halle *7 Exorzismen* durchgeführt. Bereits im Manifest von Artaud findet sich der kryptische Hinweis: Infolge seines körperlichen Charakters und seines Verlangens nach Ausdruck im Raum erlaube das Theater „den magischen Mitteln der Kunst und des Wortes in ihrer Gesamtheit eine organische Entfaltung, gleichsam als erneuerte Exorzismen". Von Montag über Gründonnerstag und Karfreitag bis Ostersonntag steht jeder Abend unter einem bestimmten Motto: „Der große Regen", „Das Pendel", „Der Musik-Schrei", „Die Feuersbrunst", „Der Blut-Graben", „Die Eisenzeit" und „Das gelbe Haus". An jedem Abend wird nach katholischem Ritus ein Gericht aufgetragen: am Karfreitag Fisch, am Karsamstag Brotsuppe und am Ostersonntag Kalbsbraten. In der Halle erhebt sich eine Videoburg von zwanzig Monitoren. Auf den Bildschirmen sind zum Beispiel Fahrten mit der U-Bahn zu sehen, durchs ganze Münchner Netz. Von der Decke hängt ein gestohlener Telefonmast als Pendel. Und auf der Bühne steht eine sehr gelbe Hütte.

Am Anfang fällt Regen. Nichts geschieht, außer dass es regnet, eine Viertelstunde lang. Langsam taucht aus der Dunkelheit die Hütte auf, angestrahlt von heller werdendem Licht. Ein Mann tritt auf und stößt das Pendel an, Alexeij Sagerer. Kurz darauf umarmt er, während es regnet und regnet, eine Frau, Sonja Breuer. Als sie in der Hütte verschwindet, bleibt er draußen im Regen zurück. Aus der Hütte sind Geräusche zu hören, vereinzelt ein paar Worte. Irgendwann öffnet sich die Tür, und man sieht, dass sich die Frau in ein Huhn verwandelt hat.

Fast hat es den Anschein, als wäre der große Regen am ersten Abend das entscheidende Ereignis. In der Halle geht Regen nieder, nach einer kindlichen Vorstellung, die Alexeij einst in Plattling überkam, und zwar während einer Messe. Wie fantastisch wäre es, sagte er sich, wenn es jetzt regnen würde in der Kirche. Aber Regen kann auch trostlos sein. Der Mann bleibt vor der Hütte zurück. Oder hinderlich. Einen Sommer arbeitete Alexeij beim Straßenbau. Oder niederschmetternd. In Plattling wurde ein Kind überfahren. Alexeij

Drei

kam hinzu. Der kleine Junge starb auf der Straße, ohne dass der Regen nachgelassen hätte.

Am Karfreitag steht ein roter Sessel vor der Hütte. Der Mann zieht das Hemd aus und beugt sich über den Sessel. Zum Greifen nah liegen, je nachdem, sieben Bettücher oder sieben Leichentücher. Die Frau nimmt eine Rasierklinge und schneidet dem Mann in den Rücken, insgesamt siebenmal. Blut läuft herunter und mischt sich in die Pfützen. Unbeabsichtigt kommen Sonja die Tränen, doch sie fährt fort. Nach jedem Schnitt tupft sie die Wunde mit einem Laken ab und bringt es zum Blutgraben, in dem sieben Bretter stecken. Am Ende hängen sieben blutbefleckte Laken über sieben Brettern.

Auch eine Schar Hühner ist zugegen. Von der Idee, sie zu köpfen wie im *Aumühle*-Film, ließ Sagerer ab, weil er keine Blutvermischung wollte. Mit Hühnern kann Sagerer gut, wie mit Tieren überhaupt. Durch gewisse Bewegungen bringt er es fertig, Hühner zu hypnotisieren, sodass sie wie paralysiert am Boden liegen. Obgleich verlockend, kam das Kunststück in seinem Theater nicht zum Zug.

Am Ostersonntag ist die gelbe Hütte so stark mit Energie aufgeladen, dass sie im siebten und letzten Exorzismus nur noch zerstört werden kann. Anders kämen sie, weder der Mann noch die Frau, nicht heraus aus dem Spiel. Ebenso wenig wie aus dem Regen. Darum steigt Alexeij in einen roten Ford Transit und fährt so lange gegen die Hütte, bis sie einbricht und er mit dem Auto drinnen steht. Dazu erklingt Musik von Johnny Cash, exorzismusgerecht *Ring of Fire*. Esoterisch, wie man leicht denken könnte, war der Performance-Reigen nicht, und er war auch nicht religiös, trotz seiner Rahmung durch Karwoche und Kargerichte. Stattdessen galt es, Kräfte zu entfesseln, letztlich ganz irdische, um nicht zu ersticken. Nach dem Regen – das muss ein Gefühl gewesen sein, als wären sie durch einen brennenden Ring gesprungen.

„Man schiebe Teile in das Bühnenbild hinein und nehme Teile heraus", schreibt Kurt Schwitters, im Begriff, das auf einer Bühne mögliche Gesamtwerk einzufordern, mit einem Wort, die Merzbühne. Das Auto fährt ins Bühnenbild hinein und fährt aus dem Bühnenbild wieder heraus. Für Sagerer gilt Schwitters, selbst wenn nur halb dem Dadaismus verfallen, von Anfang an als Komplize. Indem er die Herrschaft des korrekten Schreibens und Sprechens angreift, indem er Sprache ins Lautmalerische auflöst (und eindrucksvoll zum Klingen bringt), legt er Fährten für unmittelbares Theater. Stücktitel wie *Der Tieger von Äschnapur* oder Stückuntertitel wie *Widerkäuerkomiggs* sorgen sich auch bei Sagerer nicht um die Rechtschreibung. Im Gegenteil, sie erwecken den Eindruck, als seien sie rechter geschrieben, als es recht ist. Klingt Tieger nicht korrekter als das Wort Tiger, das man eigentlich wie Tigger aussprechen müsste? Die Sprache gehört nicht dem Staat, und noch weniger gehört sie einem privatkapitalistischen Unternehmen wie Duden; sie gehört allen, jedem Einzelnen, der schauen muss, was er daraus macht. Umso mehr begegnet einem in den Stücken des proT sprachliche Zersetzung, allerdings allein zum Zweck einer eigenständigen Setzung. Im Vorwort zu seinem Manifest über die Merzbühne sagt Schwitters: „Ich bitte in diesem Falle um Nachricht, warum Sie unzufrieden waren, inwiefern Sie keinen Erfolg bemerkten, wie lange und wie oft Sie den Artikel lasen, und gegen welche Krankheit." Dass jedes Manifest gegen eine Krankheit vorgeht, ist ein erhellender Gedanke. Insofern wollte Schwitters nicht missverstanden werden. Aber im letzten Satz des Vorworts, etwaige Reklamationen betreffend, bäumt sich die Sprache dann auf: „Der Betrag für ungeknickte Exemplare erfolgt vermutlich Spiritus-Zentrale kitten Weimar umgekehrt." Ach so.

Das Manifest erschien 1919. Und es hört sich an, als hätte es im proT einen späten Verwandten gefunden, zum Beispiel im Blick auf Material und Komposition: „Die Merzbühne kennt nur die Verschmelzung aller Faktoren zum Gesamtwerk. Materialien für das Bühnenbild sind sämtliche feste, flüssige und luftförmige Körper, wie weiße Wand, Mensch,

Drei

Drahtverhau, Wasserstrahl, blaue Ferne, Lichtkegel. Man verwende Flächen, die sich verdichten, oder in Gewebe auflösen können, Flächen, die sich vorhangartig falten, sich verkleinern oder erweitern können. Man lasse Dinge sich drehen und bewegen und lasse Linien sich zu Flächen erweitern. (…) Materialien für die Partitur sind sämtliche Töne und Geräusche, die durch Violine, Trommel, Posaune, Nähmaschine, Ticktackuhr, Wasserstrahl usw. gebildet werden können." Was die ins Spiel gebrachten Intensitäten anbelangt, so erkennt sie Schwitters nur an in ihrer je eigenen künstlerischen Kombination. Von ihnen eine gängige Logik bestätigt sehen zu wollen, wäre vergeblich. „Die Materialien sind nicht logisch in ihren gegenständlichen Beziehungen, sondern nur innerhalb der Logik des Kunstwerks zu verwenden. Je intensiver das Kunstwerk die verstandesmäßig gegenständliche Logik zerstört, um so größer ist die Möglichkeit künstlerischen Aufbauens." Blaue Ferne? Dass ein Nichts so schön sein kann.

In gewisser Weise spielte die *Maiandacht* auf der Merzbühne, so wie schon vorher *Der Tieger von Äschnapur, Münchner Volkstheater* oder *Zahltag der Angst* auf der Merzbühne spielten. Ja, man ist versucht, die Produktionen des proT samt und sonders auf der Merzbühne zu verankern, mit ihrer verqueren, aber in sich stimmigen Logik, mit ihrem Rhythmus, welcher der von Schwitters geforderten Partitur folgt. Die *Maiandacht* aber erwies sich umso mehr als Merzbühne, als sie angereichert wurde mit wechselnden Gästen, gerade so, als würden unermüdlich Teile ins Bühnenbild hineingeschoben und wieder herausgenommen. Als würden sich Flächen vorhangartig falten, sich verkleinern oder vergrößern.

Die Urform entstand 1986 unter dem Titel *oh, oh, Maiandacht …* während des Vier-Tage-Festivals in der proT-Halle. 1988 gastierte die Produktion auf Kampnagel in Hamburg. In der Mitte des Raums ein Hängezaun: Acht Holzstempen hängen kreisförmig angeordnet an Drahtseilen von der Decke. Der Fußboden darunter ist schwarz. Gegenüber befindet sich

Das Delta

ein halbrundes Podest mit drei roten Sesseln, im Hintergrund drei weiße Leinwände, „Schwarzes Schneefeld mit weissem Triptychon". An einer anderen Wand ist ein großer blauer Kreis zu sehen, davor, leicht erhöht, ein Biertisch, eine Bierbank und acht Kübel mit Wasser, „Die Bierbank vor blauer Altarsonne". Noch dazu ist ein Gerüst aufgebaut für eine Empore mit Musikinstrumenten. Hier hängen auch Trauben von Kannen herunter, die zum Scheppern gebracht werden können. Aufs Ganze gesehen, ergibt sich eine Installation auf drei Ebenen, einer unteren (Hängezaun), mittleren (Altarsonne) und oberen (Musik-Empore).

„In der Plattlinger Kirche saßen die Schulklassen, in Reihen hintereinander angeordnet, im Parterre. Es gab einen Vorbeter, und alles lief ziemlich ernst ab", sagt Alexeij. „Auf der ersten Empore dagegen ging es lockerer zu. Da schauten die Männer von der einen Seite zu den Frauen hinüber auf der anderen und flirteten. Und es war leichter, später zu kommen oder früher zu gehen. Immer war es da oben etwas unruhig. Auf der zweiten Empore, wo sich Orgel und Chor befanden, auch eine Sängerin mit Sopranstimme, herrschte wieder das Ernsthafte vor." Davon ausgehend, baute Sagerer seine Installation auf, mit einer anarchischen mittleren Ebene, einem Biertrinker vor blauer Sonne. Im Hauptteil „Simulationstheater" unterläuft er repräsentatives durch unmittelbares Theater. So ruft er, Vorbeter im Parterre, in einem fort Szenen aus, er ruft Wald!, Stadt!, Sommer! oder Winter!, wo ja Repräsentation gerne so tut, als könne sie im Nu Wald! oder Winter! darstellen, während hier nur die Kannen scheppern oder Lieder erklingen. Er ruft eine Szene vor zweitausend Jahren aus, kurz darauf eine Szene nach zweitausend Jahren. Und sobald er Wasser! ruft, greift der Biertrinker nach einem Kübel und schüttet Wasser in die blaue Sonne.

Während eine Messe klar gegliedert ist, kennt die Maiandacht keine Vorschriften. Statt Abläufe zu reproduzieren, bemisst sie ihren Wert nach dem Grad der Intensität. „In der

Kirche marschieren Ministranten mit Weihrauch auf, ein Chor singt dazu, das wäre eine Maiandacht. Genauso gut aber können zwei Menschen ein Marienbild aufstellen und davor ein Lied singen, und auch das wäre eine Maiandacht. Offenbar wird sie allein durch Intensität zusammengehalten. Die Kläglichkeit der Kirche besteht ja darin, dass sie oft nur noch etwas Äußerliches abliefert, ohne Bewusstsein für das eigentlich Sensationelle."

Von den vier Spielern der Urform blieben drei die ganze Zeit über dabei: Franz Lenniger (Bierbank und Altarbesucher), Cornelie Müller (Herzmariä-Tonistin) und Alexeij Sagerer (Vorbeter-Vormunder). Nur die Hilfsschwester am Ruder wurde zweimal umbesetzt, von Brigitte Niklas zu Susanne Wehde und schließlich zu Nadja Raabe.

Als Vorbeter schlägt Alexeij die Köpfe von Mikrofonen aneinander, dass es kracht. Er nuschelt und brummt, er schluchzt und schreit, wie besinnungslos vor Schmerzen. Ganz leise und eindringlich fängt er dann zu erzählen an: „Da hab ich zum Pfarrer gsagt, ich hab eine Erleuchtung ghabt, heut Nacht, daß ich die Muttergottes bin, die wieder auf die Welt gekommen ist, um ihren Mantel auszubreiten. Da hat er mir zwischen die Beine gelangt und ist wie ein Wilder umeinandergefahren, bis ich immer narrischer gschnauft hab und es kaum noch aushalten kunnt. Du kannst nicht die Muttergottes sein, hat er gsagt, weil du eine Sünderin bist, und hat mir eine Watschn gebn. Und wie ich dann Nasenbluten ghabt hab, hat er nur gemeint, glaub ja nicht, daß das jetzt eine Stigmatisation ist." Das klingt wie ein vorzeitiger Kommentar zum später bekannt gewordenen Missbrauch von Halbwüchsigen in der Kirche, wobei nicht klar ist, wer wen missbraucht, der Pfarrer den Vorbeter oder der Vorbeter den Pfarrer. Eine Marienerscheinung aber gibt es tatsächlich in diesem Theater, und man möchte fast sagen, nur in diesem Theater – nicht in Gestalt des Alexeij Sagerer, sondern in Gestalt einer Gipsmadonna. Auf einer Bass-Box steht sie, dazu eine Kerze.

Die Box wird in die Mitte des Hängezauns gerollt, und weil aus ihr tiefe, vibrierende Töne erklingen, flackert das Kerzenlicht. Vor der blauen Sonne hingegen ist die Stimmung nicht ganz so andächtig. Zweite Empore, Lust und Unruhe. Rücklings auf der Bank liegend, schüttet sich der Trinker Bier aus der Flasche in den Mund.

Da die Urform im Rahmen eines Festivals aufgeführt wurde, traten vorher Künstler auf und nachher. Und einmal stand auch noch Zeug herum, das einem anderen Theater gehörte. Insofern lag der Gedanke nahe, die Urform für Gäste zu öffnen. Fünf Jahre lang, von 1987 bis 1991, feierte das proT *Maiandacht* mit Eingeladenen, fünfmal 31 Abende, 155 im Ganzen. Und weil oft nicht nur ein Künstler, sondern Künstlergrüppchen oder -gruppen mitwirkten, belief sich die Zahl der Dabeigewesenen auf geschätzt 225 Köpfe. Dem Delta-Gedanken entsprechend, stammten sie aus allen künstlerischen Sparten. Doch auch Kritik und Wissenschaft, Café und Fernsehen fanden sich ein. Kulturreferent Siegfried Hummel setzte sich der Andacht aus, indem er einen Doppelgänger mitbrachte, den Schauspieler Volker Prechtel, der ihn damals im Theater am Sozialamt parodierte; in frommer Inbrunst bekannte er: „La culture, c'est moi!" Günther Beelitz, Intendant des Bayerischen Staatsschauspiels, schien das, was ihn erwartete, unterschätzt zu haben, sodass die Süddeutsche Zeitung über die Begegnung Beelitz – Sagerer titelte: „Der Intendant und der Wahnsinnige".

Mit der Zeit wurde die proTsche *Maiandacht* so populär, dass viele mitmachen wollten und sich darum bewarben. Vorgegeben war der Ablauf durch die Urform. Inwieweit sich Gäste darauf einließen und mit welchen Mitteln, ob ernst oder ironisch, ob sich anpassend oder sich widersetzend, das war ihnen freigestellt. Die einen gingen unter, die anderen hielten mit. Vor allem Musiker setzten sich durch. „Wir haben sozusagen einen Körper angeboten", sagt Alexeij, „mit dem andere Künstler etwas machen konnten." Einmal dauerte die Andacht doppelt so lange, weil der russische Mundmusik-Dichter Valeri Scherstjanoi eine Flasche Wodka trank und Alexeij, um das Gleichgewicht der Intensitäten zu wahren, eine Flasche Whisky.

Von der Musik kamen dazu der Stimmkünstler Phil Minton, der Saxofonist Dietmar Diesner, Biermösl Blosn, Embryo, der Jazzsaxofonist Günther Klatt, der Posaunist Marc Boukouya oder die Schlagzeugerin Robyn Schulkowsky; von der bildenden Kunst Nikolaus Gerhart, Nina Hoffmann, Wilhelm Koch, Joseph Zehrer, Ute Lechner oder Hans Thurner; von der Videokunst Fips Fischer; von der Performance Wolfgang Flatz, Holger Dreissig, Matthias Hirth oder Ellen Raab; vom Theater Sepp Bierbichler, Jörg Hube, Billie Zöckler, minimal club, Faltsch Wagoni oder pathos transport; vom Kabarett Sissi Perlinger; von der Literatur Paul Wühr, Andreas Neumeister, Franz Dobler, Martin Sperr oder Michael Lentz; vom Film Vlado Kristl oder Werner Fritsch. Selbst Kritiker besetzten einen Abend: Ingrid Seidenfaden, Wolfgang Höbel und Michael Skasa. Das Café Größenwahn war zu Gast und der Zündfunk des Bayerischen Rundfunks.

1990, im vierten Jahr der *Maiandacht,* brachten sie zum Programm eine Zeitung heraus. Dafür hatte der Schriftsteller Michael Lentz, heute Professor für Literarisches Schreiben am Leipziger Literaturinstitut, einen Text verfasst: „Neulich fragte uns ein gast: wogegen schreibt Ihr eigentlich in Eurem staat? in welchem organ sitzt der kritische impuls Eurer leisen verspieltheit? wir haben uns nach zwei stunden bedenkzeit auf folgende antwort versteift: ‚mit unserer kunst haben wir schon immer viel spaß gehabt'." Diese Äußerung hätte Maxim Biller gefallen. Das, Fremder, ist München.

Bei einer der Andachten wollte Flatz Feuer legen, ausgerechnet an den Stempen des Hängezauns. Aber es klappte nicht. Denn Alexeij hatte die Stempen, tatsächlich Zaunpfosten, aus Ried geholt. Sie waren Hartholz, durchtränkt von eishaltigem Wasser; darum brannten sie nicht. Wäre es geglückt, der magische Kreis hätte lichterloh geleuchtet – oh, oh.

VIER   NOMADEN & HELDEN

König Gunther Superstar

Vor der letzten Phase des *Nibelungen & Deutschland Projekts* reiste Alexeij Sagerer in sieben deutsche Himmelsrichtungen; er suchte nomadische Gegenden auf, in denen Hitlers Wehrmacht gescheitert war. In Videos, die er von dort mitbrachte, taucht er da und dort als Siegfried in Lederhose auf, auch in Montagen mit Kriemhild, ob in Narvik, Tunis oder auf der Krim, siebenmal mit einer Kriemhild im Brautkleid. Das Kleid hatte er mitgeführt. An jedem der fremden Orte spähte er nach einer Frau, die es für ihn und seinen Film anziehen würde. Siebenmal willigte eine Frau ein, jeweils die erste, die er gefragt hatte. Und so erblickt man Kriemhild im Brautkleid auf Langlaufskiern, Kriemhild auf einem Kamel oder Kriemhild am Cello.

Am 12. Februar 1992 wurde das Großprojekt mit *Der Nibelung am VierVideoTurm* eröffnet. Damals ahnte Sagerer noch nicht, welche Ausmaße es annehmen würde, nämlich zwölf Produktionen – ehe er sich am Silvesterabend 1998 mit *Das Ende vom Lied geht die Wende hoch* zu einer Art von Epilog bereitfand. *Der Nibelung* kam nicht aus dem Nichts; er brauchte das proT nicht zu erobern, denn es war, als wäre er bereits vorgesehen gewesen. In *Konzert am VierVideoTurm*, jahrelang gespielt mit wechselnden Sängern, Musikern oder Sprechern, hatte ihm Sagerer gleichsam die Bühne bereitet. Der VierVideoTurm bestand aus vier übereinander gestapelten Monitoren; von Anfang an galt er als Treffpunkt wie die Normaluhr an Bahnhöfen. Und ebenso wie die Uhr gab er Zeitspannen vor, durch die Dauer der Videos, in der etwas geschehen oder nicht geschehen konnte. Dieses Zeitregime prägte die Jahre des Projekts, wenngleich mit unterschiedlichen Spannen und Einspielungen, ja, man könnte denken, dass das *Nibelungen & Deutschland Projekt* ein einziges, gigantisch erweitertes Konzert am VierVideoTurm hervorbracht hat.

In *Der Nibelung* verwendete Sagerer seine sieben, ursprünglich fürs *Konzert auf der Tigerfarm* gemalten Filme, die Farben direkt aufgetragen auf Super-8-Blankfilm-Material, Punkte, Schlangenlinien, Knoten auf einer Strecke von jeweils 150 Metern, also etwa sieben Minuten Film. Auf „Blasse Farben, gewischt und getrocknet" (1) folgen „Schwarz-weiß und braun" (2), die Theaterfarben „Rot – blau – grün – linear" (3), „Gelb-schwarz" (4), „Kräftige Farben" (5), „Rot-schwarz auf Farbe" (6) und „Farbe auf Farbe und schwarze Schläge" (7). Nach diesen Einheiten richtet sich der jeweilige Auftritt, wobei Sagerer auch, wie er sagen würde, „vertikale Bewegungen" integriert, also aus der Geschichte des proT vertraute, wenn auch immer wieder abgewandelte Nummern wie *di dawisch i fei scho no, Die Kuh von der Frau Kastenhuber* oder *Tanz in die Lederhose*. Aber schon der Anfang macht deutlich, dass jetzt ein neuer Ton angeschlagen wird. Sagerer betritt, Helm auf dem Kopf, Ghettoblaster unterm Arm, die Bühne. Von fern erklingt die Ouvertüre zu *Das Rheingold* von Richard Wagner, und Zoro Babel am Schlagzeug entfesselt infernalisch lärmende Rhythmen. Wem danach zumute ist, der mag darin die Gewalt des *Nibelungenliedes* erkennen.

„Ich wollte einen narrativen, greifbaren Inhalt an den Turm bringen, nachdem die bisherigen Konzerte eher abstrakt gewesen waren", sagt Alexeij. „Ich wollte also *Das Nibelungenlied* an den Turm bringen." Auffällig war, dass diese Rahmung sogleich ein größeres Publikum an den VierVideo-Turm zog, gerade so, als gäbe es eine ungebrochene Sehnsucht nach Geschichten. Es könnte aber auch sein, dass sie schlicht sehen wollten, wie das proT mit einem germanischen Heldenepos umgehen würde – allemal eine unverhoffte Konfrontation. „Die Idee zum *Nibelungenlied* kam mir durch die Musiker aus der ehemaligen DDR, die bei uns auftraten, durch das wiedervereinigte Deutschland." Damit sind vor allem der Saxofonist Dietmar Diesner und der Gitarrist Joe Sachse gemeint. Alexeij sagt: „*Das Nibelungenlied* ist verkannt. Die Originalfassung ist viel zu gut, zu komplex und zu fantastisch, um sie den Faschisten zu überlassen."

Vier

Der Nibelung im Titel entspricht offenbar nicht dem Nibelung, oder mittelhochdeutsch Nibelunc, wie er im *Nibelungenlied* vorkommt. Einstmals im Land der Nibelungen wurde Siegfried von den Königssöhnen Schilbung und Nibelung aufgefordert, ihren sagenhaften Schatz aufzuteilen. Zum Dank erhielt er das Schwert Balmung. Aber allzu schnell verlor er die Lust an der Arbeit und erregte so ihren Zorn. Zwölf starke Riesen riefen sie zu Hilfe, aber Siegfried schlug sie, das Nibelungenschwert schwingend, alle tot. Nun, da im Besitz des Schatzes, war er selbst – obwohl von Geburt her Ausländer – ein Nibelung. Das stiftet eine leichte Verwirrung in der Geschichte, so wie später auch bei den Burgundern. Kaum dass sie den Schatz an sich gerissen haben, nennt sie der unbekannte Dichter gleichfalls Nibelungen. Der Titel hat also mit unschätzbarem Reichtum zu tun.

Bei Sagerer war mit Nibelung kein anderer als Siegfried gemeint. Denn am VierVideoTurm hatte er Wald- und Drachenkämpfe zu bestehen. Das war metaphorisch gemeint, denn es gab weder einen Wald, noch gab es Drachen. Kämpfe durchaus, aber eben Kunstkämpfe. Noch dazu trug er eine Lederhose, wie sie Siegfried im Verlauf des Projekts immer wieder tragen sollte. Damals war der Lederhosen-Siegfried nicht so ungewöhnlich, wie es scheint. Kurz vor *Der Nibelung* ließ Patrice Chéreau an der Brüsseler Oper auch seinen Siegfried in Lederhose auftreten. Doch was das proT von Brüssel unterschied, war der Tanz in die Lederhose.

Zum bayerischen Ländler nimmt Sagerer einen Schluck Bier aus dem Maßkrug. Dann tänzelt er minutenlang herum, ohne zu verschnaufen, immer exakt im Rhythmus. Er muss sich umziehen. Hemd weg, Hose runter. Selbst der Griff in die Unterhose, um das Gemächt einzurichten, folgt der Musik. Der Ländler macht es ihm nicht leicht, in die Lederhose zu steigen, erst mit dem einen Bein, dann mit dem anderen, aber es gelingt. Die Hosenträger müssen noch über die Schultern gezogen werden. Dann fällt Siegfried in einen Stuhl, zappelt weiter, springt wieder auf. Das ist der Stoff, aus dem Sagerer seinen Helden macht, einen Anti-Helden, einen ruhelosen Ländler-Nomaden.

Am Ende malt er die Bildschirme schwarz an, er malt sie zu. Aber immer noch schimmert etwas durch. Das Schwert Balmung würde jetzt nicht helfen. So greift er nach einer Spitzhacke und schlägt die Bildschirme der Reihe nach ein.

Als die Alabamahalle und damit die proT-Halle abgerissen wurde, stand das Theater vorübergehend auf der Straße. Es spielte mal da und mal dort, bevor es in der Peripherie unterkam, im Stadtteil Ramersdorf jenseits des Innsbrucker Rings. In der Steinseestraße 2 etablierte Sagerer seine proT-ZEIT, indem er gleich zu Beginn, Mitte September 1990, proT-ZEIT-Wochen ausrief. Hier fand dann auch 1991 die letztmalige *Maiandacht* statt. Mit *Der Nibelung am VierVideoTurm* empfahl sich die proT-ZEIT als Austragungsort der Nibelungen- und Deutschlandspiele, zumindest überwiegend, da vereinzelt Abstecher erfolgten in die Künstlerwerkstatt Lothringerstraße, in die Muffathalle und ins Kulturzentrum Einstein. Durch Kooperation mit dem Bayerischen Staatsschauspiel bespielte das proT im Oktober 1995 noch dazu den Marstall, dem unter der Leitung von Elisabeth Schweeger Kultstatus nachgesagt wird.

Dadurch, dass Sagerer das Projekt mit dem Schlagzeuger Zoro Babel in Angriff nahm, brachte er von Anfang an eine Gegenkraft ins Spiel. Und es verwundert nicht, dass diese Gegenkraft später den Namen Hagen erhielt, der stärkste Widersacher Siegfrieds, Fallensteller und Mörder. Am Hof der Burgunder gilt Hagen als scharfsinnig und heißblütig, doch im Zweifel treu ergeben, der Mann fürs Grobe, eine Kampfmaschine. In den Männerstücken, die in der Vertikalen die vier Projekt-Horizontalen schneiden, ist er stets mit von der Partie: *Der Nibelung am VierVideoTurm* (Horizontale I), *Mein Trost ist fürchterlich* (Horizontale II), *Recken bis zum Verrecken* (Horizontale III) und *Das Ende vom Lied geht die Wende hoch* (Horizontale IV).

Vier

Die Horizontalen selbst ergeben sich aus Richard Wagners vierteiligem Opernzyklus *Der Ring des Nibelungen*. Entsprechend erklingt jeweils Musik aus *Das Rheingold, Die Walküre, Siegfried* und *Götterdämmerung*. Überdies sind diesen Horizontalen je eigene Video-Synchronisatoren zugeordnet, *7 gemalte Filme, 7 deutsche Ströme, 7 deutsche Städte* und *7 deutsche Himmelsrichtungen*.

„Das *Nibelungenlied* ist für mich eine Auseinandersetzung zwischen Kunst und Repräsentation", sagt Alexeij. „Jedes Mal steh ich vor einem unbekannten Raum und versuche hineinzugehen mit meiner Vorstellung von Theater. Diese Kraft wird durch Siegfried ins Spiel gebracht. Demgegenüber steht die Staatsgründung der Burgunder, die alles Störende und Unvernünftige weglässt. Sie will einzig und allein gesund sein. Hagen ist derjenige, der dafür sorgt, dass aus einem lockeren Gebilde ein Staat wird. Diese pragmatische Eigenschaft bringt auch ein Musiker mit, zumal ein Schlagzeuger wie Zoro Babel, der ohne Weiteres siebenmal sieben Minuten Musik liefern kann. Zwei Kräfte stehen im *Nibelungenlied* einander gegenüber, Hagen und Siegfried. Die Burgunder bekommen das Nomadische mehr und mehr in den Griff, und sobald sie es im Griff haben, gehen sie unter, und zwar mitten im Nomadischen, im Reich der Hunnen. Als Helden gehen sie unter. Denn die Repräsentation braucht ja das, was sie repräsentiert, das Leben selber. Allein für sich kann sie nichts herstellen. Um etwas herzustellen, braucht sie den Künstler, diese andere Kraft. Anfangs ist Siegfried die reine Bewegung. Dann kommt er an den Hof der Burgunder und macht Politik. Plötzlich geht es ums Heiraten, um Kumpelei. Der Staat selbst ist schwer gefährdet durch Feinde. Um ihn zu erhalten, brauchen sie Siegfried, seine unmittelbare Kraft. Er hilft dem König, dass er Brunhild bekommt. Und als Preis dafür bekommt er Kriemhild, die Schwester des Königs. Für sie alle aber bleibt Siegfried gefährlich, weil er sich weigert, Staat zu werden."

Siegfried spielt nicht mit. Obwohl selbst der Sohn eines Königs, obwohl in Kürze mit Kriemhild verheiratet und so in einer politisch vorteilhaften Verbindung, fügt er sich nicht in seine Rolle. Im Gegenteil, er folgt, auch wenn es töricht erscheint, seinen Impulsen. Schon in der erwähnten Szene mit Nibelung und Schilbung, wo es darum geht, den Schatz aufzuteilen, verhält er sich störrisch, weil ihm die Aufgabe, für alle überraschend, keinen Spaß mehr macht. Erbe interessiert ihn nicht. Lieber feiert er Feste, doch auch diese Neigung muss dem gesunden Staatsempfinden verdächtig vorkommen. Auf der Jagd fesselt er einen Bären und zerrt ihn ins Lager. Anstatt sich für seinen Fang bejubeln zu lassen, löst er dem Bär die Fesseln und stiftet Chaos. „Die Hunde sahen das Tier und fingen mächtig an zu bellen", schreiben Uwe Johnson und Manfred Bierwisch in ihrer Prosa-Fassung des *Nibelungenliedes*. „Der Bär wollte in den Wald zurück, die Männer konnten ihn nicht bändigen. Der Lärm trieb ihn in die Küche. Dort rissen die Knechte aus. Der Bär stieß die Kessel um und zerstörte die Feuerstellen; dabei geriet manches Gericht in Asche. Die Fürsten und die Knechte drangen auf ihn ein. Der Bär wurde immer wütender."

Alexeij sagt: „Der Künstler ist ein Anfänger. Einerseits ist der Anfänger einer, der etwas anfängt, andererseits einer, der noch nicht weiß, wo es langgeht. Dieses Doppelte steckt auch im Künstler. Indem sie Siegfried umbringen, gehen sie unter, weil sie, die Helden, das Nomadische nicht ertragen. Sie klammern es aus. Wenn Siegfried tot ist, steht die Geschichte still. So habe ich *Das Nibelungenlied* gelesen."

Die Vier und die Sieben erwiesen sich als Projektzahlen. Für Sagerer steht die Vier für das Kompakte, die Sieben für das Offene. Trotzdem ist ihm der Zusammenhang bewusst. Dreht man die Sieben, sieht sie aus wie eine Vier. Im *Nibelungenlied* ist die Sieben gleichfalls von Bedeutung. Nach der Ermordung Siegfrieds und langen Jahren der Trauer willigt Kriemhild in die Ehe mit dem Hunnenkönig Etzel ein. Sieben

Vier

Jahre, heißt es, lebt daraufhin der Hof in Herrlichkeit. Und sieben Tage Bedenkzeit erbittet sich König Gunther, ehe er der Einladung Etzels (und von dessen Frau Kriemhild, Gunthers rachsüchtiger Schwester) Folge leistet. Während Herrlichkeit und Nachdenken die offene Qualität der Sieben haben, kann man in Etzels Hof, wenn auch nicht entsprechend markiert, nur die Kompaktheit der Vier erblicken, das Unentrinnbare, eine Falle, die zuschnappt und ein nicht enden wollendes Gemetzel auslöst. „Die Vier ist eine endgültige Zahl", sagt Alexeij, „und die Sieben eine offene. Beide Zahlen sind Kräfte, die ich benutze, solange ich sie brauchen kann. Oft missverstanden als höhere Magie, werfen sie schlicht die Frage auf: Was lässt sich damit herstellen?"

Ins Projekt hinein wanderte zudem die Lust am Pathos, wie sie Sagerer bereits in der Konfrontation mit Carl Orff verspürt hatte. In der Musik von Richard Wagner jedoch begegnete ihm etwas unerwartet Verschlungenes, eher einem nomadischen Pathos verwandt als einem heldischen – zumindest instrumental, vokal weniger. Er war angetan von der Vorstellung, das Wagnersche Pathos in Bewegung zu bringen. Eindrucksvoll glückte das Vorhaben in der *Götterdämmerung,* als Dietmar Diesner einen Ton auf der Klarinette blies und Wagners Trauermarsch durch Zirkularatmung aufwühlte.

Die erste Horizontale, *Das Rheingold,* bestritt *Der Nibelung am VierVideoTurm* für sich allein. Die Produktion war noch durch Fäden mit früheren proT-Nummern verknüpft, die ursprünglich ohne Nibelungen ausgekommen waren. Ungern scheint sich Sagerer von solchen Fäden zu trennen. Nach *Der Tieger von Äschnapur* versah er eine ganze Reihe von Produktionen mit dem Untertitel *Vorwurf auf den Tieger von Äschnapur Unendlich,* obwohl diese Produktionen längst für sich selbst standen und *Der Tieger Unendlich* nie verwirklicht wurde. Insofern muss man den *Nibelung* mit seinen Rückgriffen auf bereits Bekanntes als Gelenkstück betrachten. Erst auf der zweiten Horizontale, *Die Walküre,* in der sie Siegfried in familiären und gesellschaftlichen Verwicklungen umspielten, entfaltete das *Nibelungen & Deutschland Projekt* seine eigene Ausdruckskraft, genauer gesagt, seine Wucht.

Mit *Trommeln in Strömen*, September 1992 in der Künstlerwerkstatt Lothringerstraße, *Göttin, Ärztin, Braut und Ziege*, Dezember 1992 in der proT-ZEIT, und *Mein Trost ist fürchterlich*, Mai 1993 in der proT-ZEIT, setzte Alexeij Sagerer die Nibelungen ebenso wie das neue Deutschland seinem Theater aus. Aber auch umgekehrt. Er zögerte nicht, sich selbst und sein Theater dem gesamten Komplex auszusetzen. Die Themen allein, so darf man annehmen, hätten ihm nichts bedeutet, wären sie nicht voller Konsequenzen gewesen für die theatrale Arbeit, für Vorgänge und Intensitäten. Das Theater selbst war das Herzstück des *Nibelungen & Deutschland Projekts*.

Das Deutschland des Jahres 1992 zeigte fratzenhafte Züge. Im August griffen Nazis in Rostock-Lichtenhagen die Zentrale Aufnahmestelle für Asylbewerber an und steckten das benachbarte Wohnheim in Brand – unter dem Beifall von einigen tausend Zuschauern. Und im November warfen zwei junge Nazis Molotowcocktails in von türkischen Familien bewohnte Häuser in Mölln. Zwei Mädchen und ihre Großmutter starben, neun Menschen wurden zum Teil schwer verletzt.

Für die einmalige Aufführung von *Trommeln in Strömen* konnte Alexeij sieben Schlagzeuger gewinnen, FM Einheit und N. U. Unruh, beide von den Einstürzenden Neubauten, die Jazzschlagzeugerin Carola Gschrey, die US-Amerikaner David Moss und Jason Kahn, Werner Moebius und Zoro Babel, letzteren noch ehe er Hagen wurde. Angeordnet sind die Schlagzeuge in einer Art Flussbiegung, markiert durch zwei lange Reihen von Monitoren. Dazwischen sitzen die Musiker. Das Publikum, ausgestattet mit roten Zipfelmützen, schaut vergnügt in die Landschaft, wie Gartenzwerge es gewöhnlich tun. Mitten im Publikum erhebt sich der VierVideo-Turm mit gemalten Filmen wie beim *Nibelung*. Ansonsten laufen auf den Monitoren, jenen in der Flussbiegung, die Videos von sieben deutschen Strömen: Rhein, Ems, Weser, Elbe, Trave, Oder, Donau.

Wäre das proT außerstande, selbst Ströme zu erzeugen, so wären die Videobilder nicht viel mehr als Dekoration. Also wird ein anschwellendes, rhythmisches Strömen erzeugt; es wird in Strömen getrommelt, nach einer vorher ausgelosten Reihenfolge. Jeder Musiker stellt sich einem Strom mit je eigenen Mitteln. Insofern sind sieben eigenständige Konzerte zu hören à sieben Minuten. FM Einheit zum Beispiel zertrümmert mit einer elektronisch verstärkten Bohrmaschine Ziegelsteine. Und Moss bringt Maiskörner zum Klingen und setzt seine Stimme mit scharfen, hellen Tönen ein. Je länger der Konzertreigen dauert, desto mehr Schlagzeuger sind im Spiel. Nur der erste spielt solo. Spielt der zweite und legt seine Fährte, folgt ihm der erste nach. Spielt der dritte, greifen der erste und der zweite ein. Und immer so fort. Der Strom schwillt an. Am Ende tost er durch das Getrommel von sieben Schlagzeugern. „Das Strömen findet statt", sagt Alexeij. „Die Frage war, wie lässt sich Strömen herstellen? Und das ist eine fürs Theater ganz grundsätzliche Frage. Wie lässt sich Strömen, wie lässt sich Leben herstellen?"

Göttin, Ärztin, Braut und Ziege war das erste Frauenstück des Projekts. Außer einer Sängerin und einer Tänzerin, die „Sängerin" und „Tänzerin" heißen, stehen eine Schauspielerin und eine Performerin auf der Bühne. Die Schauspielerin heißt Brunhild, die Performerin Kriemhild. Im *Nibelungenlied* führt der Streit der Königinnen in die Katastrophe. Siegfried steht, durch seine Tarnkappe unsichtbar, König Gunther in der Hochzeitsnacht mit Brunhild bei. Nachts zuvor nämlich hat die kräftige Brunhild ihren Ehemann gefesselt und an die Wand gehängt. Das will Gunther nicht noch einmal über sich ergehen lassen. Darum bändigt Siegfried die widerspenstige Braut, bis sie gefügig wird. Doch anstatt nun einfach das Gemach zu verlassen, zieht er ihr einen Ring vom Finger und nimmt auch noch ihren Gürtel mit. Beides händigt er Kriemhild aus. Ohnehin ist das Verhältnis zwischen den Königinnen gespannt, beide fast überirdisch schön und beide, wenn man die fein gestreuten Hinweise im Blick auf Brunhild beachtet, in Siegfried verliebt.

Wer von ihnen also darf die Kirche zuerst betreten? Schon durch die Kleider versuchen sie, einander zu übertrumpfen. Und dann folgt eine Beleidigung auf die andere. Noch dazu trägt Kriemhild den von Siegfried erbeuteten Ring und auch den erbeuteten Gürtel. Brunhild vergeht vor Schmach. Um sie vollends zu demütigen, greift Kriemhild zu einer Lüge: „Sîfrit war es, der deinen schönen Leib zuerst geliebt hat. Nicht Gunther hat dich entjungfert. Wo hattest du deinen Verstand? Das war doch ein wohlausgedachter Plan." Ohne Verzug betritt Kriemhild mit ihrem Gefolge die Kirche.

Für diese Provokation wird Siegfried seine geliebte Frau verprügeln. Doch damit ist die Sache nicht aus der Welt. Er soll für Brunhilds Tränen mit seinem Leben büßen. Machthaber Gunther schielt auf Hagen.

Zur Premiere zog Sagerer klobige, schwarze Springerstiefel an, „die Kampfausrüstung des deutschen Herbsts 1992", wie die Presse schrieb. Das Frauenstück spielt vor der silbern verkleideten Bar. Kriemhild (Ruth Geiersberger) und Brunhild (Agathe Taffertshofer) belauern einander. Ununterbrochen werden staatliche Symbole zitiert und veralbert ebenso wie Requisiten aus der Theaterrumpelkammer. Beides, so wird einem klargemacht, droht in Sentimentalität unterzugehen. Alexeij sagt: „Die Sentimentalität, die an alten Requisiten hängt, verhindert das Strömen in Staat und Theater. Aus dem Hitlergruß machen wir ein Ballett. Durch die Komik verlieren Symbole ihre Gefährlichkeit. Schon die Nazis wollten stets verhindern, dass man sich über sie lustig macht, weil dadurch ihre Symbolik zusammengebrochen wäre."

Beim Grußballett sitzt Brunhild auf einem Barhocker. Als die Sängerin (Cornelia Melián) ein Liedchen anstimmt, hebt Brunhild den Arm zum Hitlergruß und atmet schwer. Kurz vor Brunhilds Ekstase bricht die Sängerin ab und reckt ihrerseits den Arm. Enttäuscht senkt Brunhild den Arm und zieht der Sängerin mit der Peitsche eins über, damit das Spiel von vorn beginnen kann. Sekundiert werden sie von der Tänzerin (Christine Landinger), die rücklings auf der Theke liegt und ihr Bein hebt und senkt. Aus dem Off erklingt Sagerers Stimme mit der Nationalhymne, halb inbrünstig gesungen, halb entstellt. Im Dunkeln flackert Feuer auf; das Licht wird von einer langhaarigen Frau im weißen Kleid hereingetragen. Die Sängerin singt ein Liebeslied – nach einem Brief des alten Richard Wagner, in dem er eine junge Frau zu verführen sucht. Demolierte Zäune stehen auf der Bühne herum und verlassene Gartenstühle, wo Kleinbürger hätten sitzen können, gleichsam erste Reihe, als Jungnazis zum Angriff übergingen.

Kriemhild und Brunhild geraten in einen Wettstreit. Es geht um den deutschen Mann. Wer den deutschesten hat, hat gewonnen. „Ich bin eine deutsche Frau und mit einem deutschen Mann verheiratet", heißt es da. Oder: „Mein Mann sieht auch deutsch aus." Aber das ist noch gar nichts und darum leicht zu überbieten: „Mein Mann hatte zweimal hintereinander einen nationalen Traum." Brunhild trumpft auf: „Mein Mann sagt immer zu mir, du stöhnst wie eine deutsche Frau, und das ist Musik für mich." Nur von fern bezieht sich das Königinnengespräch aufs *Nibelungenlied*. Und als Sagerer die Frauen dann über das wahre Stöhnen wetteifern lässt, wird unversehens ein Gespräch über wahre Kunst daraus, anders gesagt, über unmittelbares Theater. Sieg oder Niederlage – das ist nicht die Frage. Noch weniger, wer von den beiden Frauen zuerst eine Kirche betritt. Stattdessen spießt das proT vieles auf, um es kurz darauf achtlos fallenzulassen. Dem Land und seinen Mythen wird eine Geschichte verweigert, ebenso wie dem Theater und seinen Requisiten. Das eine wie das andere scheint durch nichts als Gefühlskitsch verfugt zu sein. Und durch zankende Königinnen. Brunhild spreizt die Schenkel und räkelt sich auf dem Barhocker, während Kriemhild, von schmerzlicher Wut gepeinigt, an der Wand entlang wankt. Sie sagt: „Wenn mein Mann umgebracht würde, würde ich ihn rächen."

Noch herrscht unter den Männern Einverständnis und beste Stimmung. „Ich bedanke mich, daß es den Dank gibt. Ich danke, daß ich danken kann und ich bedanke mich, daß mir der Dank niemals ausgeht und selbst wenn der Dank mir ausgehen würde, auch dafür würde ich mich bedanken. (...) Wir danken allen Frauen, ihren Mösen, in die wir unsere Schwänze stecken dürfen, ohne dankbar oder undankbar zu sein. Wir danken auch der Undankbarkeit." So spricht König Gunther in *Mein Trost ist fürchterlich*, einem Drei-Männer-Stück, das dem Vier-Frauen-Stück folgte. Er wirkt wankelmütig. Ist er eher für den Staat oder eher für die Kunst? Gespielt von Matthias Hirth, erweist er sich als umso gewitzter, je unentschlossener er ist. Nur geliebt werden will er auf alle Fälle. Für seine Reden, für seine Auftritte. Beifall versichert ihn seiner Existenz.

Gunther steht für die Kraft der Indifferenz, Hagen (Zoro Babel) für die Kraft des Pragmatischen und Siegfried (Alexeij Sagerer) für die Kraft des Anfangens. In den Kostümen wird, je Figur eine Farbe, Schwarz-Rot-Gold zitiert. Die Männer sind einander freundschaftlich verbunden – eine Art Männerbund, was das Schönste ist, solange Frauen nicht greifbar sind. In dem Moment, da einer heiratet und sich etabliert, zerfällt der Bund. Beinahe hat es den Anschein, als würde es immer so sein. Eine Freundschaft zerbricht an staatlichen Zwängen. Nichts anderes erzählt auch *Das Nibelungenlied*.

Eröffnet wird der Abend mit einer Idylle, mit Vogelgezwitscher und Bienensummen. Überraschend tauchen drei Bären auf, drei Männer im Bärenkostüm, und laufen durchs Publikum wie der von Siegfried freigelassene Bär durchs Jagdlager. Siegfried will Spaß haben; drei Männer aber haben dreimal so viel Spaß.

Es gibt zwei Bühnen links und rechts, dazwischen eine Brücke. In der Mitte sitzt das Publikum. Als die Fanfaren des Walkürenritts ertönen, hämmert Hagen auf seinem Schlagzeug, während Siegfried Fenster zerschmeißt, eines nach dem anderen, dass die Scherben springen. „Nicht ungefährlich", sagt Alexeij. „Aber du musst es halt gescheit machen. Wenn du es vorsichtig machst, droht eher Gefahr." Abgesehen davon, wird in dieser Szene Gewalt erfahrbar, auch die Gewalt des Lärms. Von *Der Nibelung* über *Trommeln in Strömen* bis *Mein Trost ist fürchterlich* kehrte theatral erzeugte Gewalt stets von Neuem wieder. Sie verwies auf den Titel des Projekts, einerseits Nibelungen, andererseits Deutschland.

Gunther schaut hinüber auf die andere Bühne. Dort befindet sich eine rote Wand mit einem sonnengroßen weißen Kreis. Er greift nach einem Farbeimer und taucht einen Pinsel hinein. Schwarze Farbe. Er malt sich einen Klecks unter die Nase, ein Hitlerbärtchen. Von der Applausmaschine kommt Gelächter und Begeisterung. Schon hat er das Publikum gewonnen. Dann geht er mit Farbeimer und Pinsel hinüber, über die Brücke zur anderen Bühne. Wieder taucht er den Pinsel ein. Er setzt einen Strich in den weißen Kreis. Großer Beifall, vereinzelt Lachen. Die Spannung steigt. Er malt weiter, Strich um Strich, bis das Hakenkreuz fertig ist. Nun gibt es kein Halten mehr. Das Publikum tobt. Gunther lächelt und verbeugt sich. Er wird gefeiert. Die Eitelkeit des Künstlers strahlt. Denn er weiß, dass er alles erreicht hat. König Gunther Superstar.

„Es geht um Verführung", sagt Alexeij. „Der Staat tut so, als könnte er Verführung verbieten. Aber du musst wissen, wie Verführung entsteht und was sie in dir auslöst. Rot und Weiß hat durchaus etwas Verführerisches."

Das Modell Banküberfall

1991 starb Jürgen von Hündeberg. Auf ihn, der gewissermaßen lebenslang die Funktion des beratenden Tigerjägers ausübte, hielt Alexeij in München eine Grabrede. Er sprach nicht vom Sterben, sondern von einem Milieuwechsel. Doch da er spürte, dass jemand verschwunden war, versagte ihm plötzlich die Stimme; er kämpfte mit den Tränen. Verloren gehen könne aber nicht, dachte er, die Intensität, die sie miteinander verbunden hat. Eine solche Qualität kann nicht aus dem Leben verschwinden. Gleichwohl maß er diesem Tod etwas Schicksalhaftes bei. Am offenen Grab ließen sie die proT-Schallplatte erklingen.

In der Zeit, als sie einander kennengelernt hatten, war von Hündeberg, der Maler, nicht aus seiner Wohnung gegangen. Kroetz wollte ihn damals als Oblomow besetzen, fürs Büchner-Theater. Alles, was er bekam, war die Stimme. Er ließ ihn den Text auf Band sprechen. Und Alexeij Sagerer übernahm die Regie. Im Film *Krimi* spielte von Hündeberg den Gangsterboss. Schon damals komponierte er auch die Musik dazu, wie später immer wieder, für *Aumühle* zum Beispiel oder *Küssende Fernseher* auf der documenta. Es war unmittelbare Musik, also nicht in Noten festgehalten. Ihm ging es um den Ton an sich. Zum Beispiel bespannte er eine Geige mit extra dicken Saiten, oder er ließ Obertöne erklingen, er erzeugte Vibrationen, kurz, vibrierende Intensitäten. In den *Tieger*-Filmen spielte er ebenfalls mit, auch im Werbefilm, genauso wie im Video für *Münchner Volkstheater*. Und er führte, begabt mit verhaltener Komik, die Interviews mit Münchner Theaterleitern. Nur im Theater wollte er nicht auftreten, weil er routinierte Wiederholungen fürchtete. Von sich aus ging er nicht mal als Gast ins proT; sie mussten ihn holen kommen. Doch Sagerer hatte in ihm einen Komplizen gefunden. So gut wie jeden Tag telefonierten sie miteinander, manchmal stundenlang, was ihre Frauen nicht immer einsehen wollten. Nächtelang waren sie gemeinsam unterwegs. Von Hündeberg war der beratende Tiegerjäger des dauernden Tiegerjägers Sagerer. Eine treffendere Bezeichnung für seinen Freund hätte Alexeij kaum finden können.

Von Hündeberg wiederum nannte ihn „Geliebtes Brüderchen" in Briefen, die er seinerzeit ans Gefängnis adressieren musste. „Wie mir zu Ohren kam, sollen Sie geäußert haben: Wenn ich im Gefängnis bin, kümmert sich kein Schwein mehr um mich. Mindestens ein Schwein (fett, mit Schnurrbart) kümmert sich. Nehmen Sie dieses bitte in Liebe an", heißt es in einem Brief vom 21. Juni 1971. Das Sie war nicht einer Laune entsprungen, sondern entsprach der Anrede, die sie untereinander, ohne je zum Du zu wechseln, pflegten. Beiläufig brachte von Hündeberg den Künstler als ewigen Anfänger (und so als Dilettanten) ins Spiel, ein Gedanke, der in Sagerers Siegfried-Figur wiederkehrte. „Es ist noch kein Meister vom Himmel gefallen und ein wahrer Künstler ist nur der Dilettant, der immer wieder von vorne anfängt und keine Routine kennt, weder auf der Bühne noch im Kerker." Auch über die Geschicke des proT hielt er Alexeij auf dem Laufenden: „Wies in Ihrem Theater zugeht, werden Sie ohnehin durch die Conni wissen. Ich selbst möchte mich im Augenblick eines Kommentars enthalten. Auf jeden Fall wird weitergemacht. Obwohl ich dem Theater zu Weihnachten vierhundert Mark geschenkt habe (mein Anteil an ‚Michis Blut') hat mir die Conni verboten, Bier zu trinken, ohne sofort zu bezahlen. Sonst aber kommen wir ausgezeichnet miteinander aus. Sie ist eine strenge Prinzipalin und hälts Sach zamm." In einem Brief ohne Datum, doch mit dem Eingangsstempel vom 25. Februar 1972 versehen, sprach er seinem Brüderchen Mut zu, die letzten Monate durchzuhalten. „Meine beiden unschuldigen Töchter haben eigens für Sie eine neue Rosensorte gezüchtet, die wir von Landsberg bis in die Oettingenstraße streuen werden, wenn es soweit ist."

„Künstlerisch waren wir uns nahe", sagt Alexeij. „Ich hab mich gefreut, auf jemanden zu treffen, gegenüber dem ich ganz offen sein konnte. Als Person war er wichtig, weil er nichts Kalkulierendes hatte. Und als Erfahrung war er wichtig, weil ich dadurch mitbekam, dass eine derartige Begegnung überhaupt möglich ist. Sie hatte eine eigene Qualität. Nur Schlägereien ging er aus dem Weg."

Nomaden & Helden

Einmal riefen sie nach der Probe ein Taxi. Ein Minicar traf in der Isabellastraße ein. Angeblich war ein Fahrgast zu viel dabei, darum wollte der Fahrer nicht starten. Alexeij wurde ärgerlich, und von Hündeberg sah zu, dass er wegkam. Darauf packte Alexeij den Fahrer und setzte ihn aufs Minicar, nicht ohne dass der Fahrer den Hilferuf ausgelöst hätte. In kürzester Zeit rasten von überall Taxis herbei, noch dazu die Polizei. So floh Alexeij Richtung Kurfürstenplatz, wo er von Hündeberg einholte. Der ging am Stock, ohne den Blick zu heben; er tat, als würde er seinen Freund nicht kennen. Alexeij stürzte in einen Hauseingang, klingelte da und dort, aber niemand öffnete. Wieder auf der Straße, ging er auf die Polizisten zu und zeigte den Minicarfahrer an; dieser habe ihn angegriffen.

Von Hündeberg und er tranken viel, gern auch eine Flasche Wodka, wozu sie Geiger für sich spielen ließen. In den letzten Jahren vor seinem Tod zog sich von Hündeberg vom proT zurück. Er konzentrierte sich aufs Malen, aber er litt auch unter Krankheiten. Von Zeit zu Zeit trafen sie einander, teils auch mit ihren Frauen Elisabeth und Cornelie. Den Aufgaben des beratenden Tiegerjägers jedoch kam von Hündeberg immer weniger nach.

Die Entscheidung, mit wem er ein künstlerisches Projekt eingeht, scheint bei Sagerer wohl überlegt zu sein. In der Regel braucht er sie nicht zu bereuen, selbst wenn Leute immer wieder abspringen oder von ihm, teils im Streit, verstoßen werden. Im Lauf der Jahre hat er das proT-Ensemble immer wieder neu zusammengesetzt, je nachdem, was er als nächstes vorhatte. Da er meist auf eigenständige Künstler aus ist, muss er akzeptieren, dass diese sich von ihm lösen, um ihren eigenen Vorstellungen zu folgen. Trotzdem ergaben sich hie und da jahre-, wenn nicht jahrzehntelange Verbindungen.

An einem Beispiel hat er mir erläutert, was einen Komplizen ausmacht: Du müsstest mit ihm auch eine Bank überfallen können, das heißt, du musst dich hundertprozentig auf ihn verlassen können. Da Alexeij mit Bankräubern bekannt ge-

Vier

worden ist, weiß er, dass Überfälle häufig an einem falschen Komplizen scheitern. Der eine vertraut dem anderen nicht, und dann fangen sie an, einander zu täuschen oder hereinzulegen. Ein falscher Komplize wäre auch in der Kunst unverzeihlich, denn er würde das Werk beschädigen; er würde es, wie einen erfolgreichen Banküberfall auch, letztlich vereiteln.

Das Wort vom Komplizen wendet Sagerer auf alles Mögliche an, insofern es sein Theater bereichert. So kann auch ein Roman ein Komplize sein, ein Stück oder ein Gedicht, ein Zeitungsartikel wie bei *Lauf, Othello, lauf!* oder *Friseuse Carmen,* ein Film, Bildhauerei wie von Nikolaus Gerhart in der *Götterdämmerung,* Musik wie von Erik Satie, eine Lederhose, eine Wärmflasche oder ein Orff-Schwein. „Mein ganzes Leben lang hab ich versucht, alles, auf das ich treffe, zum Komplizen zu machen", sagt Alexeij. „Dafür musste ich es aus seinem ursprünglichen Kontext herauslösen." Besonders angezogen fühlt er sich von Künstlern, die ihrer Arbeit so konsequent nachgehen wie er der seinen, in jüngster Zeit etwa vom Choreografen Richard Siegal. Was Frauen betrifft und so die Frage nach der Komplizin, ist er überzeugt davon, dass seine oft auch körperliche Nähe zu ihnen die Komplizenschaft verstärkt. Auf Frauen konnte er sich meistens verlassen.

Alles in allem sind ein paar hundert Leute durchs proT gegangen. Manche, die sich hier kennenlernten, hielten auch weiter Kontakt zueinander, teilweise in künstlerischer Absicht. Liebschaften gab es, Freundschaften, Konkurrenz, Neid und Zerwürfnisse wie überall. Wer sich auf eine Komplizenschaft mit dem proT einlässt, muss wissen, dass er, und sei es nur für ein einzelnes Projekt, im Wort steht. Wird er wortbrüchig, hat er nichts zu lachen. „Ich hab auch zugeschlagen", sagt Alexeij, „wenn jemand gesagt hat, er hat keine Lust mehr. Das hat es in Niederbayern nicht gegeben, das hab ich persönlich genommen." Den Hang zur Schlägerei begründet er mit seinen niederbayerischen Erfahrungen. Damals wäre niemand auf die Idee gekommen, die Polizei zu rufen oder eine Anzeige zu machen. Die Dinge mussten geklärt werden.

Legendär sind Alexeijs Rollen vorwärts auf einem mit Gläsern vollgestellten Wirtshaustisch. So ein Purzelbaum muss allerhand Geschrei und Scherben verursacht haben. Doch auch ohne Purzelbaum sorgte Alexeij für Aufregung. Ende Juli 1979 erhielt er einen freundlichen Brief vom Wirt des Ansbacher Schlößls in München, Josef Filipp. „Lieber Alexander", schrieb er und setzte den Adressaten davon in Kenntnis, dass die Versicherung mit keinem Pfennig für den Schaden aufkomme. „Kannst Du Dich denn überhaupt noch erinnern. Im Fasching wars. So um 10 Uhr früh. Die ganze Nacht hast durchgsoffen, dann hast dein Rappl kriegt und den Bierkrug circa 8 Meter quer durch die Wirtschaft geworfen." Selbst Pflanzen mussten dran glauben. Und Fenster. „Durch zwei Fensterscheiben über einen BMW ist er geflogen, der Bierkrug." Der Wirt bat um Überweisung der Schadensumme – „oder brings selber vorbei. Nix für ungut! Joschi." Dem Brief heftete er die Rechnung der Glaserei bei. Sie belief sich, inklusive Mehrwertsteuer, auf 183 Mark und 23 Pfennig.

„Als Kind hatte ich so ein Stehaufmännchen", sagt Alexeij, „mit einer dicken Bleikugel unten, einer nicht ganz so dicken in der Mitte und einer am wenigsten dicken oben. Ich konnte das Männchen leicht zum Kippen bringen, aber sobald ich es losgelassen habe, ist es wieder aufgestanden. In einer halbseidenen Kneipe in Haidhausen ließ ich einmal einen Betrunkenen auf mich eindreschen. Da wurde ich dann rausgeschmissen, ging aber wieder hinein und sah, dass der Wirt mein Blut aufwischte. Der Betrunkene wollte die Polizei rufen. Ja, was willst du denn?, fragte ich ihn, ich hab dir gar nichts getan. Denen wurde es unheimlich, weil ich immer wieder aufstand. Wie weit, frag ich mich, kann ich auf die dunkle Seite gehen und mir Kraft holen, um die aberwitzigsten Geschichten zu erleben? Aus dem Dunkeln kannst du dich neu gebären."

Vier

Er kennt weder gute noch böse Menschen, weshalb er die langweiligste Frage in der Kunst, was gut ist und was böse, nicht im Entferntesten aufwirft. Stattdessen fragt er danach, was jemand ins Spiel bringt. „Es gibt Leute, die eng sind, oder Leute, die Arschlöcher sind. Und es gibt auch Leute, die du erschlagen musst, weil sie sonst dich erschlagen." Aber gute oder böse Leute, die gibt es nicht.

Anfang der 1990er Jahre, nach der *Maiandacht*, verlor Sagerer den einen oder anderen Komplizen. Wieder wurden die Karten neu gemischt für einen neuen Anfang. Er steuerte das *Nibelungen & Deutschland Projekt* an. Sonja Breuer gründete das Liebfrauentheater, Franz Lenniger das Lebensmitteltheater. Später zog Lenniger nach Köln; erst für *Operation Raumschiff* kehrte er noch einmal zum proT zurück, als Tarzan. Auch Cornelie Müller, so gut wie eine Frau der ersten Stunde, trennte sich vom proT und gründete in München ein eigenes Theater. Als Sagerer im Gefängnis gewesen war, hatte sie das proT über die Zeit gerettet. In den 1970er und 1980er Jahren spielte sie in unzähligen Aufführungen mit, noch dazu mit großer Neigung zur Musik. Außerdem zog sie ein Kindertheater auf und kümmerte sich um vieles, was organisatorisch anfiel. Bis zu *Trommeln in Strömen* und *Göttin, Ärztin, Braut und Ziege* unterstützte sie noch Produktionen des proT; dann stieg sie aus. Die Ehe von Cornelie und Alexeij wurde 1997 geschieden.

Es gab die einen, von denen man nie wieder etwas gehört hat, nachdem sie das proT verließen. Und die anderen, die zumal als Schauspielerinnen (oder Schauspieler) auch später erfolgreich waren wie Agathe Taffertshofer oder Billie Zöckler, beide im Film wie am Theater. Nur Cornelie Müller aber hatte den Atem, aus ihren proT-Erfahrungen etwas Eigenes und Kontinuierliches, mittlerweile Weitgespanntes zu entwickeln. Schlicht nennt sie sich eine Musik- und Theaterfrau, manchmal auch Geheime Klangrätin, ihr Zentrum heißt Büro für Angelegenheiten, ihr Theater selbst hat keinen Namen. Nach proT-Art stellt sie ihr Ensemble projektweise zusammen, wenngleich sie längst über einen verlässlichen Kreis von Künstlerinnen und Künstlern verfügt. Neben Ausstellungen, Klanginstallationen oder Theater gilt ihr Interesse der zeitgenössischen Oper. So hat sie eine Reihe von Werken uraufgeführt: *Nachts im Taxi* von Carola Bauckholt in Stuttgart, *Regen aus der Erde* von Klaus Schedl in München oder *Vom guten Ton* von Thomas Beimel in Wuppertal. Und mit *Schnappräuber* und *Die Nacht des Brokers,* einer Oper mit der Musik von Christoph Reiserer, hat sie auch Texte von mir herausgebracht.

Zum Weihnachtskonzert am VierVideoTurm 1990 erschien eine gewisse Maria Sánchez in Begleitung ihres französischen Freundes in der proT-ZEIT. Kurz darauf war der Franzose nicht mehr ihr Freund, denn sie hatte sich in Alexeij Sagerer verliebt. „Von einer Frau hab ich nie etwas verlangt", sagt Alexeij. „Lass dich darauf ein, oder lass es bleiben." Die temperamentvolle Maria war Lehrerin an einem Gymnasium in Gilching. Und es sieht so aus, als hätte sie auch temperamentvolle Verehrer gehabt, denn eines Morgens sah Alexeij, dass die Reifen seines Autos zerstochen waren. Obwohl das proT den Posten der Dramaturgie bislang vernachlässigt hatte, er war schlicht nicht existent gewesen, wurde Maria fortan, wenn auch nicht regelmäßig, als Dramaturgin ausgewiesen. Mit ihr trat eine Frau an Alexeijs Seite, die, gemeinsam mit der organisatorisch begabten Tänzerin Christine Landinger, viel dazu beitrug, dass das *Nibelungen & Deutschland Projekt* weithin wahrgenommen wurde. So wie Alexeij 1969 gesagt hatte, in einem Jahr werde das proT das beste Theater in München sein, so sagte er jetzt zu ihr, in den kommenden Jahren wolle er das proT so bekannt machen, wie es nie zuvor gewesen sei.

Und genau so ist es gekommen. Nimmt man ... *und morgen die ganze Welt* noch hinzu, wieder eine Art Gelenkstück, diesmal zwischen *Nibelungen* und *Raumschiffen,* so stellt man fest, dass ab Mitte der 1990er Jahre ganz Deutschland von den unerhörten Taten des proT erfuhr, selbst aus dem Nachtmagazin der ARD.

Vier

Alle Blumen werden rot

Frohgemut bricht Siegfried zur Jagd auf, mit Hagen und Gunther und deren Gefolge. „Er verlor sein Leben an einer Quelle", sagt *Das Nibelungenlied*. „So hatte es Prünhilt vorgeschlagen." Gerade noch ist Kriemhild voll dunkler Ahnung gewesen; sie will Siegfried nicht ziehen lassen. Einst hat sie Hagen die Stelle verraten, wo Siegfried verwundbar ist, und sie noch dazu mit einem Kreuz aus Seide auf dessen Rock markiert. In bester Absicht hat sie Hagen angefleht, auf Siegfried Acht zu geben, falls es zum Krieg komme. Bekanntlich gilt Siegfried als unverwundbar, seit er in Drachenblut gebadet hat; nur dass sich damals ein Lindenblatt zwischen seine Schultern gesetzt hat. An dieser Stelle fehlt ihm der Schutz.

Kriemhild beschwört Siegfried zu bleiben: „Ich habe einen schlimmen Traum gehabt heute nacht. Zwei wütende Eber jagten Euch über die Heide, und alle Blumen wurden rot. Nun weine ich vor Angst." Sie ist sich des Hasses bewusst, den sie durch die Beleidigung Brunhilds auf sich gezogen hat. Dieser Hass richtet sich auch gegen Siegfried, da Kriemhild im Zorn verraten hat, dass er Brunhild in der Brautnacht täuschte und beklaute. Zur Jagd werden dann absichtlich keine Getränke eingepackt. Von Durst geplagt, stürzen Siegfried, Hagen und Gunther zu einer Quelle. Siegfried wartet, bis der König, also Gunther, getrunken hat. Dann erst tritt er selbst an die Quelle. In diesem Moment greift Hagen nach dem Speer: „Als Sîfrit über die Quelle gebeugt trank, spähte er nach dem Zeichen auf Sîfrits Rücken und durchbohrte ihn unter der Schulter, daß das Blut mächtig auf Hagens Kleider sprang. Er ließ ihm den Speer im Herzen stecken."

Mit *Siegfrieds Tod* leitete das proT im Oktober 1993 die dritte Horizontale ein. Nach dem *Nibelungenlied* spielte der heimtückische Mord herein, nach Wagners *Ring* die Oper *Siegfried* und nach dem Video-Regime *7 deutsche Städte* von Ost nach West: Dresden, Berlin, München, Hamburg, Stuttgart, Frankfurt und Düsseldorf. In der Muffathalle ragen sieben Videotürme in die Höhe mit je sieben Monitoren. Diese Türme sind so aufgestellt, dass sie eine Allee bilden, genauer gesagt, eine Allee der Performance. Sieben Performerinnen sind längs dieser Straße anzutreffen. Jeweils auf einem Podest und jede auf ihre Art, führen sie gleichzeitig vor, was sie zu Siegfrieds Tod assoziieren. Die siebenmal siebenminütigen Städtevideos gliedern den Ablauf, wobei jede Performerin, wiederum durch Los entschieden, einer Stadt vorrangig zugeordnet ist. Auf der Allee herrscht Geschiebe und Gedränge wie bei einem Volksfest in der Fußgängerzone. Ungefähr fünfhundert Flaneure sollen sich eingefunden haben.

Nicht dass es vorher ein Casting gegeben hätte – aber die Auswahl der Performerinnen wurde erst nach und nach getroffen. Sagerer zufolge hatten sie rund hundert Künstlerinnen in Erwägung gezogen. Leider ließ sich Marina Abramović, allzu sehr ihrer eigenen Komposition verhaftet, nicht bewegen, daran teilzunehmen. Aber sie empfahl eine ihrer Schülerinnen, die Berliner Künstlerin Regina Frank. In *Siegfrieds Tod* näht sie sich in goldschimmernde Gaze ein. Seit jeher stellt Regina Frank ihre Performances unter das Motto *Die Künstlerin ist anwesend,* so auch in München. Damit zielt sie auf Wahrnehmung, einerseits ihre eigene, andererseits die des Publikums im Blick auf die Künstlerin. Mit Ironie mag man anmerken, dass Marina Abramović ihre wohl berühmteste Performance genauso nannte, *The Artist is Present,* 2010 im Museum of Modern Art in New York.

„Die Frauen können den Tod weniger ertragen als die Männer, die den Siegfried halt einfach umbringen", sagt Alexeij. „Insofern wird der Staat über die Familie gestellt." Mit Accessoires, die traditionell Frauen zugeordnet werden, rufen die Performerinnen die Familie ins Gedächtnis, zum Beispiel mit Nähzeug und Bügeleisen. Die Ermordung Siegfrieds wird nicht zum Ausdruck gebracht; allenfalls durch die Figuren von Silvia Ziranek werden Bezüge hergestellt. Aber auch ihr

Spielzeugland verweist aufs Familienleben. Es geht nicht um Siegfried, sondern um Frauen, die seinen Tod beklagen, um ihren Schmerz, um ihre Wut.

Der Schmerz raubt ihnen den Atem, er schnürt sie ein und lässt sie erstarren. So wie Regina Frank sich einnäht, so lässt sich Hanna Frenzel, unterm Glassturz und mit einer Gasmaske versehen, von zweihundert Kilogramm Salz einrieseln. (Bei einer früheren Performance wäre sie fast erstickt.) Und Nina Hoffmann streicht mit einem Tapezierpinsel heißes Wachs auf Kopf und Körper, bis sie unter der harten Masse wie gelähmt wirkt. Doch es gelingt ihr noch, nach einem Bügeleisen zu greifen, um die wächserne Rüstung wieder zum Schmelzen zu bringen.

Wut und Widerstand regten sich dagegen bei Jana Haimsohn, Natalia Pschenitschnikowa und Siglinde Kallnbach. Haimsohn, die Körper und Stimme expressiv einsetzt, kreischt „Re-uni-fuck-ation". Pschenitschnikowa setzt Sanftes gegen Hartes, Flötentöne gegen Mordslärm, dazu Stimme, Gesang, Geflüster, vereinzelt Geschrei, unaufhörlich, als höhle steter Tropfen tatsächlich den Stein. *Lungenmusik* nennt sie ihre Kunst, aber man könnte sie gut und gern auch für Nibelungenmusik halten. Für Kallnbach bietet das Sanfte keine Strategie. Sie wälzt sich nackt in Ochsenblut und schleudert Fleischstücke gegen ein Hakenkreuz. Dieser Vorgang weckte die neonazistische Szene; das proT erhielt Drohungen. Die Nazis redeten, bezogen auf ihre Gefolgschaft, gern von Nibelungentreue. Noch dazu verglich Hermann Göring die umzingelten Deutschen in Stalingrad mit den von Hunnen belagerten Burgundern an Etzels Hof.

Vieles spricht dafür, dass *Siegfrieds Tod* im Wesentlichen Kriemhilds Schmerz behandelt, vielleicht auch Brunhilds widerstreitende Gefühle. Denn dass der Racheakt Brunhild von allen Qualen befreit hätte, darf man nicht annehmen. Auch sie hat Siegfried verloren. Nach dessen Tod schweigt sich *Das Nibelungenlied* über Brunhild aus. Von ihr ist kaum noch die Rede, über ihr Befinden erfährt man nichts.

Angesichts von sieben international renommierten Performerinnen vibriert in der Produktion unterschwellig der Königinnenstreit aus dem *Nibelungenlied*. Denn die Sieben konkurrieren, da parallel in Aktion gesetzt, um Aufmerksamkeit. Insofern richtet sich der Auftritt der einen auch gegen den Auftritt der anderen. Bald sammelt sich das Publikum da, bald dort, in nicht vorhersehbaren Ballungen. Doch der Wettstreit endet im Unentschieden. Für Rache besteht kein Anlass. Das Nibelungenland des proT ist groß genug, um sieben Königinnen zu tragen.

In den Städtevideos ist, überraschend eingeblendet und je Stadt eine Sequenz weiter, eine Szene aus Fritz Langs Film *Die Nibelungen* zu sehen, und zwar aus dem ersten Teil *Siegfried*. Es handelt sich um die Szene an der Wasserquelle, die Tat, das Sterben, Siegfrieds Tod. Darin erblickte Martin Brady den Dreh- und Angelpunkt der so unterschiedlichen Performances. In Hybrid, einem englischen Kunstmagazin, schreibt er: „A brief clip from Lang's *Siegfried* brought this full-blooded and compelling station of Sagerer's ongoing Nibelung and Germany Project to a fitting conclusion."

Gerade so, als wollten sie auf die spektakuläre Szene von Siegfrieds Ermordung doch nicht ganz verzichten, lenkte das folgende Projekt, *Recken bis zum Verrecken* im Juli 1994 in der proT-ZEIT, die Aufmerksamkeit ausschließlich auf Hagen und Siegfried. Bislang Seite an Seite, fast wie Brüder, stehen sie nun, verbunden durch einen Steg, einander gegenüber, Auge in Auge. Der eine, Zoro Babel als Hagen, sitzt am Schlagzeug in der einen Ecke, der andere, Alexeij Sagerer als Siegfried, sitzt an einer Kraftmaschine in der anderen. Im Rücken befinden sich jeweils Monitore, auf denen die Videos aus sieben deutschen Städten laufen. Hagen trägt die Uniform eines Försters, ursprünglich von Göring entworfen, der auch ein deutscher Jägermeister war; ein Schneider in Franken fertigt sie immer noch an. Und Siegfried trägt, wie auch in den Städtevideos, einen weißen Zuhälteranzug, dazu einen Hut. Weil Hagen ein Held ist, versteht er gewaltig zu trommeln, auch auf Stein und Eisen; und weil Siegfried ein Nomade ist, stünde er, selbst mit Nibelungenschwert, nur verloren herum. Darum wird ihm zum Training eine Kraftmaschine zugeteilt. Erst dadurch entsteht eine Art Gleichgewicht der Kräfte, eine theatrale Balance. „Da ich an den Gewichten immer gezogen hab, also ganz unmittelbar, weil ich ja kein Repräsentationstheater machen will", sagt Alexeij, „hab ich mir eine Schleimbeutelentzündung geholt. Außerdem hab ich während des Ziehens Laute hervorgestoßen und gesprochen. Das ist nicht zu empfehlen."

Auf dem Steg treffen sich Hagen und Siegfried, jeder mit einer roten Aktentasche in der Hand. Diese Taschen tauschen sie in der Absicht, einander missliebige Fahnen unterzujubeln. Hagen zieht eine AgitproT-Fahne heraus, Siegfried eine Deutschlandfahne. Ungläubig breitet jeder seine Fahne vor sich aus. Später, als es endlich so weit ist, dass der Mord stattfinden könnte, weicht Sagerer auf einen verstörend sinnlichen Vorgang aus. In einem romantischen Duett singen die beiden Männer einander an, Hagen im Diskant, Siegfried im Bariton, jeder singt den Namen des anderen, und als Hagen mit Lippenstift ein rotes Kreuz auf Siegfrieds Rücken malt, das Kreuz für den Todesstoß, lässt Siegfried den Sektkorken knallen. Freut euch, Leute, Deutschland ist wieder eins.

Nun, da Siegfried tot ist, steht die Geschichte an. Der Burgunder-Staat weiß nichts mit sich anzufangen, weil er denjenigen, der die Anfänge wagt (und dadurch den Staat lebendig hält), umgebracht hat. Vielleicht hilft ein Fest über die Trübsal hinweg, eine Totenfeier, *Das Fest zum Mord*. Es dauert einen Mondzyklus lang, vom 19. Oktober bis zum 18. November 1994. Vollmond, abnehmender Halbmond, Neumond, zunehmender Halbmond. In jeder der vier Phasen wird viermal *Meute Rudel Mond und Null* in der proT-ZEIT gezeigt, dazu jeden Abend eine andere Performerin. Am Ende jeder Phase treffen die vier Gast-Performerinnen auf *Recken bis zum Verrecken* in der Reithalle.

„Ist das nur eine formale Idee oder eine naturmystisch geprägte?", frag ich ihn. „Weichen die Videotürme am Ende den Bäumen des deutschen Waldes?"

„Nein, nein", antwortet Alexeij. „Ausgangspunkt war vielmehr die weibliche Komponente, die durch 16 Performerinnen stark vertreten ist. Zwischen Mond und Weiblichkeit gibt es starke Verbindungen. Man kann die Sache völlig unverkrampft angehen, ohne ans Tanzen im Mondschein oder ans Zwiebelstechen zu denken."

Dass es 16 Performerinnen sind, fügt sich gut ins Bild, *Das Fest zum Mord,* denn genau betrachtet gibt es ja nichts zu feiern außer den Stillstand. 16 ergibt sich aus vier mal vier; viermal vier Aufführungstage stehen unter dem Motto *Meute Rudel Mond und Null.* Die Vier gilt im Projekt als kompakte, gleichsam abgeriegelte Zahl. Und die Null im Stücktitel hat auch nichts Aufregendes an sich. Zum Teil sind die Gäste prominent, wie Shelley Hirsch aus New York oder Pauline Daniels aus Amsterdam, sie sehen gut aus wie die Tänzerin Anna Huber aus der Schweiz, und sie singen, dass es einem unter die Haut geht, wie Tenko aus Japan. Aber dass sie den erstarrten Staat zum Tanzen brächten, ist nicht zu erwarten. Stattdessen füttert eine Frau einen alten Mann mit nacktem Oberkörper mit Brei, langsam und geduldig, ein Vorfüttern und Voressen im trostlosen Nibelungenland.

Kriemhild ist eine Tänzerin, die Trauer trägt, Christine Landinger. In ihr gärt Hass und eine dunkle Lust auf Rache. Schon muss der Staat fürchten, dass sie sich plötzlich als Chaotin entpuppt und alles durcheinanderwürfelt. Noch werden auf der Party Schalen mit loderndem Feuer umhergetragen. Doch es gibt auch einen heiteren Narren, den englischen Tänzer Howard Cooper, der nackt wie ein Putto umherspringt und so tut, als sei der Geist Siegfrieds in ihn gefahren: „I am not German. I'm coming from another star. The spirit of Siegfried is in my body." Vom Pathos deutscher Heldensagen jedoch wirkt er nicht beeinflusst; er unterhält das Publikum mit dilettantischen Balletteinlagen und englischen Trinkliedern.

Für *Das Fest zum Mord* hat Bürgermeisterin Sabine Csampai ein bemerkenswertes Grußwort geschrieben. Nie vorher und nie nachher wurde das proT von der Politik mit einem Grußwort bedacht, glücklicherweise. Aber Csampais Worte kann man sich auf der Zunge zergehen lassen: „Natürlich liebt die Gesellschaft die Drachentöter, aber nicht, wenn sie überleben. In einer Gesellschaft von immerzu Verwundbaren sind die Unverwundbaren eine schreckliche Bedrohung. Gut, daß es Lindenblätter gibt!"

Das Videoregime

Ob Ströme, Städte oder Himmelsrichtungen – die Videos, die im *Nibelungen & Deutschland Projekt* als Synchronisatoren für die unterschiedlichsten Aufführungen dienten, sind keine Dokumentationen. Sie wurden bearbeitet, also manipuliert, wodurch auch zum Ausdruck kommt, dass Film nur eine Fläche ist. Gemäß den Projektzahlen bemessen auf vier, sieben, 28 oder 49 Minuten, übten die Videos ein nicht zu hintergehendes Zeitregime aus.

7 deutsche Ströme drehte Sagerer selbst, mit einer 8-mm-Kamera auf Zelluloid, weshalb da und dort Fusseln oder Kratzer auffallen. Ströme sind, so die Definition, von Schiffen befahrbar, und sie münden ins Meer. Mit María Sánchez fuhr er im Uhrzeigersinn durch Deutschland. Aus dem umfangreichen Material griff er Sequenzen heraus und beeinflusste sie zum Beispiel durch Farben. Man sieht eine Brücke über den Rhein, sieben Minuten lang. Oder die Ems, ausgebaggert für große Schiffe. Hier stellte er seine Nikon-Kamera darauf ein, dass sie so lange filmte, bis sie genügend Licht bekam. Wenn dann in der Abenddämmerung ein Schiff vorüberfährt, ziehen sich dessen Lichter in die Länge. Die Weser wirkt breit und träge, auch etwas schlammig. Mit der Hand am Computer –

das 8-mm-Material war digitalisiert worden – ließ Sagerer das Licht schwinden, indem er von den Lichtpunkten einen nach dem anderen löschte, bis das Bild im Schatten lag, so gut wie schwarz. Für die Videos der Ströme benutzte das proT zum ersten Mal einen Computer.

Während die Fahrt im Großen und Ganzen eine Richtung von West nach Ost ergab, Rhein, Ems, Weser, Elbe, Trave, Oder und Donau, folgte *7 deutsche Städte* der Richtung von Ost nach West: Dresden, Berlin, München, Hamburg, Stuttgart, Frankfurt und Düsseldorf. Das bedeutete, wollten sie nicht schummeln, auch mal einen Umweg einzuschlagen, etwa von München nach Hamburg, dann von Hamburg nach Stuttgart zu fahren, anstatt von München nach Stuttgart, Frankfurt, Düsseldorf, Hamburg. „Wenn du präzise arbeiten willst", sagt Alexeij, „musst du überall präzise arbeiten. Du kannst nicht hier präzise sein und dort schlampen." Die Auswahl der Städte erfolgte nach einem Städtequartett aus dem Dritten Reich, als Deutschland nach Gauen eingeteilt war. Insgesamt geben die Videos einen Tagesablauf wieder, sieben mal rund vierstündige Phasen. Angefangen wurde in Dresden von 23.53 Uhr bis 3.38 Uhr, aufgehört in Düsseldorf von 20.23 Uhr bis 00.08 Uhr. Der so gewonnene Tag erstreckt sich also von kurz vor Mitternacht bis, gut 24 Stunden später, kurz nach Mitternacht.

Erneut war Alexeij mit Maria unterwegs, diesmal unterstützt von einem Videokameramann, Thomas Tielsch. Aufgenommen wurde, worauf die Kamera, teils durchs Autofenster, traf. Sie trifft auf mit Pathos aufgeladene Orte wie den Zwinger in Dresden, die Mauer in Berlin oder die Banken in Frankfurt am Main. Je weiter der Tag fortschreitet, desto mehr beleben sich die Städte mit Menschen. In Hamburg laufen sie links und rechts an der Kamera vorbei. Etwas Nomadisches liegt in den Menschenströmen, wodurch sich historisches oder gegenwärtiges Pathos immer wieder zu verflüssigen scheint. In Stuttgart stehen vor der Pathos-Architektur des Stadtschlosses zufällig die nomadischen Kunstcontainer von

Flatz, und nicht weit von der Pathos-Architektur des Bahnhofs befindet sich ein Park, in dem Fremde umherstreunen.

Mehr und mehr werden die Videos beeinflusst. Linien im Bild erweisen sich plötzlich als nachgezeichnet oder verdoppelt. Durch Punkte, einer dem anderen hinzugefügt, lässt sich die Zeit ablesen. Auch Rahmen werden gezogen, um Details zu betonen. Zugleich dienen sie als Filmrahmen für Siegfrieds Sterben – für die auf sieben Städte-Videos verteilte Szene aus Fritz Langs *Siegfried,* einem Film im Film. Noch dazu kommt Sagerers Siegfried-Figur ins Spiel. Auch sie bringt Pathos hervor, wenn auch ein weniger heldisches als nomadisches; als Zeichen der Verletzlichkeit ist ein rotes Kreuz auf Siegfrieds Rücken gemalt. Das eine Pathos wird gegen das andere gesetzt: Siegfried steht vor dem Mercedes-Werk. Beim Filmen wurden sie nur zweimal behindert – und zwar in Frankfurt vor einer Bank und vor einem Bordell. Ein Wachmann kam aus dem Bankgebäude und untersagte ihnen die Aufnahmen; ein Zuhälter schimpfte auf das proT-Team, aber da hatten sie schon alles, was sie brauchten. Einmal sieht man Siegfried, selber in einem Zuhälteranzug, ins Bordell gehen.

Für die Videos der vierten Horizontale, in deren Verlauf die Nibelungen untergehen sollten, flog Sagerer mit einem Kameramann, bald Christian Virmond, bald Christoph Wirsing, in *7 deutsche Himmelsrichtungen.* Die Ziele waren bewusst gewählt; es ging dorthin, wo Hitlers Wehrmacht nicht weiterkonnte und also umkehren musste, durchweg nomadische Gegenden: Tunis, Normandie, Narvik, Kreta, Sankt Petersburg, Stalingrad und Krim. Mit anderen Worten, hier begann sich der Untergang des Dritten Reichs abzuzeichnen.

Dass das Nomadische den Deutschen schwer zu schaffen machte, wird auch in einem jüngeren Roman gestreift, in *Die Erfindung des Jazz im Donbass* von Serhij Zhadan. Hier versetzt sich der ukrainische Autor in die Lage eines jungen deutschen Panzergrenadiers, der mit der Armee nach Osten vorrückt, unaufhörlich, ehe alle Orientierung verloren geht:

„Sogar den Dnipro überquerst du mehr oder weniger problemlos. Hier aber beginnt der Horror. Plötzlich kommst du in eine Gegend, wo alles verschwindet – Städte, Bevölkerung, Infrastruktur. Sogar die Feinde verschwinden irgendwohin, jetzt würdest du dich sogar über ihren Anblick freuen, aber auch sie sind verschwunden, und je weiter du nach Osten vorrückst, desto banger wird dir ums Herz. Und wenn du schließlich hier angekommen bist, (…) ist dir total bange, denn hier, hinter den letzten Zäunen, nur dreihundert Meter vom Bahndamm weg, endet alles, deine Vorstellung vom Krieg, von Europa und von der Landschaft als solcher, denn weiter vorn beginnt endlose Leere – ohne Inhalt, Form und Subtext, eine echte, allumfassende Leere, in der man nirgends Halt findet."

Wie eingangs erwähnt, gelang es Sagerer, überall eine Frau zu finden, die für seinen Film Kriemhilds Brautkleid anzog. Jeweils die erste, die er fragte, war dazu bereit. Zweifel, dass die ausgewählte Frau einwilligen würde, befielen allenfalls den Kameramann, etwa am Rand der Langlaufloipe in Narvik. Er sagte, die macht das nie. Doch Alexeij entgegnete, kümmere du dich um die Kamera, um die Frauen kümmere ich mich; schau, dass die Kamera läuft, weil sie uns sonst noch erfriert. Die Frau, direkt auf der Loipe gecastet, hatte nichts einzuwenden. „Kriemhild hab ich gar nicht erwähnt", sagt Alexeij. „Jedes Mal hab ich gefragt, ob sie als Braut Gast in meinem Film sein will. Sie hat also das Skizeug ausgezogen und das Brautkleid angezogen. Die machen das, die Norwegerinnen. Ich muss mir halt vorstellen können, dass sie es machen. Und dann machen sie es auch." So ist Kriemhild im Narvik-Video beim Langlaufen zu sehen.

Am Strand von Tunis ritt die als Kriemhild verkleidete Frau auf einem Kamel. In Sankt Petersburg stellte sich die Museumsdirektorin im Brautkleid in die Dekoration ihrer Ausstellung, vorne ein paar Steine, hinten ein Gemälde. „Was ist die Aufgabe eines Museums?", fragt Alexeij. „Es versucht, das Anarchische, das der Krieg ja ist, zu bannen, ganz so, als könnte jetzt nichts mehr Schlimmes passieren. Als hätte der Staat alles im Griff. Natürlich sind auch Waffen ausgestellt und so gebannt." Als sie in der U-Bahn filmen wollten, hinderten sie Polizisten daran: Das sei verboten. Auf der Rolltreppe filmte der Kameramann dann trotzdem, aus der Tasche heraus. Plötzlich sprangen die Polizisten auf und zogen ihre Gummiknüppel, doch sie rannten am Filmteam vorbei, offenbar einem Dieb hinterher. „Die Russen waren immer schnell auf unserer Seite. Sie achteten darauf, dass alles klappt. Nur wenn du eine Genehmigung willst, dann wird es schwierig." In Stalingrad fiel die Wahl auf eine Frau, die wie Alexeij Gast im Hotel war. Im Brautkleid schritt sie die Treppe hinunter, und das Personal passte auf, dass niemand störte.

Eine Fahrt wollte er gefilmt haben, jene vom Don an die Wolga nämlich, eine Strecke, welche die Wehrmacht an einem Tag zurückgelegt hatte, um dann in Stalingrad zu stranden. Leider nickte der Kameramann im Taxi ein. Zwar lief die Kamera weiter, aber das, was sie filmte, hält Alexeij für zweitrangig, da nicht bewusst hergestellt. Ins heutige Wolgograd reiste ihnen Miriam Neubert nach, damals Russlandkorrespondentin der Süddeutschen Zeitung: „Diese Szene dürfte die Steppe um Wolgograd noch nicht erlebt haben: Eine stämmige Gestalt in bayerischen Lederhosen geht langsam in die karg bewachsene Landschaft hinein. Eine Videokamera filmt, wie der deutsche Siegfried mit wehenden grauen Haaren sich entfernt, immer kleiner wird, bis er sich in der Weite auflöst." Mit Erstaunen hätten Umstehende die Dreharbeiten beobachtet. Warum filme da jemand sieben Minuten lang eine sanfte, grün bewachsene Schlucht? Dort seien Bunkerreste verborgen, Bombenkrater. „Die Erklärung, daß da ein Theatermacher aus Deutschland Videomaterial für sein Projekt sammele und darin das Echo des Krieges filme, verstehen die meisten. Verständnisvolles Kopfnicken, ob von alten Frauen mit bunten Kopftüchern, die sich an den Krieg erinnern, oder von der Jugend, die sich in den abgelegenen Dörfern langweilt."

Auch in der Normandie nahmen sie eine Fahrt mit der Kamera auf, entlang der Küste, wo die Invasion der alliierten Truppen erfolgt war. Immer wieder tauchen Bunker in der Landschaft auf. Diese nomadischen Fahrten wurden gerahmt und, wiederum als Film im Film, in den laufenden Videos gezeigt. Genauso verfuhr Sagerer mit Aufnahmen aus dem Flugzeug während der Landung. Oder mit dem filmisch dokumentierten Opernhaus in Bayreuth. Der Vorhang geht auf, der Vorhang geht zu.

Auf der Krim, in Jalta, gastierte ein Orchester. Und nachdem Alexeij der Cellistin das Brautkleid angedreht hatte, brauchte er nur noch das Orchester zu überzeugen. Alle Musiker sollten aufstehen und von der Bühne gehen, bis Kriemhild ganz allein hinter ihrem Cello sitzen würde. Alle spielten mit. Am Ende zog sich auch die Braut, verlassen von allen, zurück.

Ebenso sehr wie das Nomadische hatte Sagerer das Pathos von Kriegsgräbern im Blick. In Russland oder der Ukraine gibt es diesen Kult nicht. Dort hatten sie ihre Toten in Massengräbern verscharrt. Unter einem Feld von blühendem roten Mohn lagen Russen und Deutsche gemeinsam begraben. Ansonsten nur Kriegsgräber von deutschen Soldaten. Auch Scharlatangräber waren darunter wie jene von angeblich zwei deutschen Offizieren. Der Russe, der sie pflegte, hatte die Angehörigen in Deutschland ausfindig gemacht und nach einer angemessenen Bezahlung verlangt. Mit Hilfe von Christoph Wirsing und dessen technischem Know-how beeinflusste Sagerer die gewonnenen Bilder. Durch Montagen ließ er Siegfried und Kriemhild jedes Mal über Kriegsgräbern einander begegnen. Er als Lederhosen-Siegfried mit rotem Kreuz auf dem Rücken trifft so auf die jeweilige in einer der sieben deutschen Himmelsrichtungen gefundenen Braut Kriemhild. Aber auch multiplizierte Siegfrieds setzte er in die Landschaft, im Sankt-Petersburg-Video sogar eine ganze Armee von Siegfrieds, was bedrohlich wirkt. Im Krieg hatten die Deutschen die Stadt, das damalige Leningrad, belagert, um sie auszuhungern – 871 Tage lang.

Vier

Der Subventionstopf

Die 1990er Jahre schienen für das proT finanziell sorglose Jahre zu sein. Für das *Nibelungen & Deutschland Projekt* hatte das Theater Optionsförderung beantragt und bewilligt bekommen. Sie umfasste Subventionen für drei Jahre, jedes Jahr 150 000 Mark, dazu einen Produktionsetat von jährlich 50 000 Mark. 1994, nachdem *Recken bis zum Verrecken* allseits bejubelt worden war, wollte die Theaterjury, jenes Gremium, dessen Empfehlungen der Münchner Stadtrat in der Regel folgte, den Produktionszuschuss fürs laufende Jahr gestrichen wissen. Und er wurde auch gestrichen. Zum 25. Jubiläum verlor das proT 25 Prozent seines Etats. Das war ein schlechter Witz. Ein guter Witz dagegen, wenn auch zum Haareraufen, war die Begründung der Jury: „Die Aufforderung, einen Prämienvorschlag für das proT zu begründen, bringt ein ziemliches Redundanzproblem mit sich, schließlich quollen die Feuilletons der maßgeblichen Zeitungen über vor Elogen, und sicher gehörte Sagerer in die höchste Prämienkategorie, aber ihn mit einer nochmaligen Spitzenförderung als Renommieravantgardisten vom Dienst in einer ansonsten eher dem Musealen zuneigenden Stadtkultur zu etablieren, birgt eher die Gefahr, daß andere Talente sich neben ihm nicht mehr so recht entfalten können."

Zu Recht empörte sich die Presse darüber. Im Zuge allgegenwärtiger Nivellierung müsse, was herausrage, gestutzt werden, damit die Zwerge größer wirkten. Als Kolumnist der Abendzeitung griff auch der frühere Kulturreferent Jürgen Kolbe den absurden Vorgang auf und nannte es hirnrissig, dass die Jury „den erstaunlichen Performer Alexeij Sagerer in Zukunft mit weniger Geld bedenken will, weil er zu gut sei". Umso hirnrissiger übrigens, als die Jury nicht anstand, Sagerer „eine besondere Fähigkeit zur Integration des Disparaten" zuzuschreiben, „ohne das jeweilige künstlerisch-Individuelle der Mitspieler zu brechen".

Seit jeher und mit nicht nachlassendem Furor kämpft Sagerer gegen Absurditäten der Subventionspolitik. Bisweilen kommt er so sehr in Fahrt, dass ihn das Münchner Stadtmagazin im Jahr 1990 unter „Die 20 größten Nervensägen" einreihte und ihm den hohen „Penetranzwert 10" vorwarf. „Tatbestand: Tritt auf als der ewige Nörgler und Bettelstudent der hiesigen Theaterszene, was beweist, daß er den Begriff ‚freies Theater' bis zur letzten Konsequenz ernst nimmt. Plagt Journalisten und Stadträte mit immer neuen Ideen und Konzepten." Doch so streng war die Redaktion auch wieder nicht, dass sie ihm nicht „mildernde Umstände" zuerkannt hätte: „Hat mehr Humor als alle anderen Theater-Macher zusammen."

Bereits 1979, in seiner Textsammlung *Prozessionstheater*, hatte er alles Wesentliche über Verantwortlichkeit formuliert: „Ein freies Theater ist, auch wenn es von der Stadt unterstützt wird, nicht dem Stadtrat gegenüber verantwortlich, sondern der Genauigkeit seiner Arbeit, also seinem ‚Theater' (dem stattfindenden), und das ist das Beste, was dem Theater überhaupt und damit dem Stadtrat passieren kann, der ja Theater fördern will. Ein freies Theater ist nicht dem Publikum gegenüber verantwortlich, sondern seinem Produkt ‚Theater', und das ist das Beste, was dem Publikum passieren kann, weil es keinen Sinn hat, wegen angeblicher Rücksicht auf das Publikum das Produkt zu beschädigen oder zu mindern – dabei verkommen nur Produzenten, Theater und Publikum. Ein freies Theater ist nicht der Kritik gegenüber verantwortlich, sondern seinem ‚Theater als Inhalt', und das ist das Beste, was eine verantwortungsvolle Kritik erreichen kann."

So wie er Theater im Theater hinterfragt, so scheut er auch nicht davor zurück, Subventionspolitik im Theater zu hinterfragen, zum Beispiel in *Konzert auf der Tiegerfarm, proT trifft Orff* oder *7 Exorzismen*. Seine Schelte trifft auch Kollegen, zumal sie überwiegend dem repräsentativen Theater anhängen. Gegenüber der Politik sei ein Theater, das sich aufs Vortäuschen versteht, immer im Nachteil – was Alexeij in einen Postkartenspruch gefasst hat: „Wer gewinnt, wenn sich ein Politiker Dummkopf und ein Theatermacher Dummkopf am Subventionstopf treffen? Der Politiker Dummkopf natürlich, weil er konsequenter ist, während der Theatermacher Dummkopf fälschlicherweise meint, er selbst tut nur so, als ob er ein Dummkopf wär. (Dieser Witz funktioniert auch mit Filmemachern, Musikern und bildenden Künstlern.)"

Nach wie vor existiert das Modell der Optionsförderung in München. Genau betrachtet, ist es eine Errungenschaft. Denn anders als die Projektförderung unterstützt es den künstlerischen Prozess und erlaubt ein gewisses Maß an Flexibilität. Nur, Optionsförderung wird so gut wie nicht mehr vergeben. Nach dem *Nibelungen & Deutschland Projekt* erhielt das proT zwar zunächst noch Optionsförderung, aber schon ohne Produktionsetat. Ab 2004 musste sich das Theater dann mit Projektförderung begnügen. Von der höchsten Summe von 75 000 Euro (2004) schrumpfte die Förderung über 60 000 Euro (2005) und 48 000 Euro (2006) auf 30 000 Euro (2009). Erst danach stieg sie wieder an, bis das proT für *Ein Gott Eine Frau Ein Dollar* 50 000 Euro (2012) zugesprochen bekam. Nach zwei vergeblichen Anträgen, das heißt, null Euro (2013) und null Euro (2014), war der dritte Antrag für ein und dasselbe Projekt wider Erwarten erfolgreich. Für *Liebe mich! Wiederhole mich!* wurden abermals 50 000 Euro (2015) bewilligt.

Für das nachfolgende Jahr 2016 stellte Sagerer keinen Antrag. Zwar füllte er das Formular aus, indem er es mit Nullen versah, zwar schickte er den Antrag ans Kulturreferat, aber eben ohne dass er sich um finanzielle Unterstützung bewarb. Stattdessen legte er ein Interview bei, das Simone Lutz mit ihm geführt hatte, und verbreitete es gleichzeitig in der Öffentlichkeit. In diesem Interview begründete er, warum er dieses Mal auf einen Antrag verzichtete. Mit jahrzehntelang ausgeprägtem Spürsinn witterte er in den neuen Förderrichtlinien den Versuch, die freie Szene gleichsam zu institutionalisieren und so auch zu kontrollieren. Im Einzelnen griff er die nunmehr verlangte Aufteilung in Funktionen an, also hier Verwaltung, da Techniker und da Künstler, noch dazu ausgelagerte Produktionsbüros, was der künstlerischen Organisationshoheit zuwiderlaufe. Lauter kleine Institutionen würden da geschaffen, gekettet an feste Proben-, Ruhe- und Aufführungszeiten, die dem Kulturreferat mitzuteilen seien. Besonders sauer stieß ihm ein Hinweis in der Förderpräambel auf, der die freie Szene unverhohlen, in einem Missverständnis von Karriere, an die etablierten Institutionen koppelt. „Im besten Fall", so heißt es in der Präambel, würden die geförderten freien Produktionen „in die etablierten Institutionen hineinwirken und dort als Impulsgeber fungieren". So blieb Sagerer nichts anderes übrig, als seinen Mitstreitern zuzurufen: „Gebt auf, bewerbt euch bei den Institutionen."

Hoiho!

Drei Teile hatte Sagerers *Götterdämmerung*, aufgeführt an drei aufeinander folgenden Abenden im Marstall des Bayerischen Staatsschauspiels: *Nomaden und Helden, Siebenmalvier* und *Endgültig*. Dieses Wochenende im Oktober 1995 hielten manche für das Finale des Großprojekts, aber es sollten noch zwei Nachspiele folgen, *Sensation der Langsamkeit* und *Das Ende vom Lied geht die Wende hoch*. Alle fünf Produktionen bewegten sich auf der vierten Horizontale, mit Verbindungen zu Wagners *Götterdämmerung* und zum *Nibelungenlied*, dem Untergang der Burgunder. Das Videoregime wurde durch Exkursionen in *7 deutsche Himmelsrichtungen* ausgeübt, Endspiele in nomadischen Gegenden gewissermaßen.

Nicht ein VierVideoTurm, sondern ein VierMalVierVideo-Turm erhebt sich im Marstall, 16 übereinander gestapelte Monitore. Bei *Nomaden und Helden* sitzen sieben Denker an sieben Tischen auf sieben Podesten. Man ist eingeladen, dem

Vier

Denken zuzuhören, sieben fachspezifischen Vorgehensweisen, nicht eigens popularisiert, denn die Denker sollen denken, wie es ihrer jeweiligen Art entspricht. Sie sollen sieben Denkströme erzeugen. Dafür hat Sagerer renommierte Wissenschaftler geködert, eine Psychologin, einen Informatiker, einen Mediziner, einen Astrophysiker, einen Xenologen, einen Theologen und einen Philosophen. Höchstens ab und zu aufs Theaterprojekt verweisend, gewährt jeder 21 Minuten lang Einblick in seine geistige Welt. Danach haben die übrigen sechs je eine Minute, um auf das Gehörte einzugehen, ehe der Vortragende in der siebten Minute etwaige Einwände pariert. Nachdem so 28 Minuten vergangen sind, fängt der nächste an, laut nachzudenken.

In diesem Theater scheint der Diskurs durch das Zeit- und Videoregime strenger reglementiert zu sein als in Universitäten und Akademien. Denn mitten im Satz kann es einem Denker widerfahren, dass sie ihn ausschalten – Licht aus, Mikro aus. Umgekehrt tritt auch das Schweigen deutlicher hervor als in akademischen Zirkeln. Wenn einer früher fertig ist oder in der Runde wenig zu erwidern weiß, sitzt er weiterhin im Spot vor einem weiterhin empfindlichen Mikrofon.

Die 28 ist seit der Zahlenmystik des Pythagoras um 550 vor Christus eine vollkommene Zahl. Darauf weist der Informatiker Dietmar Saupe hin und erläutert, was damit gemeint ist: Eine Zahl sei dann vollkommen, wenn die Summe ihrer Teiler die Zahl selbst ergebe. Die 28 verfüge über die Teiler eins, zwei, vier, sieben und 14, die zusammengezählt wieder die 28 hervorbringen. Nur eine kleinere Zahl sei gleichfalls vollkommen, nämlich die sechs als Summe ihrer Teiler eins, zwei und drei. Nicht entgangen ist Saupe, dass die Podeste im Ganzen 14 Meter lang und zwei Meter breit sind. So sitzen die Denker auf einer Fläche von 28 Quadratmetern. In seinem Vortrag lenkt er die Aufmerksamkeit allerdings auf die Grenzen des Berechenbaren, auf Komplexität und Chaos.

Mit Grenzen des Wissens hat auch die Astrophysik zu tun. Behelfsmäßig operiert sie mit dem Begriff der dunklen Materie. So räumt etwa Herbert Scheingraber vom Max-Planck-Institut für extraterrestrische Physik in seinem Vortrag ein: „Selbst die Tatsache, daß sich im Universum überhaupt Strukturen wie Galaxien oder Galaxien-Haufen bilden konnten, verstehen wir mit den bisherigen Modellen alleine nicht. Um unsere Vorstellungen von der materiellen Welt mit den Beobachtungen in Übereinstimmung zu bringen, müssen wir eine unsichtbare, eine dunkle Materie annehmen. Unsichtbar ist hier in einem sehr fundamentalen Sinne gemeint. Diese Materie darf, anders als die bekannte Materie, nicht mit elektromagnetischer Strahlung wechselwirken, sonst könnte man sie mit vorhandenen Detektoren nachweisen." Vorab teilte Scheingraber der Presse mit, wie spannend er es finde, vor einem Publikum zu sprechen, „das sich normalerweise nicht freiwillig einem Thema wie der Astrophysik aussetzt". Indem er über Geburt und Tod von Sternen referiere, über dunkle Materie und Supernova-Explosionen, versuche er zu zeigen, dass es „Sagerers Unterscheidung zwischen dem Feststehenden und dem Nomadischen auch in der Wissenschaft gibt".

Mit Nietzsche begibt sich der Philosoph Wolfgang Welsch ungleich tiefer in den gedanklichen Kosmos des *Nibelungen & Deutschland Projekts*. In Nietzsches letzter, 1889 publizierten Schrift *Götzen-Dämmerung* entdeckt Welsch ein großes Unbehagen an der Lebensfeindlichkeit des klassischen Götter-, Götzen- und Heldenkomplexes. „Als Alternative zur Götter- und Heldenverehrung skizziert Nietzsche den Übergang zu einer nomadischen Mentalität und Existenz." Nach Welsch wendet sich Nietzsche gegen eine abendländische Kultur im Zeichen des Todes, gegen die Sehnsucht nach Überzeitlichem und Fundamentalem, nach Stabilität und festen Prinzipien, kurz, nach Göttern und Helden – und befürwortet ein geistiges Nomadentum, das imstande ist, sich allem zuzuwenden, „der ganzen wunderbaren Ungewissheit und Vieldeutigkeit des Daseins". Insofern müsste Sagerer als Nietzscheaner gelten.

Vier

Anders als Sagerer aber, der gern, obwohl er das eine wie das andere in sein Theater integriert, in Dichotomien denkt, dreht Welsch seine Argumente, weil sie zu schön und zu einfach klingen, unversehens um und wendet sie gegen sich selbst. Mit Nietzsche gesprochen: „Nie Etwas zurückhalten oder dir verschweigen, was gegen deinen Gedanken gedacht werden kann!" Welsch gibt zu, dass das Nomadische nicht ganz seinem Traum entspricht. Und er erkennt, dass die menschliche Kraft, vieles zu verbinden und in Übergängen anzunehmen, nicht unerschöpflich ist. Zudem gebe es ein Bedürfnis nach Helden. In einem anderen, gleichwohl glorifizierenden Licht betrachtet, kommen ihm Aufrechte, Künstler, Philosophen oder luzide Irre in den Sinn. Jan Palach, Frida Kahlo, Ludwig Wittgenstein. „Ich sage nicht, daß wir absolute Sicherheit bräuchten oder wollten oder daß sie möglich sei, aber Justierungen – also temporäre, ein Stück weit sicheren Halt – brauchen wir doch."

Dreieinhalb Stunden, während die Denker Vorträge halten, bearbeitet Nina Hoffmann ebenerdig eine vor den Podesten errichtete Mauer aus Wachs mit dem Bügeleisen. Wachs tröpfelt, die Mauer gibt unmerklich nach, eine Art Skulptur entsteht. Und in einer Senke liegen, wie zufällig deponiert, teils ausgehöhlte und so gezeichnete Granitblöcke des Bildhauers Nikolaus Gerhart.

Bereits 1984, anlässlich einer Düsseldorfer Ausstellung, schrieb Alexeij Sagerer einen Text über Gerharts Kalksteinrohlinge und die mit einem Stahlseil herausgetrennten Innenkörper, und zwar für einen von Kaspar König herausgegebenen Katalog. „In diesen Kalksteinquadern und der herausgetrennten Form, die jene umschließen, liegt die Hauptkraft dieser Arbeit. Im Vorgang des Heraustrennens tauschten Stein und Künstler eine Qualität aus und blieben einander nichts schuldig. (...) Keine Idee als Vorwand, keine Didaktik als Vorwand, keine Schönheit (Ästhetik) als Vorwand, kein Verdienst als Vorwand, kein Auftrag als Vorwand." Indem er schlicht, aber ebenso hintersinnig die Qualität des Vorgangs betonte, rückte er Gerharts Kunst in die Nachbarschaft des unmittelbaren Theaters. „Die Qualität der geöffneten Kalksteinquader und die Qualität der Maßstücke stehen sich gegenüber, und sie stehen sich ähnlich gegenüber wie Dachlatte und Baum." Die entnommenen (und nicht benötigten) Maßstücke würden eine Art Mehrwert simulieren. „Die Maßstücke (Vierkant, Platte, Zylinder usw.) sind das, womit hier normalerweise gearbeitet und gedacht wird: Puppenstuben, Häuser und Städte. (…) Nichts tauscht sich dabei zwischen ihrer Qualität und uns aus." In der *Götterdämmerung* hingegen künden die ausgehöhlten Formen der Granitblöcke unaufdringlich vom Austausch zwischen Künstler und Stein.

Siebenmalvier, der zweite Abend, folgt in der Dramaturgie *Trommeln in Strömen.* Anstelle von sieben Schlagzeugern sind jetzt sieben Musiker mit unterschiedlichen Instrumenten zugegen, Gitarre, Cello, Akkordeon, Saxofon, Schlagzeug, Schlagwerk, noch dazu die japanische Sängerin Tenko mit ihrer Stimme als Instrument. Nach dem Videoregime gibt es zunächst ein Solokonzert, dann ein zweites Solokonzert, in das der erste Musiker einstimmt, dann ein drittes Solokonzert, in das der erste und der zweite Musiker einstimmen, immer so fort, bis am Ende alle sieben musizieren. Im ersten Teil geben sieben vierminütige Videos den Takt vor, im zweiten sieben siebenminütige. Wie im Free Jazz üblich zeichnen sich die Konzerte durch spontane Eingebung und Improvisation aus, aber auch durch Kommunikation der Musiker untereinander. Während sie also hier die wilde Musik feiern, entfesselte Klänge, setzt sich dort die Performerin Nina Hoffmann der Erstarrung aus. Mit einem Tapezierpinsel streicht sie ihren Körper mit flüssigem Wachs ein, bis alle Konturen verschwinden. Diese Performance wurde in *Siegfrieds Tod* mit viel Beifall bedacht, und ein weiteres Mal wirkt sie beeindruckend, obgleich nur ein Selbstzitat.

Vier

Im *Nibelungenlied* gehen die von Kriemhild an Etzels Hof gelockten Burgunder samt und sonders unter. Rache ist süß, wie gesagt wird, doch diese Rache ist grausam und ohne Gnade; kein Einziger sollte ihr entrinnen. „‚Ich bringe es zu Ende‘, sagte Kriemhilt. Sie ließ ihren Bruder töten. Man schlug ihm den Kopf ab, und sie trug ihn an den Haaren zu Hagen." Gunther also, der Burgunderkönig, ist tot, doch um die Dinge zu Ende zu bringen, muss Kriemhild auch dem gefangenen Hagen, Mörder ihres geliebten Siegfried, das Leben nehmen. Dazu greift sie nach Siegfrieds Schwert. „Sie zog es aus der Scheide. Er konnte sich nicht wehren. Sie hob es mit beiden Händen und schlug ihm den Kopf ab."

In *Endgültig*, dem dritten Abend, erhebt Lara Körte als Kriemhild das Schwert gegen Lukas Miko als Hagen. Viermal deutet sie an, ihn zu erschlagen. Hagen, ein Kriegsveteran im Armeemantel, wehrt sich mit seinem Krückstock, ehe er zu Boden geht. Mehrmals richtet er sich wieder auf, dann endlich bleibt er liegen. So stirbt ein Held. Begleitet wird die Szene durch Staccato-Klänge aus Dietmar Diesners Saxofon und Matthias Hirths „Hoiho!"-Rufe. Diese Rufe gehören eigentlich Hagen und den Mannen, wenigstens bei Wagner, und es zeugt von zynischer Ironie, dass sie hier zum elenden Verrecken des Recken erklingen.

Später spielt Hirth einen Regisseur. Mit dieser Figur schlägt Sagerer wie gewohnt seinen schlenkernden Film- und Theaterdiskurs an. Der Regisseur sagt: „Ich will einen Film über Verführung machen. Das heißt, eigentlich will ich einen verführerischen Film machen, aber wer kann sich das schon trauen, hier, also einen Propagandafilm machen. Ein Propagandafilm ist möglich. Ein Propagandafilm für den Unterhaltungsfilm, natürlich für den deutschen Unterhaltungsfilm. Ja, Unterhaltung darf sein, hier in Deutschland, wahrscheinlich auch anderswo, aber vor allen Dingen hier in Deutschland und nicht nur als Propagandafilm für Unterhaltung, sondern einfach als Unterhaltung. (...) Zwar hat auch niemand Unterhaltung auf dem Theater verboten, aber die Unterhaltung darf jetzt auch auf dem Theater stattfinden. (...) Und so haben wir uns entschlossen, doch einen Verführungsfilm zu machen, also wahrscheinlich eine neue Filmgattung, da wir nicht wissen, ob es den Verführungsfilm bereits gibt und ob ein Unterschied zwischen einem Verführungsfilm und einem Propagandafilm überhaupt existiert. (...) Wir wissen daher auch nicht, ob Einblendungen von Konzentrationslagern, von Kriegsgebäuden, von zerbombten Städten oder Massengräbern in einem Verführungsfilm überhaupt möglich sind." Einen utopischen Film jedenfalls scheint der Regisseur nicht im Sinn zu haben, und so kommt er ohne Schweinehirne aus, die er sich sonst auf den Kopf hätte legen müssen, um die Utopie denken zu können.

Endgültig versammelt wieder allerhand, die Nibelungen, die Oper, Saxofon und Klarinette, Deutschlands Geschichte und Gegenwart, nicht zu vergessen: das Filme- und Theatermachen. Je nachdem, setzen die drei Schauspieler unterschiedliche Intensitäten ein, das heißt, sie verkörpern, selbst wenn sie mal als dieser, mal als jener ausgewiesen sind, keine Rollen. Im Fall von Lara Körte zum Beispiel reicht das Spektrum von Kriemhild über Junges Liebespaar bis Filmschauspielerin. Im jungen Liebespaar könnte man wie in einer Rückblende auch Kriemhild und Siegfried erkennen, denn jetzt trägt Lara das berühmte Brautkleid, das in sieben deutschen Himmelsrichtungen jeweils eine andere Kriemhild getragen hat. Aber das zu vermuten, wäre voreilig. Denn allem Anschein nach handelt es sich um ein heutiges Liebespaar, ein deutsches Liebespaar und vielleicht sogar für einen deutschen Propagandafilm hergerichtet, eines, das nicht müde wird, sich zu vereinigen, ein Liebespaar aus Ost und West. Unvermutet tauschen sie ihre Kleider, und man sieht, dass Lukas Miko eine schwarz-rot-goldene Unterhose anhat, ebenso wie Lara einen schwarz-rot-goldenen BH. Der Mann, inzwischen im Brautkleid, fordert die Frau, in Hemd und Anzug, zum Tanz auf.

Vier

In ihrem Buch *Theater als Ort der Utopie – Zur Ästhetik von Ereignis und Präsenz* hat Miriam Drewes der *Götterdämmerung* ein ausführliches Kapitel gewidmet. Darin stellt sie erhellende Bezüge her zum *Nibelungenlied* und zu Wagners Oper, teils auch zur Philosophie. Aber auch sie erliegt wie so viele der Versuchung, Sagerers proT auf gängige Muster der Rezeption festzunageln, konkret auf einen „ideologiekritischen Impetus". Mit dieser Formel jedoch ist das proT nicht zu fassen, auch wenn dadurch manches einfacher wäre. Dieses Theater ist nur durch dieses Theater zu begreifen. Alles, was es zu seinem Material macht, ist nur insofern von Belang, als dadurch die eigenen Koordinaten verschoben und erweitert werden. Seit jeher hat sich Alexeij dagegen gesträubt, auf Inhalt, Aussage, Botschaft, von mir aus auch auf Ideologie oder Ideologiekritik verpflichtet und so gezähmt zu werden. Allenfalls öffnet das proT assoziative Spielräume.

Drewes schreibt: „Der intertextuelle Verweis auf den Untergang im ‚Nibelungenlied' und die ‚Götterdämmerung' wird damit insgesamt zur Warnung und Kritik eines allzu mythisch überhöhten Nationalbewusstseins." Jaja, möchte man sagen. Aber dadurch tut sie Sagerer zugleich zu viel wie zu wenig der Ehre an. Sein *Nibelungen & Deutschland Projekt* enthält vor allem eins: Fülle.

Wagners Trauermarsch erklingt, und Diesner raut ihn auf mit einem durchgehenden Klarinettenton. Das junge Liebespaar tanzt einen Walzer, und während es tanzt, kommen mehr und mehr Menschen auf die Bühne, Alltagsmenschen in Alltagsklamotten unterm VierMalVierVideoTurm. Lange stehen sie still und schauen ins Publikum, das Pathos der Masse, 77 Deutsche. Wir sind das Volk.

Für das proT ist „endgültig" keine Kategorie, und so war man nicht erstaunt, dass Sagerer sein Projekt fortführte. Im Mai 1996 in der proT-ZEIT trat Christine Landinger zu einem 16-stündigen Solo in vier Phasen an, *Sensation der*

Langsamkeit. Wer Brunhild in der zweiten Hälfte des *Nibelungenliedes* vermisst, sollte sie hier entdecken können. Ein anderes Tempo ermöglicht eine andere Wahrnehmung. Im Heldenepos überschlagen sich die Ereignisse dermaßen, dass man Brunhild wohl schlicht aus den Augen verloren hat. Langsamkeit bietet eine Chance zum genaueren Hinschauen.

Brunhild ist eine Braut mit hochgestecktem Haar und einer Maske vor den Augen. Ihre Bühne besteht aus einem Flecken aus Plastik, einem riesigen roten Klecks auf dem Rasen. Mit diesem Rasen, im Sinne von „Gras drüber!", ist der ganze Raum ausgelegt, und 16 Monitore kauern darin wie eine Viehherde auf der Wiese; gezeigt werden Videos aus *7 deutschen Himmelsrichtungen*. Erst als Brunhild erwacht und sich aufrichtet, erkennt man, dass sie blind ist. Die Sehschlitze sind verklebt. Tastend bewegt sie sich mit nackten Füßen vorwärts und weicht zurück, sobald sie den Rand der roten Fläche erreicht und plötzlich Gras unter den Zehen spürt, eine Grenze, wie sie auch der Wehrmacht gezogen war. Kein Laut ist zu hören in dieser ersten Phase, bloß das Rascheln des Brautkleids.

In der zweiten Phase isst Brunhild ein Eis, sie liebkost den Löffel mit der Zunge und sucht mit den Augen nach Kontakt – eine Szene, die aus dem Stalingrad-Video stammt und in der Performance vier Stunden währt. In der Bar des Hotels dort war Alexeij eine russische Nutte aufgefallen, die in aller Ruhe, ohne gelangweilt zu wirken, ein Eis aß und ihren Blick schweifen ließ. In der dritten Phase vernäht Brunhild eine Deutschlandfahne mit Wäschestücken; in der vierten steht sie im dunkelroten Mieder auf einer Striptease-Bühne und zieht sich unendlich langsam einen Lederrock die Hüften hinunter und dann wieder herauf, geschätzt 840-mal, bis die Musik von Wagners *Götterdämmerung* verklingt.

„Wenn eine Frau einen Rock auszieht", sagt Alexeij, „ist der Arsch der spannendste Punkt. Da arbeitet sie sich hin, überwindet ihn, und dann zieht sie den Rock wieder hoch.

Dann von Neuem. Einmal haben wir es vorher probiert, und da hat sie nach zwei Stunden Blasen an den Daumen bekommen. Für die Aufführung hat sie die Daumen mit einem Pflaster beklebt. Eigentlich arbeitet sie an ihrem Verschwinden. Die Arbeit schreibt sich mehr und mehr in ihr Gesicht ein. Christine war ganz nah bei mir. Es hatte etwas Erotisches. Wäre ich gegangen, hat sie nachher gesagt, wäre sie zusammengebrochen."

Mit der Zeit werden Christines Züge hart und wächsern, aber keinen Augenblick verlässt sie der stolze Ausdruck, der von Anfang an in ihrer, in Brunhilds Erscheinung liegt. Vor den rituellen Posen, vor dem Strip als Anti-Strip und einer bis ins Groteske verzögerten Erotik meditiert der Zuschauer wie ein über den Rosenkranz gebeugter Gläubiger. Er hört auf, die Stunden zu zählen, die Phasen und Vorgänge, und er fragt nicht länger danach, ob er Brunhild je wird finden können. Bis ihm bewusst wird, dass Brunhild längst ein Gesicht hat. Es ist das Gesicht von Christine Landinger.

In der Silvesternacht 1998 neigte sich das *Nibelungen & Deutschland Projekt* dem Ende zu und damit „der ambitionierteste und tollkühnste aller Münchner Theaterträume", wie die Süddeutsche Zeitung schrieb. Fast die gesamten 1990er Jahre hielt das proT sein Publikum mit einem Dutzend Produktionen in Atem, von *Der Nibelung am VierVideoTurm* mit Premiere am 12. Februar 1992 bis zu *Das Ende vom Lied geht die Wende hoch* mit Premiere am 31. Dezember 1998. In diesem Jahrzehnt spielte das Theater annähernd so viele Themen an, wie sie der Komplex Nibelungen & Deutschland hergab. Doch insgeheim lag dem Projekt ein Konflikt zugrunde, der das Theater selbst betraf, der Kampf zwischen Innen und Außen, zwischen Staat und Kunst, zwischen dem Etablierten und dem Nomadischen. In Sagerers Lesart wurde *Das Nibelungenlied* zugespitzt auf die Frage, inwieweit es dem Staat gelingt, durch die Ermordung Siegfrieds das Außen vollends zu vernichten. Daraus bezog das Projekt seine existenzielle Wucht.

„Beim *Ende vom Lied* gab es durchaus eine Art von Irritation", sagt Alexeij, „weil es nun wirklich zu Ende ging. Damit endete der ganze Themenraum, außerdem die Installation des VierVideoTurms. Aber es geht ja nicht um Unendlichkeit, sondern um das Immer, darum, dass es nicht aufhört. Die reale Bewegung setzt sich fort ins vollkommen Offene. Jede Person, jede Beziehung, jede Liebe wird dableiben. Nichts versackt, alles hinterlässt Spuren im Leben. Es ist fantastisch, was alles entsteht. Das Sensationelle liegt doch darin, dass es im Weltall mit diesen gigantischen Energien etwas so Weiches gibt, wie wir es sind. Dass wir uns anfassen und berühren können. Du stellst den Ralph her, ich den Alexeij. Wir müssen nichts werden, wir sind ja schon etwas. Wir brauchen nicht die Repräsentation dazu, um etwas zu werden. Das versucht sie uns nur einzureden."

Das Ende vom Lied war das vierte Männerstück, wieder mit Zoro Babel als Hagen und Alexeij Sagerer als Siegfried. Aufgeführt im Kulturzentrum Einstein, behalf es sich mit einem Trick: Kriemhild sei in den Geist Siegfrieds gefahren. Das verheißt nichts Gutes. Denn Kriemhild hat nichts anderes vor, als ihren Rachedurst zu stillen. So schüttelt es Siegfried wie einen Besessenen, er schreit und quetscht in seiner Raserei gesungene Vokale hervor. Und er signiert einen Wassersack mit seinem innersten Groll: „Blanker Hass". Hagen, Staatsmann am Schlagzeug, hält mit rhythmischem, teils mit auf dem Computer gesampeltem Lärm dagegen, gerade so, als könnte er Siegfried dadurch bezwingen. Dereinst haben sie Seite an Seite auf der Bühne gestanden; später dann haben sich ihre Wege getrennt, doch noch hat sie ein Steg miteinander verbunden. Im Endspiel aber verbindet sie nichts mehr, jeder auf einem roten Podest. Wie auf Flößen treiben sie dahin.

In seinem Wahn, der auf den Namen Kriemhild hört, geht Siegfried auf eine Anrichte zu. Ein deutscher Schrank mit deutschen Stimmen voll von oben bis unten. Wo immer er eine Klappe öffnet, redet ein deutscher Führer heraus oder ein Kanzler, Hitler, Göring, Kohl und Schröder. Unterm Hemd trägt er ein echtes Kalbsherz, dass er sich irgendwann herausreißt.

Heldentum heißt Arbeit, selbst wenn es als nomadisch gilt. Konzentration in der Planung, Präzision in der Ausführung. Der Recke Siegfried streift Arbeitshandschuhe über und zieht einen Rugby-Helm über den Kopf. Er nimmt einen Pickel in die Hände und läuft raubtierhaft auf und ab, rastlos angetrieben vom Staatsdrummer aus der Deckung. Vorwärts, sagt die Rhythmusmaschine, tu es, hämmert der ganze Trupp aus Trommeln, Becken und elektronischem Sound, ein gewaltiger Ansporn, der dem Helden in die Glieder fährt, bis er sich stark genug fühlt, um zuzuschlagen, Hauruck, reinzuhauen mit dem Pickel ins grün leuchtende Fernsehbild. Das ist das Ende vom Lied.

Das totale Theater

Am 18. Oktober 1997 um 20 Uhr schlossen sich 14 Performer in Gesellschaft von sieben Schafen in einen Kubus ein. Erst am 19. Oktober 1997 um 24 Uhr, also nach 28 Stunden, kamen sie wieder heraus. Der Kubus war in der Münchner Reithalle errichtet worden; er glänzte silbern metallisch, ohne Einblick zu gewähren. Doch da gleichzeitig, und zwar im Inneren, *Der grösste Film aller Zeiten* gedreht wurde, zumindest dessen erste, überlange Folge, bekam das Publikum auf einer Leinwand und über Lautsprecher mit, was drinnen vor sich ging. Bereits im Zuge seiner Entstehung feierte der Film Premiere, ein mit technischer Raffinesse gestalteter Kunstfilm, ein manipulierter Film. Rund um den Kubus waren Aktionen angesetzt, sieben Aktionen, um genau zu sein, die jeweils eine Spanne von vier Stunden beanspruchten. Diese Großproduktion nannte Sagerer *... und morgen die ganze Welt.*

Es ging um totales Theater – um ein Theater, das sich durch im Kubus hergestellte Internet-Kontakte zu sieben Kontinenten einmal um die Welt bewegte. Vielleicht hatte schon Artaud davon geträumt, ehe an Internet überhaupt zu denken gewesen war. Im *Tieger von Äschnapur* mag die Vision eines totalen Theaters das erste Mal bei Sagerer aufgeblitzt sein, denn jahrelang malte er sich einen *Tieger Unendlich* aus, ohne ihn je in die Tat umzusetzen. Ganz verkehrt kann es darum nicht sein, wenn man ... *und morgen die ganze Welt* als den endlich verwirklichten *Tieger von Äschnapur Unendlich* begreift.

Das 28-Stunden-Projekt war ein singuläres Ereignis. Aber man könnte es auch als Gelenkstück ansehen. Künstlerisch strahlte es in die Gegenwart, doch auch in die Vergangenheit und, wie man heute weiß, in die Zukunft. In seinem Zahlenregime verwies es aufs *Nibelungen & Deutschland Projekt*, dessen Epilog *Das Ende vom Lied geht die Wende hoch* damals noch ausstand. Zweimal sieben Performer, sieben Schafe, sieben Aktionen von vierstündiger Dauer, viermal sieben Stunden Projektzeit. Die Orientierung nach Zahlen hat gewissermaßen eine nomadische Tradition. Seit alters her bevorzugen Araber in der Wüste Zahlen, um sich zurechtzufinden, während in Städten geometrische Muster vorherrschen.

Zudem war das Prinzip der andockenden Aktionen vorher viele Jahre erprobt worden. Musikalisch griffen sie da und dort auf Wagners *Ring* zurück. Und im Titel ... *und morgen die ganze Welt* beschworen sie wie gehabt deutsche Geschichte herauf. Die Zeile stammt aus dem Lied *Es zittern die morschen Knochen* von Hans Baumann, der gern für die Hitlerjugend gedichtet hatte. Der Text war ursprünglich allerdings nicht in einem NS-Verlag erschienen, sondern in einem katholischen Verlag. Und es spricht ein bisschen für Baumann, dass er den berühmten Refrain „Denn heute gehört uns Deutschland / Und morgen die ganze Welt" aus Angst vor Missbrauch abmilderte in „Denn heute da hört uns Deutschland / Und morgen die ganze Welt". Für das proT, das damit das totale Theater ansteuerte, war dies vermutlich unerheblich. Nicht zum ersten Mal zog Sagerer einen Begriff aus dem gängigen Kontext und setzte ihn für seine Zwecke ein. Die

Vier

Komposition des Theaters sah sich nunmehr imstande, die ganze Welt zuzulassen.

In die Zukunft, Richtung *Operation Raumschiff,* deutete das Projekt insofern, als es Vorgänge ins Spiel brachte wie das Internet oder den unmittelbaren Film, an denen das proT lange festhalten sollte. Noch dazu wuchs Alexeij in seine künftige Rolle hinein, die des Captain nämlich, wenngleich noch nicht als solcher bezeichnet, jedenfalls aber in die Rolle des Ansagers, Animateurs und Stand-up-Comedian, der alle Fäden zusammenzuhalten suchte.

Nachdem die Tür verriegelt worden ist, startet im Kubus das Theater und damit der Film. Theater wird also gemacht, damit ein Film gemacht werden kann. Mit Hilfe dieser Rückkopplung ergibt sich etwas ungeahnt Neues, das mit dem Abfilmen einer Aufführung nicht verwechselt werden kann. In diesen 28 Stunden kann jeder jederzeit ins Bild kommen, in seinem Elan oder in seiner Erschöpfung, auch der erste oder zweite Kameramann, wenn die Bildregie es so will, denn es wird unaufhörlich gefilmt, auch durch zwei im Raum installierte Kameras. Der Film folgt einer ununterbrochenen, nicht durch Schnitte beeinträchtigten Bewegung; durch Überblendungen bleibt alles im Fluss. Live wird in die Halle gesendet und ins Internet. Das, was im Kubus passiert, ob Musik oder Tanz, ob Sprechen, Singen oder Sägen, ob Eisessen oder Wannenbaden, steht der Bildregie als Material ebenso zur Verfügung wie Entdeckungen aus dem Internet. Nach Erdteilen, entsprechend der sieben Phasen, rufen sie Musik oder Homepages auf, Asien, Australien, Indien und so weiter. Ab und zu, wenn auch nur selten, erhalten sie eine Reaktion von der Welt da draußen, von jenem Teil zumindest, der die Geburtsstunden des größten Films im Internet verfolgt. Als sie in einer späten Stunde die Hochzeit von Adolf Hitler und Eva Braun probieren, meldet sich jemand mit einer Drohung, offenbar ein Nazi, das gehe zu weit. Die gewonnenen Bilder werden einfallsreich manipuliert, durch Überlagerungen, durch Farben, durch magische Eingriffe wie in das milchige Wasser der Wanne, das zurückweicht, bis es nur noch ein milchiger Saum ist, ein Rahmen, in den ein weiteres Bild passt.

Unter den 14 Performern gilt Sagerer als Expeditionsleiter. Mit dabei sind die Tanzschwester Christine Landinger und die Animateurin Susanne Schneider, der Gitarrist Joe Sachse und der Schlagzeuger Erwin Rehling, außerdem der technisch-künstlerische Stab für Kamera (Christian Virmond, Thomas Willke), Bildregie (Thomas Tielsch), Bildbearbeitung (Christoph Wirsing), Tonregie (Kalle Laar), Tonmeister (Michael Kuhn) und Internet (Sylvia Franz, Urs Streidl). Ein Tier- und Zeitpfleger, Peter Weismann, achtet auf die Schafe und ruft die jeweils anbrechende Stunde aus. Wie bei *proT trifft Orff* die Schweine, so sind hier die Schafe der Maßstab für unmittelbare Präsenz und Bewegung. Niemand sollte sich, um über die Runden zu kommen, zu kunstgewerblicher Aktivität oder repräsentativer Darstellung verleiten lassen.

Der Expeditionsleiter blättert, am Tisch sitzend vor einem Mikrofon, in Aufzeichnungen, aber er findet nichts. Könnte ja sein, dass einer der Musikanten einen Einfall hat und das Spiel am Leben hält. Irgendwann verzehrt Sagerer eine Ente, aber da Verdauung Kraft kostet, wirkt er hinterher wie ermattet. (In der 16-stündigen *Sensation der Langsamkeit* hat Christine Landinger nur Wasser und Weißbrot zu sich genommen, abgesehen von dem Eis, das sie vier Stunden lang gegessen hat.) Aber natürlich schaut der Expeditionsleiter darauf, dass die Expedition nicht einschläft. Er ruft auf oder ruft herbei, und manchmal ruft er auch nur, um zu rufen. Vorab gesetzte Themen helfen, Lücken zu überbrücken, zum Beispiel das Thema Sex. Dazu hat die Animateurin Susanne eine lange Begriffsreihe parat. Aus dem Gedächtnis zitiert: Fotze, Lecken, Arschficken, Titten, Faustficken. Ausgerechnet zu diesem Zeitpunkt ist die Halle voller Kinder, mehr als hundert, da die Schauburg Kindertheater zeigt. In den Tagen danach wird das Kulturreferat der Stadt München den Expeditionsleiter dafür tadeln, weil

Vier

nicht im Mindesten jugendfrei. Unmittelbar reagieren die Kinder auf jede Obszönität, die aus den Lautsprechern tönt, mit großem Applaus. Offenbar sind sie mit der Sprache vertraut.

Irgendwann, in der vorletzten Phase, zwischen der 20. und 24. Stunde, soll es Symptome einer Krise gegeben haben. Das erzählt mir Christine, kaum dass sie den Kubus verlassen hat. Es sei eine solche Spannung aufgekommen, dass die Schafe zu kauen aufgehört hätten. Das Ziel der Expedition sei fragwürdig geworden. Da für die letzten Stunden kein Plan vorgelegen habe, habe sie befürchtet, dass der Expeditionsleiter einen finsteren Entschluss fasse. (Das Ganze in die Luft zu sprengen?, frag ich mich.) Aber dann habe sich Alexeij in eine Rock'n'Roll-Nummer geflüchtet, um die Musiker aus der Lethargie zu holen. Außerdem hätten sie ihr Befinden protokolliert, um wieder Boden unter den Füßen zu gewinnen: „Die Zeit kriecht. Kaum vorstellbar, die nächsten acht Stunden durchzuhalten. Rund um den Kubus sind Schritte zu hören."

Phasen der Erschöpfung gibt es, je länger die Performance dauert, immer wieder. Man könnte sie als Tiefpunkte beklagen, aber das sind sie nicht. Denn die Gegenwart des erschöpften Künstlers kommt der Gegenwart eines Schafes verblüffend nahe. In der 14. Stunde etwa lässt der Schwung merklich nach. Der Expeditionsleiter kämpft um seine Expedition. Und weil als Kontinent gerade Afrika dran ist, legt er einen magischen Spiegel auf dem Boden aus und betreibt Voodoo-Zauberei. Dann sägt er Holzplättchen für ein Holzschlagzeug und hämmert darauf herum, in der Hoffnung, dass seine Musiker einstimmen. Stoisch klopft Erwin einen Rhythmus. Die 14. Stunde, das ist gerade mal die Hälfte der Strecke. Und alle sind wie erschlafft. Wo befindet sich der zweite Kameramann? Er nimmt nichts auf. „Der Widerstand des Gehirns schwindet oft erst in einem Zustand totaler Erschöpfung", sagt Grotowski, „und dann erst bekommt Ihr Spiel Wahrhaftigkeit."

Draußen, in der Halle, löst eine Aktion die andere ab. Sie könnten wie Wellen an den Kubus schlagen, aber dazu scheinen sie nicht geschaffen. Am ehesten noch setzt der Auftakt mit einer Fanfare von dreißig Blechbläsern etwas dagegen. Aber schon die Mitternachtsdisko des Hamburger Mojo Clubs verliert sich, auch mangels Publikum, in der Erfüllung vertraglicher Pflichten. Erneut fällt eine Phase Wissenschaftlern zu, diesmal befragt von Wissenschaftsjournalisten. Die Neurobiologin Laura Matignon sieht in Sagerers Expedition einen Modellfall dafür, wie Verbindungen hergestellt werden können. Fragen ans Gehirn sind Fragen an die Welt. Erst in der letzten Phase wird mit der Modenschau *Knautschzone* von Lisa D. eine Art Partystimmung geweckt. Anschmiegsame, knöchellange Kleider aus Viskose und Leinen, Jerseykleider von erlesener Eleganz. Ihre schönen Models lässt Lisa D. wie Königinnen auf Stühlen über den Platz tragen.

Plötzlich herrscht eine Stimmung wie an Silvester. Erst zählt man die Stunden, dann die Minuten. Nach 28 Stunden wird die Tür des Kubus entriegelt, und als die ersten herauskommen, schießt Sekt aus den Flaschen. Glückwünsche, Fotos, Umarmungen. „Wie nach einem Grubenunglück", flüstert mir jemand zu. Doch es haben alle überlebt. Man zählt 14 Menschen, und wenn man in den Kubus schaut, sieben Schafe.

Während die Frankfurter Allgemeine Zeitung in Alexeij Sagerer „das Urgestein der Münchner Theatersubversion" wiedererkannte, wähnte sich die Berliner taz beim „Alpenindianer", frotzelte nach Kräften herum, um dann einzugestehen: „Der Alpenindianer schlüpfte behende in die Rolle eines Schamanen." Trotzdem, zumal da die Welterkundung so gut wie nichts erbracht habe, schrieb die Zeitung: „Wenn sich um Mitternacht die Tür wieder öffnet, ist bloß das Wochenende um."

Nach diesen 28 Stunden legte sich Alexeij nicht etwa hin, nein, er blieb wach bis zum Morgen und dann den nächsten Tag über auch und auch noch die nächste Nacht, ganz so, als hätte er den Schlaf für alle Zeiten besiegt. Erst am übernächsten Tag fiel er um 12 Uhr mittags ins Bett.

Vier

Schulden oder Verzweiflung ist keine Strategie

„Ich bin ruiniert", sagte Alexeij, als ich ihn bald darauf wieder traf. Und er schickte den Worten ein trockenes Lachen hinterher, dass ich nicht recht wusste, wie ernst es wirklich um ihn stand. Mit ... *und morgen die ganze Welt* aber hatten sich Schulden angehäuft in Höhe von 240 000 Mark. Der Kubus kostete dreimal so viel wie veranschlagt, die Einnahmen durch den Kartenverkauf waren nicht halb so hoch ausgefallen wie erwartet, und die Miete für die Reithalle war auch noch nicht bezahlt. „Ich bin der Einzige, der persönlich dafür haftet." Immerhin signalisierten die Co-Produzenten, nach einer Lösung zu suchen. „Solange spiele ich auf Zeit." Alexeij übte sich in der Praxis, Rechnungen anzugreifen, was in seiner Schilderung klang, als gehe es um ein theatrales Projekt.

Rückblickend gibt er zu, er habe das finanzielle Desaster kommen sehen. „Ich hab alles in Theater verwandelt, als ob es, das macht ein Künstler halt, kein Morgen gebe." Dabei verfügte er über einen hohen Etat, für eine freie Produktion sogar über einen ungewöhnlich hohen: gut 500 000 Mark. Zustande gekommen war die Summe durch eine Reihe von Partnern, die das Projekt unterstützt hatten: das Festival Spiel.Art und damit Spielmotor (BMW), das Bayerische Staatsschauspiel, die Schauburg, das Beck Forum und die Siemens Kulturstiftung.

In der Not rang er sich dazu durch, die proT-ZEIT, sechs Jahre lang das eigene Haus, zu räumen. Aber weil er das proT als nomadisches Unternehmen ansieht, Theater nicht als Institution, sondern als Vorgehensweise, schließt er ohnehin keine Verträge auf Lebenszeit ab. Zu teuer, zu baufällig, zu abgelegen kam ihm die proT-ZEIT vor, als dass er noch Geld hätte hineinstecken wollen. Eine Jahresmiete von mehr als 70 000 Mark war nicht länger aufzubringen, und für die Untervermietung an wechselnde Veranstalter fehlte der organisatorische Apparat. Außerdem drohte die Brauerei als Eigentümerin mit einer „Bierstrafe" für nicht verkaufte Hektoliter.

Unabhängig davon lief die Theatermaschine weiter. Örtlich war das proT nun nur noch übers Atelier in der Zenettistraße 34 zu erreichen. Bereits in den frühen 1980er Jahren hatte Sagerer hier provisorisch Räume im Erdgeschoss gemietet, vor allem für Verwaltung und Organisation. Das Provisorium erwies sich als derart nützlich, dass es bis heute existiert. Hier stehen die Akten, und hier befindet sich auch das proT-Archiv. Etliche Regale und Schränke mit Produktionsordnern, Stückeordnern, Briefeordnern oder Presseordnern, noch dazu eine endlose Galerie mit Videos. Im Keller gibt es ein Lager für die sperrige Hardware des Theaters, jenseits eines größeren Lagers in Niederbayern. Zum Teil finden in den Räumen auch Proben statt oder Filmaufnahmen. Und wenn in einer Produktion von einem verborgenen Ort die Rede ist, der übers Internet auf einer Leinwand erscheint, dann kann es gut sein, dass das proT-Atelier damit gemeint ist.

Nach dem Theaterkeller in der Isabellastraße und der proT-Halle war die proT-ZEIT der dritte etablierte Ort, den Sagerer eine Zeit lang bespielte. Nachdem er mit Ablauf des Jahres 1997 die proT-ZEIT aufgegeben hatte, stand er nie wieder in der Versuchung, ein Haus zu beziehen. Fortan brachte (und bringt) er seine Produktionen mal da und mal dort heraus, locker verbunden allenfalls Dietmar Lupfer und der Muffathalle.

Jahre vorher, im August 1994, verabredeten wir uns, ohne dass es um etwas Konkretes ging, in der Zenettistraße. Die dritte Horizontale des *Nibelungen & Deutschland Projekts* lief nach *Siegfrieds Tod* und *Recken bis zum Verrecken* auf hohen Touren. Schnell kamen wir überein, ins Wirtshaus zu gehen. Dort redeten wir über Gott und die Welt, darunter macht er es nicht, und tranken, ohne dass ein Trinkspruch gefallen wäre. Beiläufig fragte ich ihn, wann er denn dieses Jahr fünfzig werde. „Heute könnte es so weit sein", sagte er und ließ sein trockenes Lachen hören. Kaum hatte er ein Taxi gerufen, wollte er mich überreden, ihn in die proT-ZEIT zu begleiten. Aber leider fühlte ich mich zu betrunken, um weiter zu trinken. Er wollte mich ins Taxi ziehen, aber ich spielte den Spielverderber. Er stieg ein, das Taxi fuhr los. Und ich stellte mir vor, wie er in seinem Theater Geburtstag feierte, ohne den Grund für sein Trinken preiszugeben. Vielleicht aber war es auch die Nacht, da er zu randalieren anfing, wie damalige Komplizen kolportierten, die Nacht, da er Teile der Einrichtung zertrümmerte. Ich weiß es nicht. Ich weiß nur, dass die Fünfzig nach dem Dezimalsystem für ihn kein Grund zum Feiern sein konnte. Warte nur, Bürschchen, bald wirst du 74.

Einmal sprachen wir über Verzweiflung. Warum, ist mir entfallen. Doch ohne nachzudenken, sagte er nur: „Verzweiflung ist keine Strategie." Der Satz hat es in sich. Nicht weil er einem Verzweifelten aufhelfen würde, sondern weil er viel über Alexeij Sagerer verrät. Man braucht nicht zu denken, dass ihn die hohen Schulden nach ... *und morgen die ganze Welt* in Verzweiflung gestürzt hätten. Eher suchte er nach einer, gewissermaßen theatralen, Strategie, um das Desaster abzuwenden. Gegenüber den Projektpartnern durfte er nicht auftreten wie jemand, dem man nicht zutraut, je wieder auf die Beine zu kommen, gleichsam ein Fass ohne Boden. Außerdem lag es ihm fern, sie in die Enge zu treiben. Aber dass die Not groß war, das musste er ihnen klarmachen.

Noch kurz davor, am 5. September 1997, hatte Sagerer den Theaterpreis der Stadt München bekommen. Er war der erste Künstler aus der freien Szene, der damit geehrt wurde. Die Laudatio hielt Elisabeth Schweeger. Nach Ansicht von Oberbürgermeister Christian Ude zählte das proT mittlerweile zu einem wesentlichen Bestandteil Münchens. (Er sagte nicht, zu einem wesentlichen Bestandteil des Münchner Theaters.) „Sagerer ist der gewiß eigenständigste, eigenwilligste Theatermacher in der freien Szene der Stadt", sagte Ude. „Die Zeiten sind wohl endgültig vorbei, in denen er aus der Realität seines Theateralltags erklärte: ,Wir spielen auch vor einem Zuschauer – wenn er da ist.' Und Sagerer hat sich an dieses

Prinzip gehalten. Mit einer bemerkenswerten Mischung aus Chaos und disziplinierter Konsequenz – im Leben, im Denken und Arbeiten – ist es ihm gelungen, sein Theaterkonzept als eines der wesentlichen Bestandteile Münchens zu etablieren." Dass die Zeiten ein für allemal vorbei seien, da Sagerer vor auch nur einem Zuschauer hätte spielen wollen, sollte sich nicht bewahrheiten. Es wäre auch erstaunlich, würde eine große Schar Publikum einem so ruhelosen, das Erreichte stets von Neuem hinterfragenden und immerzu fordernden Künstler dauerhaft folgen. Manchmal kommt er mir heute so vor wie der alte Godard, dann etwa, wenn wir im proT-Atelier die gefrickelten Kunstfilme anschauen. In diese Ecke verlieren sich nicht allzu viele Menschen. Mit 15 000 Mark war der Theaterpreis dotiert. So, als wäre es nichts, wurde das Geld von Schulden geschluckt.

Das Spiel mit den Schulden beanspruchte Alexeij eine ganze Weile. Will man es tatsächlich als theatrale Komposition begreifen, so kommt man nicht umhin, eine letztlich erfolgreiche Inszenierung zu erkennen. In naturgemäß vier Schritten griff er die Schulden an, und jeder einzelne Schritt schaffte ihm Forderungen von 60 000 Mark vom Hals. Der erste Schritt betraf seine Partner. Unter Elisabeth Schweeger fand sich der Marstall des Bayerischen Staatsschauspiels bereit, die offenen Hotelrechnungen zu übernehmen. Die Schauburg spielte ihm einen Projektauftrag zu. Und das Spiel.Art-Festival kaufte für teueres Geld die ersten 28 Stunden des *Grössten Films aller Zeiten* an. Im zweiten Schritt ging er mit einem Rechtsanwalt gegen die Forderungen der Industriefirmen, vor allem den Kubus betreffend, vor. Zweimal drohten Auseinandersetzungen vor Gericht. Aber dann gaben die Firmen nach. Die metallische Verkleidung des Kubus bekamen sie ohnehin zurück.

Im dritten Schritt zog er 60 000 Mark aus dem über drei Jahre verteilten Etat des proT in die Kasse von 1997 herüber. Und im vierten Schritt spielte er Lotto, „über eine nomadische

Vier

Orientierung in dem weiten, wüsten Raum von 15 Millionen Möglichkeiten". Alexeij sagt: „Du musst mit hohen Zahlen spielen, weil sie weniger gesetzt werden, damit du höhere Quoten erreichst." Glücksspiele ziehen ihn von jeher in Bann, Pferdewetten oder Roulette in der Spielbank. Am Telefon teilt er gerne mit, wie es gelaufen ist. Hiervon hat er sich eine Reise finanziert, davon zwei Monate Wohlleben. Als ich ihn einmal verdächtigte, durch Glücksspiele insgeheim sein Theater zu finanzieren, lachte er nur. Er hat auch Verluste einstecken müssen. Aber im Lotto damals setzte er auf fünf richtige Zahlen, und auch die Zusatzzahl traf zu. Er gewann gut 60 000 Mark. Damit waren die Schulden in Höhe von 240 000 Mark getilgt.

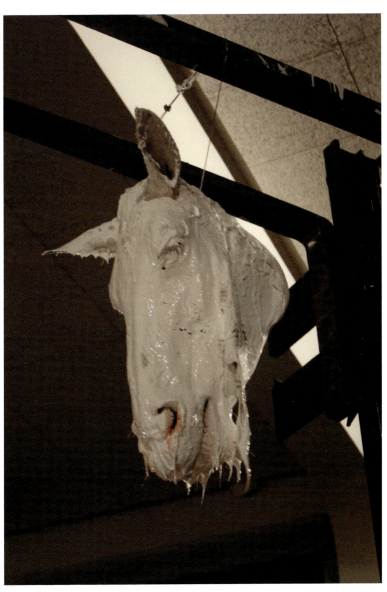

Weisses Fleisch, 2012
Pferdekopf an Gabelstapler

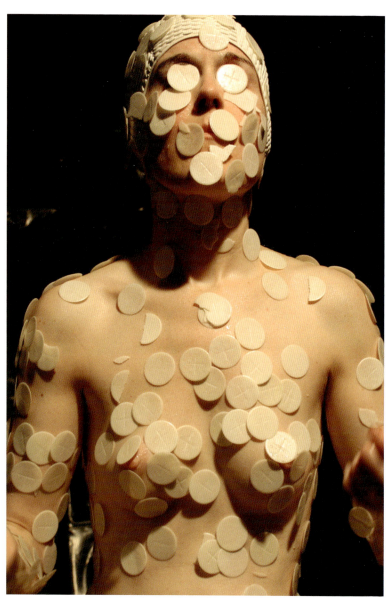

Weisses Fleisch, 2012. Frau mit Hostien (Juliet Willi)

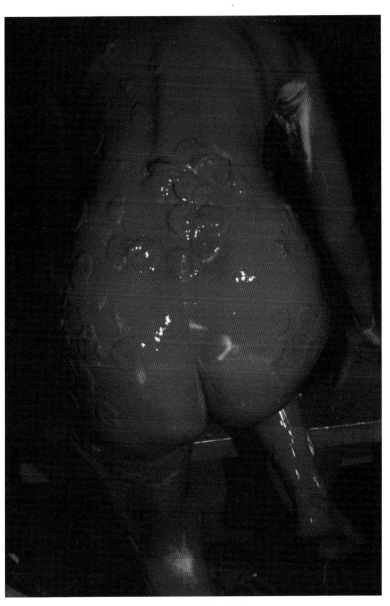

Weisses Fleisch, 2012. Frau badet in Rot (Juliet Willi)

Voressen, 2009
Frauen in Weiß füttern Männer im Lendenschurz vor Kamera

Ein Gott Eine Frau Ein Dollar, 2013
FrauFrau (Judith Gorgass, links) und KindFrau (Theresa Seraphin, rechts) an blauer Zapfsäule

Alexeij Sagerer, Portrait, 2013

FÜNF **DAS FEST**

Digitale Euphorien

Zunehmend beeinflussten die neuen Medien, zumal das Internet, die Künste. Mit einer Reihe von theoretischen Aufsätzen spürte Elisabeth Schweeger, Sagerers Advokatin am Bayerischen Staatsschauspiel, noch dazu seine Laudatorin, Ängsten und Hoffnungen nach. Statt in den Chor der Kritiker und Kulturpessimisten einzustimmen, wie er in Verlagen, Museen, Opern und Theatern zu hören war, versuchte sie, die Chancen der digitalen Entwicklung aufzuzeigen. In der globalen Welt, so schrieb sie, trage virtuelle Kommunikation dazu bei, nicht nur Kulturgut intelligent zu archivieren, sondern auch die Bildung des Bürgers zum Weltbürger zu befördern – und zwar dank eines unaufhörlichen Dialogs. Die anarchischen Eigenschaften des Netzes spiegelte sie in den Künsten und in der Kultur: „In diesem Sinne ermöglicht das Netz den *ongoing* Dialog, der den tradierten Kunstbegriff sprengt und klar zu erkennen gibt, dass Kunst und Kultur keine fertigen Produkte, eben nie endende Prozesse sind, fragil, wie auch Identitäten keine abgeschlossenen Ganzheiten bilden, sondern ständig im Fluss sich bewegen, nicht positiv messbar, sondern dissident."

Was hier von fern an unmittelbares Theater (und den unmittelbaren Film) erinnert, scheint von Hoffnungen genährt, die heute, 15 Jahre später, nicht mehr ganz nachzuvollziehen sind. Doch Schweeger schlug, 2001 etwa im Katalog des österreichischen Pavillons auf der Biennale in Venedig, auch andere Töne an: Als sie die Schnittstellen der Kunst ins Auge fasste, zu Wissenschaft und Technologie, zu Kunde und Konsum, zu Ort und Zeit, allesamt durch die digitale Revolte herausgefordert, beschlichen sie Zweifel – insofern, als die Kunst dadurch ihre Autonomie zu verlieren drohe, schärfer gesagt, dass sie an ihr Ende komme. „Eine weitere Gefahr besteht darin, dass über die Technologisierung der Kunst sich die technologische Industrie in künstlerische Prozesse immer massiver einklinkt, dass unter dem technischen Aufwand die eigentliche inhaltliche Arbeit erstickt." Angesichts der hohen Zahl an virtuellen Bildern sei eine „Verdampfung der Realität" zu befürchten.

Damit sind einige Stichworte benannt, die das proT teils beflügeln, teils lähmen sollten. Erstaunlich wirkt es nicht, dass Sagerer den virtuellen Raum des Internets in sein Theater integrieren wollte. Denn schon immer trachtete er danach, die neuesten Errungenschaften, vor allem was Filmisches anging, einzubeziehen. Wie selbstverständlich wurden bei ihm Filme zu Komplizen des Theaters. Bevor andere darauf kamen, hatte er es längst gemacht. Von Anfang an setzte er Filme ein, bereits 1969, da er *Romance* zu Ionescos *Nashörnern* laufen ließ. In den 1970er Jahren drehte er Super-8-Filme für den *Tieger von Äschnapur*. Und als die Videotechnik so weit war, wusste er sie für unzählige Aufführungen zu nutzen und sah sich in Ausstellungen als Videokünstler gewürdigt. Für das *Deutschland & Nibelungen Projekt* verwendete er Filme als Synchronisatoren, und weil es die digitale Technik inzwischen ermöglichte, fing er an, Aufnahmen zu manipulieren. Für den *Grössten Film aller Zeiten,* auf den Weg gebracht durch ... *und morgen die ganze Welt,* griff er schließlich aufs Internet zu.

Wie damals viele Künstler konnte sich auch Sagerer der Faszination durch das Netz nicht entziehen. In gewissem Sinne wollte er begreifen, was das Internet als theatrale Maschine zu leisten imstande war. In einer Gedankenskizze zum Projekt heißt es: „Was ist das für eine theatrale Maschine? Und diese Frage kann man nur theatral beantworten. Also: Wie komponiert sie? Welche Abläufe stellt sie her? Und: Wie verhält sich die theatrale Maschine ‚Internet' zu anderen theatralen Maschinen? Und wie verhält sie sich in komplexen theatralen Maschinen? Wie verhält sie sich in Kompositionen mit anderen theatralen Maschinen?"

Wenige Jahre später brachte Geert Lovink sein Buch *Dark Fiber* heraus, *Auf den Spuren einer kritischen Netzkultur.*

Auch er versuchte herauszufinden, wenn auch weniger künstlerisch als soziologisch, was durch das Internet ins Spiel kam. „Die heutige Herausforderung liegt in der Orchestrierung radikalen interkulturellen Austauschs, nicht in geschlossenen Monokulturen." Sagerer wollte mit seinem Projekt von der Welt gesehen werden und diese Welt gleichzeitig in seinem Projekt zulassen. Wie sehr dadurch das Nomadische hervortrat und so auch der schweifende künstlerische Prozess, erkannte auch Lovink – nicht weit entfernt von Schweegers neuem Kunst- und Kulturbegriff: „Damit hat ‚virtuell' auch die Bedeutung von ‚offen', sich stets verändernd, ständig in Kontakt mit anderen e-Schriftstellern, Leserinnen und Lesern, nicht mehr auf das geschlossene, hermetische Magnus Opus [Opus magnum, R. H.] fokussiert, das das ‚Zeitalter des Autors' definierte." Den Befund ins Politische wendend, sagte Lovink: „In der zukünftigen Medienpolitik geht es um die Befähigung, nicht um die Repräsentation des Anderen."

Aus diesen Worten spricht der ganze Optimismus jener Jahre. Es war die Zeit vor sozialen Netzwerken wie Facebook und massenhaft freiwillig preisgegebenen Daten; die Zeit auch, ehe die Herde Missliebiges niederzutrampeln begann (Shitstorm). Und man hatte noch wenig Ahnung davon, inwieweit die Privatsphäre erodieren würde, durch politisches und wirtschaftlich-kommerzielles Spionieren. Inzwischen muss das Internet, so sehr es die alltägliche Kommunikation erleichtert und zivilgesellschaftliche Solidarität zu erzeugen vermag, als potenzielles Instrument totalitärer Herrschaft gelten. Damit bringt der Staat seine Bürgerinnen und Bürger unter Kontrolle – beinahe ohne dass er Zwang ausgeübt hätte. Ein Siegfried musste dafür nicht geopfert werden.

„Wem gehört das Internet im Jahr 2015?", wurde der finnische Netzaktivist Peter Sunde, einst Gründer von „The Pirate Bay", in einem Interview gefragt. Er sagte: „Ich glaube, vor allem Facebook. Wenn wir von Staaten reden, sind es wohl die USA. Von dort stammen die Unternehmen, die im

Netz den Ton angeben. Die USA können entscheiden, was passiert, durch den Patriot Act oder andere Gesetze. Und das US-Handelsministerium hat entscheidenden Einfluss auf Icann, die Organisation, die für Internet-Domains zuständig ist."

„Was bedeutet das für die Nutzer?"

„Dass wir Regeln aus den USA gehorchen müssen, hinter denen moralische und ethische Standards stehen – die nicht überall geteilt werden. Dabei sind nicht die USA das Problem. Wenn es Iran wäre, wäre alles schlimmer. Das Problem ist, dass es sich um ein einzelnes Land handelt, in dem die meisten Internet-Nutzer auf der Welt kein Wahlrecht haben."

Aber es hilft nichts. Man muss sich in die Zeit davor zurückdenken, um Sagerers zeitweilige Obsession zu verstehen. Er war drauf und dran, das Internet zu einem unverzichtbaren Komplizen zu machen, wofür er noch dazu alle, damals noch beträchtlichen, technischen Unzulänglichkeiten in Kauf nahm. Das ist umso verblüffender, als das Internet, so wie er es anfangs benutzte, von Repräsentationen durchsetzt war, Homepages, Standardinformationen, Sex-Videos. Wie schon früher tat er sich schwer, den einmal eingeschlagenen Weg zu verlassen. Mit unzähligen Fäden hing er an der Idee des unmittelbaren Films und der live hergestellten Internet-Kontakte. Und es gelang ihm auch nicht, die Rolle des Captain, die er in der 28-Stunden-Performance für sich entdeckt hatte, einfach abzulegen. Alexeij sagt: „Jahrelang bin ich aus dem Kubus nicht herausgekommen." Im Gegensatz zum *Nibelungen & Deutschland Projekt* fehlte den Aufführungen von *Operation Raumschiff* ein gedankliches Magnetfeld. Verwirrend gegliedert, findet man sich in dem Projekt kaum zurecht. Aber es spricht für Sagerers Selbstironie, dass er als Captain viel Zeit darauf verwendete, seinem Publikum (und sich selbst) klarzumachen, was eigentlich im Augenblick vor sich ging. Erst mit *Programm Weiss* löste er sich von seinen schwer steuerbaren Raumschiffen – gerade so, als hätte er eine Zeit lang Atem geschöpft, um dann Großes anzugehen.

Fünf

Nach ... *und morgen die ganze Welt* zerstreute sich das Team in alle Winde. Plötzlich sah es so aus, als wäre das proT Alexeij Sagerer und sonst niemand. Gut, den einen oder anderen Komplizen hatte er zwar noch, aber im Wesentlichen war er allein, obendrein bedrängt von Schulden. Selbst wenn er das Meiste am Ende bezahlen konnte, ließ die finanzielle Not nicht nach. Organisatorisch unterstützte ihn auch weiterhin Christine Landinger. Und nachdem Sylvia Franz und Urs Streidl die erste proT-Homepage entworfen hatten, ging er nun mit Walter Ecker daran, sie völlig neu aufzuziehen. Ecker hatte bereits eine Homepage für die Zeitschrift Focus geschaffen. Und in den Jahren von 1999 bis 2010 gelang es ihm, auch die proT-Homepage zum Blühen zu bringen. Nur wenige Theater verfügen im Netz über einen vergleichbaren Auftritt.

Nach dem Projekt des totalen Theaters trennte sich Maria Sánchez von Alexeij. Ihr Temperament und ihre Intelligenz, wovon, mit Ausnahme des Epilogs, das gesamte *Nibelungen & Deutschland Projekt* gezehrt hatte, musste das Theater fortan entbehren. Maria hatte nur eine Bedingung gestellt: sie oder ich. Bedingungen aber lässt sich Alexeij nicht stellen. Wenn das so ist, sagte er, dann müsstest du jetzt gehen. Und sie ging.

Vorher war Maria zugesteckt worden, dass Alexeij eine heimliche Liebe habe, die Journalistin Silvia Stammen. Noch heute ist er mit ihr zusammen, wenngleich sie sich nie ins proT ziehen ließ wie so viele Frauen vor ihr. Ich war versucht, die fünf Kapitel dieses Buches mit Frauennamen zu versehen. Denn in jeder Etappe hatte Alexeij eine Frau, die vorrangig an seiner Seite stand: Diane, Cornelie, Sonja, Maria und Silvia. Im Jahr 2007 brachte Silvia den gemeinsamen Sohn Luis Byron Motega auf die Welt. Sie ruft ihn Luis, er ruft ihn Byron. Ich würde ihn gern Motega nennen, da ein indianischer und also nomadischer Name. Motega bedeutet „Der neue Pfeil".

Operation Raumschiff startete in der Silvesternacht 1999 im Kulturzentrum Einstein; der erste Flug hieß *Die Fahrt an Bord der Kleinen Raumschiffe*. Für das proT, das nicht für seine Bescheidenheit bekannt ist, klang der Titel mit „Kleinen Raumschiffen" unverhältnismäßig zurückhaltend, ganz so, als wagten sie sich erst langsam aus der Deckung. „Bei all den Einschnitten", sagt Alexeij, „schaltete auch noch das Jahrtausend um." Wer wollte, konnte mit der mehrstündigen Aufführung ins neue Jahrtausend gehen (oder eben fliegen). Über Internet surfen sie auf der Zeitachse entlang, beginnend mit Australien, wo bereits Neujahr gefeiert wird. „Auf welcher Zeitkante befinden wir uns?", fragt Captain Sagerer immer wieder. „Wo wird gerade Neujahr gefeiert?" Afghanistan, Pakistan, bekommt er zur Antwort, Georgien, Kasachstan. Wie der Expeditionsleiter im Kubus, so hält hier der Captain alles in Bewegung. Zwischen Startphase und Landungsphase führt er durchs Programm.

Mit Christoph Reiserer am Saxofon und Erwin Rehling am Schlagzeug stehen ihm zwei Musiker zur Seite, und er verfügt auch über Stewardessen, die nach der Farbe ihrer Fingernägel auf die Namen Rot, Blau und Grün hören. Er ruft auf zu einem Bewegungstest, und schon staksen die Stewardessen auf und ab. Er ruft auf zu einem Tonmengentest, und schon wird es laut. Passagiere mit empfindlichen Ohren sind kurz davor Ohrenschützer ausgehändigt worden, zwei Becher, und die Stewardessen haben vorgemacht, wie diese Becher auf die Ohren zu drücken seien, als gehe es um Sicherheitshinweise. Auf jeweils 21 Minuten nomadische Performance folgen jeweils sieben Minuten „Pathosse". Das Pathos kann ein Tanz sein, den eine Stewardess mit dem Tablett vollführt. Oder Musik. Oder Internet-Pathos. Misslingt die Verbindung mit der Welt, muss der Captain einspringen. „Du siehst", sagt Alexeij, „ich bin noch immer im Kubus."

Technisch erwiesen sich die Raumschiffe als aufwändig, die Surfer im Internet, Bildmischung, Tonmischung. Weil gleichzeitig *Der grösste Film aller Zeiten* fortgesetzt wurde, benötigten sie zwei getrennte Tonkreise, einen fürs Theater, einen für den Film. Jedes Mikro musste gesplittet werden.

Fünf

Wie in *Zahltag der Angst* werden die Zuschauer, einander gegenübersitzend, mit einer Polaroidkamera fotografiert. Doch anstatt die Fotos zu sammeln und backstage aufzuhängen, verteilen die Stewardessen sie im Publikum, jeder und jedem ein anderes. Aufgefordert, dem Menschen auf dem Foto zu folgen, ohne ihn einzuholen, begeben sich die Passagiere in eine unendliche Bewegung. Das ist der Mückenschwarm.

„Es ist eine historische Stunde", behauptet der Captain. „Es ist der Beginn eines neuen Jahrtausends."

Im Sommer darauf, Juli 2000, kündigte das proT *Die vier Simulationsflüge* an, wiederum im Kulturzentrum Einstein.

„Warum Simulationsflüge?", frag ich ihn. „Ihr habt doch auch vorher nur so getan, als würdet ihr fliegen."

„Nein, nein", sagt Alexeij. „Einen Simulationsflug kannst du viel entspannter nehmen. Zum Beispiel brauchst du im Raumschiff keine Toiletten aufzustellen für die Passagiere. Wenn nötig, dürfen sie das Raumschiff verlassen, weil es ja nur ein simuliertes Raumschiff ist."

„Verstehe."

In den *Simulationsflügen* schien das Konzept tatsächlich aufzugehen, in einer Art von Wahnwitz. Im Grunde genommen, ging es um nichts, aber wie schön ein Nichts sein kann, weiß man seit dem blauen Licht im *Tieger von Äschnapur*. Erneut kommen die eingespielten Elemente zum Zug, Tonmengentest, Ohrenschützer oder Pathosse. Rauchend am Bistrotisch, ist diesmal ein Philosoph dabei, Thomas Kisser, der seine Erläuterungen, falls die Tonmenge es zulässt, beharrlich vorträgt. Im Internet wird nach Geistern gesucht; immer wieder sind seltsame Geräusche zu hören, dann der Schrei einer Frau. „Ist das immer derselbe Geist?", fragt der Captain und verlangt nach einem Captain-Rum. Wo, wenn nicht in den *Simulationsflügen,* entpuppte sich Sagerer als Stand-up-Comedian in der Gaga-Variante? Am Ende verliert er sich in Visionen – über Atome und überhaupt. In der ersten Reihe sitzt Ingrid Seidenfaden, Theaterkritikerin der Abendzeitung.

In einer Phase, da die Abendzeitung das proT boykottiert hatte, war sie als Redakteurin eingestellt worden. Für sie überraschend wurde ihre erste lobende proT-Kritik nicht gedruckt. Nachdem der Feuilletonchef selber in der Vorstellung war, hob er den Boykott auf. Seither begleitete Seidenfaden dieses Theater mit nicht nachlassender Treue. Dabei hatte ihr Sagerer 1986 ein patziges Interview gegeben:

„Was tun Sie, um im Münchner Kleintheater-Überangebot aufzufallen?", fragte sie.

„Diese Frage beschäftigt möglicherweise den Fragesteller", antwortete Sagerer. „Sie ist so klein, daß wir sie gar nicht erkennen können."

„Wollen Sie sich gegen die großen Häuser absetzen?"

„Die zweite Frage ist auch nicht intelligenter als die erste. Auch bei großen Häusern geht's darum, was drin ist, und ein großes Haus erschreckt uns nicht mehr als ein kleines Haus."

„Was fällt Ihnen beim Namen Everding ein?"

„Das ist eine Frage für Kabarettisten. Man kann annehmen, daß Everding ein Objekt für Kabarettisten ist."

„Können Sie von der Kunst, die Sie machen, leben?"

„Bei dieser Frage möchte man den Fragesteller bei der Hand nehmen und ihm Kunst und Leben erklären."

„Können Sie künstlerisch tun, was Sie wollen? Wo sehen Sie Ihr größtes Hindernis und wo Ihre Stärke?"

„Ein Künstler kann immer tun, was er will. Sonst wäre er kein Künstler. Die deutsche Vorstellung einer künstlerischen Freiheit hat nichts mit Kunst zu tun."

„Was würden Sie anders machen, wenn Sie könnten?"

„Die meisten Probleme hier bei uns kommen daher, daß fast alle etwas anders machen wollen. Das proT will überhaupt nichts anders machen."

Davon ließ sich Ingrid Seidenfaden nicht beirren. Im Gegenteil, auf den ersten Blick hatte sie erkannt, dass im proT etwas geschah, das nirgendwo sonst geschah. Als Gast wirkte

Fünf

sie in der *Maiandacht* mit, beim Abend der Theaterkritiker. Und selbst den Berlinern erklärte sie, in einem Beitrag für den Tagesspiegel, was es mit Alexeij Sagerer auf sich hatte: Er verbinde in seiner Arbeit die Tradition und die Sturheit seiner niederbayerischen Herkunft mit blitzgescheiter Neugier auf den Rest der Welt. Auf ihrem Schreibtisch stand eine Postkarte mit Alexeijs Spruch aus *proT trifft Orff:* „Die Bäume sterben nicht. Sie ziehen sich lachend von uns zurück." Dieser Spruch, so sagte sie, solle einmal auf ihrem Grabstein stehen. Gut ein Jahr nach den *Simulationsflügen,* im September 2001, starb sie im Alter von 73. Ihr Grabstein trägt die Inschrift, die sie sich gewünscht hat.

Nach den *Simulationsflügen* erhielt Sagerer von einer Stadträtin, zugleich kulturpolitische Sprecherin der SPD, eine Einladung zum Essen. Was auf den Tisch kam, ist nicht überliefert. Überliefert aber ist die sorgenvolle Miene der Gastgeberin. Ob er sich mit *Operation Raumschiff* nicht in etwas verrenne? „Warum spielen Sie nicht wieder ein so tolles Stück wie *Watt'n?*"

Alexeij entgegnete: „Weil ich *Watt'n* schon gemacht habe."

Der Idee nach sollte ein Raumschiff einen Raum herstellen und dadurch, dass es flog, Beziehungen knüpfen zu anderen Räumen wie Text- und Themenräumen, Pathosräumen oder Internetäumen. In *Ungleich München,* 2001 in der Muffathalle, erwies sich der Captain als dermaßen erschöpft, tief und tiefer in seinem Stuhl versinkend, dass es nur noch aufs Durchhalten anzukommen schien, immerhin dreieinhalb Stunden. Die einzelnen Elemente, zum Teil erprobt in *Kleine Raumschiffe* und *Simulationsflüge,* wirkten beflissen und öde, der anarchische Spaß wie versickert. Das eine passte nicht zum anderen, alles flog zwar, aber es flog auseinander. Doch auch das war unmittelbares Theater, nicht mit Kräften, sondern mit Schwächen gespielt, erschöpftes Theater, und wer weiß, vielleicht hätte es Grotowski gefallen.

Tarzan & Jane

Kann Tarzan die Welt retten? Und wenn nicht, rettet er *Operation Raumschiff*? Anfang der 1990er Jahre hatte Sagerer die Helden Siegfried und Hagen an den VierVideoTurm gebracht und so mit dem *Nibelungenlied* einen großen Horizont aufgezogen. Anfang der Nullerjahre fiel seine Wahl auf Tarzan und Jane, um die abstrakten Raumschiff-Spiele mit inhaltlichen Referenzen auszustatten. Er schlug einen Bogen von *Tarzans secret container im Irak* bis zu *Geklonter Tod*, von Tarzans Suche nach der entführten Jane bis zum Sterben der beiden.

Zum Spaß haben Saddam Husseins Söhne die schöne Jane entführt und Wissenschaftlern übergeben. Darauf dringt Tarzan in den Irak ein, um Jane und dazu das Land von allem Bösen zu befreien. Einig sieht er sich darin mit Präsident George W. Bush. In der Story griff Sagerer auf die Tarzan-Romane zurück, ganz so, als wollte er sie fortsetzen unter den Vorzeichen der heutigen Welt. Schon der Roman-Tarzan nämlich, Spross einer englischen Adelsfamilie, doch in der Wildnis aufgewachsen, wird im Ersten Weltkrieg als Agent in Afrika eingesetzt – im Dienst der Amerikaner. Alle Frauen verfallen ihm, auch die bösen. So musste er sich, der unschuldige Naturbursche, in der Fortsetzung fragen, ob er eine böse Frau töten dürfe.

Im Frühjahr 2003 war *Tarzans secret container im Irak* in vier Folgen als Live-Stream im Internet zu sehen. In der Tat rätselt man, wo sich dieser Container befindet. Die Szenerie wirkt, wenngleich mit einfachsten Mitteln im Theateratelier hergestellt, geheimnisvoll. Im Hintergrund hängt ein sandfarbener Vorhang. In einer statischen Einstellung filmt die Kamera Figuren, die von links ins Bild kommen, eine Zeit lang da sind, und dann rechts aus dem Bild gehen. Dadurch entsteht der Eindruck von Comics. Für Tarzan ist Franz Lenniger ans proT zurückgekehrt, die junge Jane spielt Susanne Schneider. Hat Tarzan seine Jane also gefunden? Er zweifelt. Denn es könnte auch ein Klon sein, zwar ebenso aufregend, aber nur ein Jane-Klon. Er beschnüffelt sie unter den Achseln. Ja, sie könnte es sein. Aber Gewissheit ist nicht zu haben. In einer Szene wandern Jane-Klone durchs Bild, junge Frauen in schulterfreien Kleidern in den Farben Rot, Blau, Grün. Wer soll sich da noch auskennen, wenn schon Tarzan nicht mehr durchblickt? Immerhin aber gelingt es ihnen, das Kulturerbe zu retten vor der Macht des Bösen. Tarzan bringt einen goldenen Buddha in Sicherheit, Jane eine Vase. Sie wollen gute Menschen sein und Gutes bewirken. Sie wollen gute Amerikaner sein wie der gute Präsident Bush.

Ein Geräuschemacher sorgt für Wind und auch für blubberndes Wasser mitten in der Wüste. Und als lispelnden Erzähler hört man die Stimme von Alexeij Sagerer. Hat der Wüstensturm die Sinne verwirrt?, fragt er besorgt. Denn niemand könne einschätzen, was im Container vor sich gehe und was nicht. Erschwerend kommt hinzu, dass das Geschehen immer wieder unterbrochen wird, indem ein Film den Film verdeckt, als Akt der Tarnung, so heißt es. Oder der Propaganda? Als Tarnfilme werden Sagerers *Romance* und Shakespeares *Othello,* eine Aufzeichnung aus den Münchner Kammerspielen, eingesetzt. Als Othello ist Thomas Thieme zu sehen, als Desdemona Julia Jentsch. Sie umkreisen einander, der Konflikt spitzt sich zu. Die Stimme des Erzählers lispelt: Tarzan würde Jane nie aus Eifersucht umbringen.

Aber bald darauf sind beide wieder da, im Dschungel, nackt, wie Gott sie schuf. Ich Tarzan, du Jane – so mag die Geschichte angefangen haben. Doch es fällt kein Wort. Mit behutsamen Gesten versuchen sie herauszufinden, was mit ihnen geschieht. Ist es nicht paradiesisch? Am Ende sitzen sie auf Stühlen nebeneinander, jeder mit einer blauen Trommel auf dem Schoß. Würden sie auf die Trommel schlagen, verflöge der Zauber. Sie halten still. Der Dschungel liegt hinterm Käfig, wo anstelle der Affen Philosophen sitzen, vier Philosophen im Affenkäfig. Für die Produktion *Geister-Raum-*

Schiffe holte Sagerer im Herbst 2003 Denker in den Tierpark Hellabrunn: die Kulturwissenschaftlerin Ulrike Landfester, die Theaterwissenschaftlerin Sibylle Peters, die Philosophen Günter Zöller und Thomas Kisser. Er gab ihnen Themen vor für ihre Referate, Tarzan-Politik, Vortrag als Performance, Denken und Natur sowie das Denken selbst. Zöller sagt: „Der Gorilla frisst die Banane. Der Denker im Gorillakäfig fragt, warum sie krumm ist."

Im Tierpark wurde umgebaut, darum waren die Gorillas nicht da. Aber nebenan dösten andere Affen, Mandrills. Vor der Muffathalle hatte ein Bus gewartet und die Zuschauer mitgenommen nach Hellabrunn. Nach der Idee von *Nomaden und Helden* dauerte jedes Referat 21 Minuten; Einreden und Kritik sowie die Erwiderung darauf durften sieben Minuten nicht überschreiten. Zum Denken der Denker und zum sprachlosen Dasein von Tarzan und Jane bläst Sebi Tramontana auf der Posaune, er pustet, quäkt, zischt fast wie ein Tier. Viele Tiere auf einem Instrument. „Was ist das, innere Anschauung?", fragt Sibylle Peters. „Haben Sie gerade eine? Oder gibt es hier zu viel zu sehen?"

Peters zitiert Fichte: „Nur das unmittelbar lebendige Denken belebt fremdes Denken und greift ein in dasselbe." Durch die Betonung des performativen Akts rückt der wissenschaftliche Vortrag in die Nähe des unmittelbaren Theaters. In *Vortrag über Nichts* von John Cage, den Peters ebenfalls heranzieht, wird diese Nähe direkt greifbar. Cage sagt: „Die meisten Reden sind voll von Ideen. Diese hier braucht keine zu haben. Aber jeden Augenblick kann eine Idee daherkommen. Dann können wir uns darüber freuen."

Bis 1946 waren 26 Tarzan-Romane von Edgar Rice Burroughs erschienen. Unzählige Male wurden sie verfilmt oder als Vorlage für Comics verwendet. In der Affensprache, so gaukelt Burroughs vor, steht Tarzan für „Weißhaut". Dass die Figur einen amerikanischen Heldenmythos bedient, zeigt Ulrike Landfester in ihrer unsentimentalen Analyse auf: „Die

Kunstfigur ‚Tarzan' ist der Messias eines ganz und gar nicht nur poetischen Imperialismus, ein Rollenskript für die Ausbreitung amerikanischer Zivilisation über die barbarischen Nationen." Das ist auch der Grund, warum Tarzan heute, versteckt in einem Container, im Irak seine Mission fortführt.

Während in *Die vier Simulationsflüge* noch nach Geistern im Internet gestochert wurde, saßen die Geister der *Geister-Raum-Schiffe* verlässlich im Käfig vor ihrem Publikum. Diesmal diente das Internet dazu, eine Verbindung zum Berliner Museum für Kommunikation herzustellen. Dort gibt Regina Frank eine Performance unter demselben Titel wie bei *Siegfrieds Tod: Die Künstlerin ist anwesend*. Angeregt durch den Tarzan-Mythos und die Parallelaktion im Zoo, umgibt sie sich mit Stofftieren, die sie, eines nach dem anderen, aufschlitzt. Die wiederum live hergestellte Folge des *Grössten Films* wird sowohl für das Berliner als auch für das Münchner Publikum auf eine Leinwand projiziert. So werden die einen Zeuge, was bei den anderen jeweils geschieht.

Sagerers Nähe zur bildenden Kunst führte vermutlich dazu, dass er in die Kommission „Freie Kunst im öffentlichen Raum" berufen wurde, zunächst für eine Pilotphase. Doch nach politischen Verwerfungen – der Münchner Stadtrat missbilligte die Empfehlungen der Kommission – trat er sofort wieder aus. In einem öffentlichen Brief vom 7. April 2004 gab er die Gründe bekannt; sie wiegen schwer, denn er sah durch das Eingreifen der Politik seine ureigenen künstlerischen Überzeugungen verletzt. Dabei war er, das Motto „Freie Kunst im öffentlichen Raum" wörtlich nehmend, zunächst guten Mutes gewesen: „München stellt sich in einer selbstbewussten Geste als Raum für aktuelle künstlerische Strategien zur Verfügung. Ungefragt! Selbstverständlich! Ist praktisch selbst eine künstlerische Strategie. Einmal nicht Ausbau der Institutionen, um die Künstler im kontrollierten Feld zu haben oder Kuratoren als Politiker-Stellvertreter, die den Künstlern die Richtung weisen. Die Stadt hat begriffen, dass es notwendig ist, den Künstler unmittelbar ins Spiel zu bringen. Dass das Spiel verloren geht, wenn sich die Künstler um Institutionen und Kuratoren drehen. Dass der Künstler souverän bleiben muss, um sich behaupten zu können und eine Ahnung von Selbständigkeit in die Gesellschaft zu tragen, die immer etwas mit Widerstand, Irritation und Subversion zu tun hat. Die befreiende Verrücktheit der Künstler gegen den dumpfen Wahnsinn der Machthalter, Staatsagenten und Verwaltungen."

Ja, das wäre schön gewesen. Aber durch die Zensur verspielte München seine vermeintliche Souveränität und ließ das geisteshelle Projekt in einer Provinzposse versanden. Noch dazu stand Oberbürgermeister Ude nicht an, in einer Zeitungskolumne so etwas wie den guten Geschmack zu feiern und damit sich selbst als einen, der geschmacklich nicht so Gutes verhindert habe. Sagerer weiß (und schrieb das auch in seinem Brief), dass der sogenannte Gesunde-Menschen-Verstand, hinter dem sich der OB und sein Stadtrat verschanzten, als die beliebteste und erfolgreichste Strategie gegen Kunst überhaupt gilt. Und er sah ganz genau, dass die Politik durch ihr Veto übergriffig wurde: „Nun müssen sich der Oberbürgermeister und seine Stadträte nicht jedes Kunstwerk vorstellen können. Schlimm wird es nur, wenn sie ihre Vorstellung von Kunst als Grenze der Kunst verstanden wissen wollen." Erwartungsgemäß wollte die Politik einer weiteren Blamage entgehen, und so zog sie vorsorglich Institutionen hinzu und kettete die „Freie Kunst" an thematische Vorgaben. Bei gesetzten Themen springen seit jeher die Mittelmäßigen an, die zu schwach dafür sind, eine eigene künstlerische Vision zu entwickeln.

Entzündet hatte sich der Streit vor allem an einer Idee von Santiago Sierra. 15 Meter Gehsteig wollte er auswechseln lassen, von links nach rechts und um 180 Grad gedreht, und zwar unter Aufsicht eines Archäologen. Da fühlte sich der gesunde Menschenverstand gefoppt. In der Sicht von Sagerer aber wäre Sierras *Positionswechsel zweier Gehsteigfragmente* „von einer befreienden Verrücktheit" gewesen, „ironisch subversiv". Das Projekt hätte mit einfachen Mitteln eine begehbare Skulptur geschaffen und wäre auch nicht bösartig gewesen, solange die Provinzler keine Angst davor gehabt hätten, nicht ernst genommen zu werden. „Aber das Beste an dem Projekt ist, dass es sich da befindet, wo Kunst nur sein kann – nämlich auf der Seite der Differenz, des scheinbar Unscheinbaren. Denn natürlich ist rechts und links nicht gleich, ist Gehsteig nicht gleich Gehsteig. Und natürlich wäre diese Qualität erfahrbar gewesen – wenigstens für Leute, die mit ihren Füßen auf dem Boden bleiben."

Für *Monster-Idyllen* im September 2004 zog das proT in eine Reaktorhalle mitten in München. Kaum dass die Halle in den späten 1950er Jahren fertiggestellt worden war, dämmerte der Politik, dass ein Reaktor in der Innenstadt vielleicht nicht ganz ungefährlich sei. So verlegten sie das Projekt in die Peripherie nach Garching, in die Nachbarschaft der Technischen Universität, und schufen dort das bekannte Atomei. In die verwaiste Halle baute der Künstler Kay Winkler einen rundumlaufenden, hölzernen *gangweg*, eine zurückhaltende Installation, welche die bedrohliche Atmosphäre des kahlen Raums nicht beeinträchtigte. Unten, im Innenhof, steht das Publikum und blickt nach oben, auf den *gangweg* und auf die höheren Ebenen; auf der einen erspäht es Tarzan, auf der anderen Jane. Außerdem kann es, durch einen Blick auf die Leinwand, die Fortsetzung des *Grössten Films* verfolgen. Szenen aus der Reaktorhalle und Szenen aus der niederbayerischen Idylle.

In Niederbayern soll Tarzans Geburtshütte stehen. Aber dass der Anschein von Idylle trügt, verrät ein Blick in den Keller. Dort wird gefoltert. Dort herrscht das Böse, das Tarzan ausmerzen will. Auf einer Pritsche liegt eine nackte Frau, die von einer anderen nackten Frau ausgepeitscht wird. Noch dazu wird ihr ein spitzer Gegenstand ins Po-Loch gesteckt. Die Szene sieht aus, als sei sie nicht unmittelbar gefilmt und also ein Zitat, nur zur Tarnung gewissermaßen – aber wofür. Was trägt sich wirklich zu in Tarzans Geburtshütte?

In vier Teilen an vier Abenden von jeweils nur 28 Minuten wurde *Monster-Idyllen* aufgeführt. Captain Sagerer zieht sich in die Stimme des Erzählers zurück: „Tarzan und Jane sind frisch geklont. Sie sind die Zukunft. Sie leben das Gute und bereiten sich auf den Kampf gegen das Böse vor. In einem ehemaligen Atomreaktor trainieren sie das natürliche Leben von Tarzan und Jane." Tarzan klappert mit einem Fensterrahmen, er tanzt; Jane benetzt sich mit Wasser und taucht ihren Kopf in einen Kübel, wieder und wieder. „Tarzan bekämpft auch das Böse in Atomkraftwerken", sagt der Erzähler. „Und sorgt für saubere Energie." In der Geburtshütte rührt eine Frau die Tarzanzellsuppe an, denn viele Tarzans werden gebraucht, will Amerika mit seinen Beglückungsfeldzügen weiter erfolgreich sein. „In Thailand nennt sich Tarzan Johnny Depp und alle Thailänderinnen sind verrückt nach ihm und helfen ihm bei seinem Kampf gegen das Böse." Im Keller der Geburtshütte, so erfährt man, würden aus Tarzan und Jane böse Männer und böse Frauen geklont, „undemokratisch und pervers". Die Prozedur scheint unvermeidlich zu sein. Denn wie sonst sollte der Kampf gegen das Böse trainiert werden, wenn nicht mit Hilfe von bösen Klonen als Gegnern.

Längst steht Tarzan an der Spitze aller Propaganda. Als das proT in die Ausstellung *SchauSpielRaum Theaterarchitektur* einzog, mit Tarzan und Jane sowie Tarzans Propagandaministerium in die Pinakothek der Moderne, da meldete die Direktion des Museums Bedenken an. Also, Tarzan und Jane, das sei völlig okay, aber Tarzans Propagandaministerium würden sie hier nicht beherbergen wollen. Das Haus unter seiner Leitung, sagte der Direktor, dürfe sich keinen Eingriff in die aktuelle Politik erlauben. Die Bush-Politik als Fortsetzung der Tarzan-Politik – also, ich bitte Sie.

In *Geklonter Tod,* 2005 in der Muffathalle, wohnt man dem Sterben bei, von Tarzan und Jane. Jeweils hinter einer

Fensterscheibe kniend, betrachten sie die Welt. Dann fangen sie an, gegen das Glas zu klopfen, zu trommeln, ehe sie es mit der Faust durchschlagen, dass die Scherben springen. Sind sie am Ende wirklich tot? Oder sind nur zwei Klone öffentlichkeitswirksam gestorben? Ein Hinweis des Erzählers lässt etwas Hoffnung aufkeimen: „Niemand weiss, was sich von Tarzan und Jane noch in Tarzans Geburtshütte befindet. Sind es Tarzan und Jane selbst, die Originale, dünn und aufgebraucht?"

Glaubenskrieg mit den Münchner Kammerspielen

Mit den Kammerspielen verbindet Alexeij Sagerer eine lange Geschichte. Unter August Everding gastierte das Theater im Landsberger Gefängnis, und Sträfling Alexeij durfte erleben, wie unverbindlich und ohne Gespür für die theatrale Situation das Gastspiel vonstatten ging. Everdings Wort, die Gefangenen hätten reagiert wie beim Kasperletheater, parierte Alexeij mit der Äußerung, ja, weil die Kammerspiele gespielt hätten wie im Kasperletheater. Später, in einem AZ-Gespräch, empfahl er Everding als Objekt für Kabarettisten. In den Interviews mit Theaterleitern, die Jürgen von Hündeberg führte, wurden die Kammerspiele nicht verschont. Damals wollte Alexeij zeigen, dass alle nur mit Wasser kochten. Den gegenteiligen Beweis blieben auch die Kammerspiele schuldig. Im Live-Stream von *Tarzans secret container* zitierte er erneut die Kammerspiele, mit einer *Othello*-Aufführung, ironisch eingesetzt zur Tarnung.

Wenn ein starkes Außen ins Innen schaut, dann sucht es nach einem starken Innen, weil ein schwaches Innen zu schwach wäre für jede Auseinandersetzung. Außerdem hielte sich der Spaß in Grenzen. Denkt man Theater als Institution, so gelten die Münchner Kammerspiele seit jeher als das erste Haus am Platz. Wie in einem guten Sniper-Film müssen sich am Ende zwei exzellente Scharfschützen gegenüberstehen. Obwohl gegnerischen Seiten verpflichtet, werden sie einander respektieren, solange nur jeder sein Handwerk beherrscht.

Auf das Bayerische Staatsschauspiel ließ sich Sagerer ein, bei *Götterdämmerung* sowie *… und morgen die ganze Welt*, weil er in Elisabeth Schweeger eine Komplizin gefunden hatte. Nach *Monster-Idyllen* fragten nun die Kammerspiele an, ob er im Rahmen des Projekts *Glaubenskriege* eine Produktion an ihrem Haus herausbringen wolle. Bei einem Treffen in der Theaterkantine kamen Chefdramaturgin Barbara Mundel, Dramaturgin Marion Tiedtke und Alexeij Sagerer überein, diese Produktion unter dem Titel *Tarzan trifft Gott* vorzumerken. Zudem sollte Sagerer den Raum, das Neue Haus, kennenlernen, und so wurde ein Termin für die Besichtigung vereinbart. Der technische Leiter begrüßte ihn mit den Worten „Ah, Alexeij Sagerer, die Legende lebt". Und auch sonst schien alles zum Besten bestellt.

Aber das war es auch schon. In den Wochen darauf erfuhr Sagerer, was so mancher Künstler erfährt, wenn er es mit der Institution Theater zu tun bekommt. Warten auf den angekündigten Rückruf, Unerreichbarkeit der gerade noch so angetanen Partner, mieser Stil. Geld dürfte dabei keine Rolle gespielt haben, denn Sagerer wollte seine Produktion auch finanziell in der Hand behalten und verlangte nur lächerliche 5000 Euro. So souverän war die Dramaturgie offenbar nicht, dass sie Sagerer über welche Entwicklungen auch immer aufgeklärt hätte. Stattdessen schickte sie eine junge Assistentin vor, die am Telefon auf der Frage herumkaute, warum im Video von *Monster-Idyllen* der Musiker nicht zu sehen sei. Abgesehen davon, dass ihre Frage berechtigt war – eine umsichtige Bildregie hätte den Posaunisten Sebi Tramontana ins Bild bringen müssen –, trug sie nichts zum anstehenden Projekt bei. Nicht allzu lang vor der geplanten Premiere kam „schweren Herzens" die Absage in einer E-Mail von Chefdra-

Fünf

maturgin Mundel, ohne Angabe von Gründen. „Die Gründe sind vielfältig." Ha!

Sagerer schrieb einen Brief an die Kammerspiele, in dem er das klägliche Vorgehen schilderte, und machte ihn öffentlich: „Es geht doch nicht darum, dass sich nichts verändern könnte. Es geht um die Verkniffenheit und gleichzeitig Rücksichtslosigkeit, mit der die Institution glaubt, mit freien Künstlern umgehen zu können. Niemals würde sie sich dies gegenüber anderen Institutionen erlauben (schon wegen deren Rechtsabteilungen). Man bringt die Sachen nicht auf den Tisch, und man ist zu feige, eine offene Auseinandersetzung stattfinden zu lassen."

In einem Brief vom 25. April 2005 antwortete Intendant Frank Baumbauer auf die Vorwürfe: „Die Historie zu den Kontakten zwischen den Kammerspielen und Ihnen ist mir bekannt. Ich könnte dem jetzt unsere Sicht gegenüberstellen – aber das brächte wohl wenig. Verbirgt sich doch hinter Ihren Worten das große und grundsätzliche Misstrauen gegenüber Instituten wie den Kammerspielen. Was eigentlich ist gemeint, fragt man sich. Die Sache selbst ist wenig ungewöhnlich. Wir suchen Kontakt, prüfen, ob sich Inhaltliches verbinden läßt, und kommen dann zu einer Entscheidung, ob wir auf ein Projekt zugehen wollen oder nicht. Das darf doch sein, muss doch sein können. Oft ist der Papierkorb abgelegter Wünsche reicher gefüllt als das tatsächlich Realisierte. Die Kammerspiele sind weder unsauber noch unfair mit Ihnen umgegangen. Und dort, wo wir in Verzögerung waren, haben wir uns entschuldigt. Das sollte für Sie und Ihre Erfahrung doch kein Problem darstellen. Damit können Sie doch wohl selbstbewußt umgehen, denke ich." Und als Post Skriptum fügte er hinzu: „Und noch etwas: Ich bin immer skeptisch, wenn Briefe ‚öffentlich behandelt' werden, über Abschriften und Verteiler etc. Das zeigt letztlich, dass man mehr an Öffentlichkeitsarbeit denn an direkter Auseinandersetzung interessiert ist."

Auch Baumbauer hielt es nicht für notwendig, Gründe zu nennen. Vielmehr verschanzte er sich hinter der Arroganz eines Theaterdirektors, gerade so, als könne er kraft seines Amtes Entscheidungen treffen, ohne die Substanz des Künstlerischen, für die er ja zuständig wäre, im Mindesten zu erwähnen. Offen gesagt, als Sniper würde ich ihn nicht besetzen. Allzu sehr zittert seine Hand. Der Schuss ist ins Leere gegangen.

In einem öffentlichen Brief vom 21. September 2005 reagierte Sagerer auf die inhaltlosen Zeilen. Gleich am Anfang griff er den Slogan der Kammerspiele an, „Das Theater der Stadt", um am Ende das leider nur gut gemeinte Sozialtheater-Projekt der Kammerspiele, *Bunnyhill* 2004 mit dem Münchner Hasenbergl, zu widerlegen.

„Die Kammerspiele sind weder DAS THEATER DER STADT noch DIE LETZTE ÖFFENTLICHKEIT oder DIE LETZTE ÖLUNG – weder überhaupt noch für den Bereich Theater. Natürlich ist diese Sache zwischen den Kammerspielen und dem proT eine öffentliche Angelegenheit. Und wie weit es die Öffentlichkeit interessiert, wird diese entscheiden. Die Kammerspiele sind dabei nicht in der Position, die Grenzen zu ziehen. Weder in der Frage ‚was darf öffentlich werden?' noch in der Frage ‚wie öffentlich darf es denn sein?'. Dies mögen Sie in Ihrem Institut so regeln können, aber nicht hier. (...) Offensichtlich leben die Kammerspiele, DAS THEATER DER STADT, mit dem Generalverdacht, dass sich alle Welt an ihrer masslosen Bedeutung hochziehen will. Darauf folgt die rührende Selbstunterstellung, die Kammerspiele hätten ohne meine Post mehr an einer direkten Auseinandersetzung interessiert sein können. Die Institution lebt gerne auch in der Illusion, für alles offen zu sein. (...) Da aber eine selbstbewusste Institution Kontakt zu einem Ausserhalb sucht und braucht – meistens um es zur Institution zu verführen, manchmal aber auch, um vielleicht selbst ein wenig Nicht-Institution zu werden – ist es möglich, temporär mit einer Institution zusammenzuarbeiten. Eigentlich weniger mit der Institution selbst, als mit einigen ihrer Mitarbeiter, die dies wollen und dazu in der Lage sind. (...) Aber Sie können nicht auf mich zugehen und dann prüfen, ob Sie auf mich zugehen wollen. Und im nächsten Schritt so tun, als hätte ich mich bei Ihnen beworben und Sie müssten in monatelangen Entscheidungsprozessen hinter verschlossenen Türen klären, wie Sie damit verfahren wollen. (...) Die folgenschwerste dieser Illusionen ist, dass die Institution glaubt, der wahre Wert des Theaters wäre ihr immanent und das Ausserhalb würde von ihr zu diesem Wert zugelassen, wenn es soweit ist. Daher glaubt die Institution, sie wüsste schon, wie man mit diesem Ausserhalb umzugehen hat. (...) Ein Ausserhalb, das immer unzeitgemäss ist, während die Institution immer auf der Höhe der Zeit ist. Dann repräsentiert die Institution Glaubenskriege, ohne zu begreifen, dass sie selbst einen Glaubenskrieg führt. Dann gaukelt die Institution dem Hasenbergl eine Hierarchie-Verschiebung vor, während sie eine Staatstheater-Hierarchie praktiziert, die um sich herum nur Theater-Hasenbergl kennt. Dann verwandelt sie die mögliche Verrücktheit des Hasenbergl in die Biederkeit von ‚Bunnyhill' und schreibt dafür eine unsägliche Nationalhymne. Die Institution betreibt Problem-Casting, anstatt zu versuchen, etwas Hasenbergl, also Nicht-Institution zu werden. (...) Nicht der Begriff des Theaters ist den Institutionen immanent, sondern die Institution ist dem unendlichen Fluss des Theaters immanent und darin mag sie sich explizieren, wenn sie glaubt, dass sie es braucht."

Am konkreten Beispiel erweisen sich Sagerers Kategorien „Innen" und „Aussen" als zutreffend. So wie eine Institution als Institution komponiert, komponiert ein Theater als Theater. Auch die Institution Theater komponiert als Institution. Darum ist Sagerers Hinweis nicht verkehrt, dass zwar die Institution im Theater aufgehen kann, aber nicht das Theater in der Institution. Mit dem *Bunnyhill*-Projekt wurde deutlich, wie die Institution Kammerspiele das nomadische, bevorzugt als problematisch bezeichnete Hasenbergl zum Mitmachen ermunterte, natürlich nach geläufigen Regeln. Eine wahre Begegnung wäre nur zustande gekommen, hätten die Kammerspiele die Komposition Hasenbergl ernstgenommen und sich ihr gewachsen gezeigt. So war dieser Briefwechsel tatsächlich eine öffentliche Angelegenheit. Der Schuss des Snipers Sagerer hatte sein Ziel getroffen. Weshalb Frank Baumbauer nicht mehr antworten konnte.

Angriff und Verteidigung

Gegen das Vordringen alternativer Theaterideen, zunehmend bis in die Institutionen hinein, regt sich in jüngster Zeit Widerstand. Performance, Ereignis, Authentizität, so heißt es abschätzig, würden mittlerweile als Mainstream gelten. In einem Zeitungsartikel schreibt Peter Laudenbach: „Der Abschied vom psychologisch-realistischen Spiel, der Guckkastenbühne samt der Gewissheit, auf ihr die großen Konflikte verhandeln zu können, scheint bei der trendbewussten Fraktion der Theatermacher Konsens zu sein. Was einst in der Freien Szene als Herausforderung der Klassiker-Pflege der Staatstheater begann, ist dabei, zur neuen Konvention zu werden."

Plötzlich wird Realismus, eine seit jeher schwer zu fassende Vokabel, für das neue Zauberwort gehalten. Mit seinem 2015 erschienenen Buch *Lob des Realismus* schneidet Bernd Stegemann gekonnt in die Diskurse und versucht, wie der junge Botho Strauß, ästhetische und politische Ereignisse zusammenzudenken. Im Kern richtet sich sein Unbehagen gegen die Ich-Zentriertheit und Selbstbespiegelung einer Szene, die im Zweifel ihre künstlerischen Mittel über jeden Inhalt stelle und in einer ohnehin verstörenden Welt nichts als die Verstörung feiere. Statt Erkenntnis und Orientierung zu bieten, kreise diese Kunst um sich selbst und bestätige noch dazu das neoliberale Wirtschaftsmodell: Der Einzelne müsse, um optimale Leistung zu erbringen, zu einem flexiblen, allzeit einsetzbaren Performer werden und so imstande sein, sich selbst zu vermarkten. „Die Avantgarde begibt sich immer weiter in eine undialektische Opposition zur Realität, indem sie sich selbst zur Realität zweiter Ordnung erklärt. Sie wird zur Geisel ihres Zwangs, die eigenen Erzeugnisse immer wieder überbieten zu müssen, und bleibt damit in dem gleichen Wettkampf gefangen, wie die Arbeiter im kapitalistischen Markt."

Er ruft das Theater dazu auf, die sozialen Konfliktlagen, Klassenkonflikte, genauer gesagt, bewusst zu machen und dadurch politische Relevanz zurückzugewinnen. Während Kunst in der Peripherie sich wieder sozialer Realität zuwende, sei Kunst im Zentrum gleichsam blockiert durch Konventionen einer abgestumpften Idee von Avantgarde. „Wird die Wahrnehmung auf das Performative gerichtet und von ihm bestimmt, treten die inhaltlichen Widersprüche zurück und die Präsenz der sinnlichen Erscheinung dominiert. So wie der Klang der Stimme nun das Gesagte übertönt, überschreibt das Rauschen der Ereignisse das Erkennbare."

So sehr man Stegemanns Kritik am zeitgenössischen Kapitalismus teilen mag, so sehr mag man seine Schlüsse im Blick aufs Theater bezweifeln. Wie jede gute Polemik entgeht auch Stegemanns Polemik nicht der Gefahr, sich im Schematischen zu verfangen. Hier der gute Realismus, dort die böse Avantgarde sowie die böse zersetzende Philosophie der Postmoderne. Anstatt dass er nach Künstlern fragt und nach künstlerischen Prozessen, betrachtet er Kunst größtenteils funktional, nicht anders als ein kapitalistischer Unternehmer sein kapitalistisches Unternehmen.

Nach und nach entsteht der Eindruck, als arbeite Stegemann an einer großen Erzählung. Er erzählt die Geschichte vom Neuen Deutschen Theaterrealismus, mit deren Hilfe die Kunst wieder in die Pflicht genommen werden soll. Schon darum muss er die postmoderne Philosophie ausschalten, denn nichts hat sie so leidenschaftlich zerlegt wie die großen Erzählungen, egal, ob politisch, ideologisch oder kulturellreligiös gestimmt. Historisch gesehen, waren die Versuche, Kunst zu verpflichten auf dieses oder jenes, immer kläglich gescheitert. In meinem Buch über *Theater in der DDR* habe ich die dadurch entstehende Verkrampfung detailliert untersucht. Umso erstaunlicher wirkt es, wenn Stegemann in seiner berechtigten Sehnsucht nach Veränderung der kapitalistischen Herrschaftsverhältnisse das Theater funktional einspannen will, wenn auch weniger agitatorisch als erzieherisch.

Mit Jacques Lacan und seinem Begriff vom Realen könnte ein belebendes Element in die neue Realismusdebatte kommen. Das Reale könne als Reales nicht selbst angeschaut werden. Im Grauen, in der Angst, im Schrecken oder in der Sexualität seien Ahnungen des Realen zu erfahren, wenn auch stets gebrochen durch ihre jeweilige Vermittlung in Symbolen oder Phantasmen.

Darüber hat zumal Karl Heinz Bohrer ein ums andere Mal nachgedacht, in Aufsätzen und Vorträgen, unlängst veröffentlicht in dem Band *Ist Kunst Illusion?* Gerade die Illusion ist für Bohrer der Indikator für Kunst; „Phänomene" sind Gegenstand des Ästhetischen, und sie weisen weit über die Abbildung der Wirklichkeit hinaus. „Die Wahrnehmungseffekte sind nicht unmittelbar übersetzbar in Bedeutung. Sie produzieren zunächst einmal ‚Illusionen'." Natürlich weiß auch er, dass die Rezeption nach unterschiedlichen Mentalitäten erfolgt. Die einen wollen sofort wissen, was etwas bedeutet, die anderen wollen sehen, wie etwas erscheint. Gleichwohl stellt er fest: „Der performative Akt als solcher, das heißt die Intensität seines Erscheinens, ist genau erkannt, erneut analysiert und durch Kategorien wie ‚Macht des Erscheinens' (Martin Seel) oder ‚Präsenz' (Hans Ulrich Gumbrecht) aktualisiert worden." Mit einem Wort von Bernhard Waldenfels lässt sich Präsenz begreifen als „Unerwartetes, das aufschreckt".

Im Titel von Bohrers Kleist-Vortrag „Kohlhaas' Rache: Kein moralischer Disput, sondern imaginative Intensität" mag man fast einen Schlüssel für unmittelbares Theater erkennen. Auch in der Analyse der Novelle erweist sich Bohrers Denken als mit Sagerers Denken verwandt. „Das romantische Rätsel, wie es Kleist darstellt, ist selbstreferentiell rätselhaft. Es enthält keinen Hinweis auf eine übergeordnete Instanz, die zu enträtseln wäre. (…) Anstelle einer psychologischen Erklärung erkannten wir den Einschlag einer durch Imagination vermittelten Intensität." Woher die Impulse im jeweiligen Augenblick rühren, bleibt im Dunkeln. „Die ‚Augenblicke' von Kohlhaas stellen den literarisch hergestellten imaginativen Ausnahmezustand dar, keine aus der Wirklichkeit kopierte psychologische Situation. Und deshalb ist Kohlhaas' Täterschaft weder sozio-psychologisch noch philosophisch-moralisch zu verstehen." Wen also repräsentiere Kohlhaas?, fragt Bohrer. Die Antwort wäre: niemanden. Diese existenzielle Figur nämlich sei nicht erreichbar von der Logik Kantscher oder Schillerscher Moralanalyse.

Bedenkenlos ließe sich das proT als Theater der imaginativen Intensität begreifen. Ungezählt sind die Augenblicke, da etwas zur Erscheinung gebracht wird, teils auch Unerwartetes, das aufschreckt, ohne dass Referenzen zur Realität hergestellt würden. Aber gehören die Produktionen des proT schon darum, wie Stegemann argwöhnen würde, einer Realität zweiter Ordnung an? Nur weil es psychologisches Rollenspiel in herkömmlichen Situationen ausschließt? Das wäre ein Trugschluss. Denn das neuerdings so gefragte Realistische hat sich in theatral hergestellte Vorgänge verlagert, in konkrete Abläufe in konkreten Räumen.

Im Jahr 2014 brachte das Münchner Tanz- und Theaterfestival Rodeo ein gut recherchiertes Programmheft heraus, noch dazu mit einem Porträt von Alexeij Sagerer, ohne dass er im Programm vertreten gewesen wäre. Auf die Dramaturgin Lucia Kramer muss er einen irritierenden Eindruck gemacht haben, wenigstens so irritierend wie ein Dinosaurier. „Dieser Sagerer wirkt auf mich wie aus der Zeit gefallen. Nicht nur, weil diverse Vokabeln fallen, wie ‚Establishment', die – zumindest in meinen Ohren – so ein nostalgisch-modriger Alt-68er-Geruch umweht. Vermutlich ist es vor allem dieses Denken in Antagonismen, das er so vehement vertritt und das heute so unzeitgemäß erscheint, weil es weder konstruktiv noch pragmatisch ist – nicht den Konsens sucht, sondern die Differenz betont." Na ja, modrig riecht allenfalls ein Denken, das nicht mehr in der Lage ist zu erkennen, wie Herrschaft ausgeübt und Gesellschaft gesteuert wird.

Doch zweifellos ist Alexeij Sagerer ein Kind seiner Zeit, der 1960er und 1970er Jahre. Sein scharfsinniger Blick auf System und Konvention, auf Institution und Kontrolle rührt von seiner damaligen Sozialisation her. Nimmt man die 1970er Jahre, so war es auch die Zeit, da Jürgen Habermas an seiner groß angelegten *Theorie des kommunikativen Handelns* schrieb. Darin schlug er vor, System und Lebenswelt zu entkoppeln, damals durchaus originell, da sich die gängige Systemtheorie im Konstruieren von autarken Subsystemen erging und jeden kritisch-emanzipatorischen Anspruch längst in den Wind geschlagen hatte. Habermas zufolge greift das System, Staat und Wirtschaft, mittels seiner Steuerungsmedien, Verwaltung und Geld, zusehends nach der bürgerlichen Lebenswelt, nach deren Überzeugungen und Verhaltensweisen – deren ursprünglichen Kompositionen, wie Sagerer sagen würde. Im Zeitalter des Internets nehmen diese Übergriffe rapide zu, und man müsste schon Lucia Kramer heißen, um all das nicht wahrzunehmen.

Die Imperative des Systems erzeugen eine Art von struktureller Gewalt. Mit den Worten von Habermas: „Unter diesen Bedingungen ist zu erwarten, daß die Konkurrenz zwischen Formen der System- und der Sozialintegration sichtbarer als bis dahin hervortritt. Am Ende verdrängen systemische Mechanismen Formen der sozialen Integration auch in jenen Bereichen, wo die konsensabhängige Handlungskoordinierung nicht substituiert werden kann: also dort, wo die symbolische Reproduktion der Lebenswelt auf dem Spiel steht. Dann nimmt die Mediatisierung der Lebenswelt die Gestalt einer Kolonialisierung an."

Recht aber hat Kramer darin, dass Sagerers Denken in Antagonismen oder, wie ich geschrieben habe, in Dichotomien nicht in jedem Fall inspirierend wirkt, einerlei ob zeitgemäß oder nicht, das ist nun wirklich wurscht. Vergeben wird so der Blick auf Schattierungen und in sich Widersprüchliches, was unser Leben, wenn wir ehrlich sind, durchdringt. Ich selbst bin daran gewöhnt, jeden meiner Gedanken mit einem Gegengedanken zu versehen, was Alexeij nur schwer in den Sinn käme. Wenn er zum Beispiel im *Nibelungen & Deutschland Projekt* die Dichotomie von Anfänger und Pragmatiker, von Künstler und Staatsbüttel aufmacht, dann wäre ich schnell dabei, und zwar ohne den Wert des künstlerischen Anfangens zu verkennen, nach einer Verbindung der Pole zu suchen. Man kann ja die tollsten Ideen haben, die utopischsten Vorstellungen – ohne eine pragmatische Ader, sie auch umzusetzen, lägen sie ewig brach. Würde nicht auch Alexeij über diese Ader verfügen, wäre er nicht weit gekommen.

Es hat den Anschein, als schöpfe er aus dem Denken in Gegensätzen, vor allem aus dem Gegensatz zwischen Innen und Außen, eine erstaunliche Kraft für sein Theater. Dass in einer durchrationalisierten Gesellschaft wie der unseren ein Außen schwer zu haben ist, dass wir, solange wir von Eltern und Lehrern erzogen werden, solange wir Steuern oder Beiträge für die Krankenversicherung zahlen, solange wir Stipendien, Preise oder Subventionen annehmen, Teil des Systems und somit Teil des Problems sind, scheint ihn nicht übermäßig zu stören. Tatsächlich steht er mit seinem Leben und seiner Kunst für eine Utopie des Außen ein. In der *Geisterhaften Theatertheorie* hat er Utopie als „noch nicht Gestaltetes" eingeführt, um sie am Ende in der Formel „Utopie des bereits Gestalteten" aufgehen zu lassen. Nichts ist mit dem bereits Gestalteten erledigt. Selbst wenn die Verhältnisse unübersichtlich geworden sind, lässt er es sich nicht nehmen, Grundsätzliches in Frage zu stellen. Viel wichtiger als all die entworfenen Dichotomien jedoch ist das Theater selber. Denn es erweist sich als fähig, das eine wie das andere zu integrieren, den Anfänger wie den Pragmatiker. Im Theater des Alexeij Sagerer trifft man aufs Ganze.

In der Philosophie, die Sagerer für und durch das proT entwickelt hat, spielt Gilles Deleuze, besonders in den letzten beiden Jahrzehnten, eine herausragende Rolle. Deleuze denkt horizontal, nicht vertikal. Statt nach Bild und Abbild zu fragen, fragt er nach Trugbildern. Ihm geht es nicht darum, Dinge auf den Begriff zu bringen, sondern darum, Dinge an sich zu würdigen. Daraus ist leicht zu ersehen, dass sich sein Denken gegen alle Repräsentation richtet. Das Ding muss keinen Begriff repräsentieren, und es muss auch nicht sein wie ein anderes Ding. Das Ding darf sich selbst genug sein. Während Repräsentation die Welt nach Ähnlichkeiten und erstrebenswerten Identitäten einzurichten sucht, betont Deleuze die Differenz – in allen Lebewesen und allen Dingen. Damit schlägt er sich auf die Seite des Lebendigen, auf das Entstehen und Werden, das unter dem Druck repräsentativer Systeme, ob Staat, Wirtschaft, Kultur oder Religion, leicht zu ersticken droht.

Gemeinsam mit Félix Guattari schrieb Deleuze *Rhizom* als Einführung zu *Tausend Plateaus*. Ebenso wie von Wissenschafts- und Medientheorie wurde der Text von den Künsten aufgegriffen, da offenbar von künstlerischem Denken beeinflusst (wenn nicht gar angeregt). „Das Rhizom selbst kann die verschiedensten Formen annehmen, von der Verästelung und Ausbreitung nach allen Richtungen an der Oberfläche bis zur Verdichtung in Knollen und Knötchen. (…) Jeder beliebige Punkt eines Rhizoms kann und muß mit jedem anderen verbunden werden. Ganz anders dagegen der Baum oder die Wurzel, wo ein Punkt und eine Ordnung festgesetzt werden." Mit Hierarchien oder übergeordneten Instanzen hat dieses Vorgehen nicht das Mindeste gemein. Stattdessen wendet es das Prinzip der Verkettung an. „Das eine und das andere Werden verketten sich und lösen sich gemäß einer Zirkulation der Intensitäten ab." Das Rhizom operiere in der Heterogenität und springe von einer schon differenzierten Linie zu einer anderen. Geschichte werde stets geschrieben „aus der Sicht der Seßhaften eines einheitlichen Staatsapparats", auch dann noch, wenn von Nomaden die Rede sei. Rhizomatik dagegen sei Nomadologie, losgelöst von Wissenschaft und Ideologie. „Wie findet das Buch ein Außen, mit dem es sich im Heterogenen verketten, statt einer Welt, die es nur reproduzieren kann?" Im Idealfall entstehe ein mit dem Außen verkettetes Buch gegen das Bilderbuch der Welt.

Die Ideen vom Außen und Nomadischen haben Sagerers Theaterarbeit nachhaltig geprägt. Und das Rhizom selbst scheint, wenngleich als Begriff nie von ihm herangezogen, Sagerers kompositorischer Methode zu entsprechen, besonders augenfällig in den Großproduktionen *Nibelungen & Deutschland Projekt* und *Operation Raumschiff*. Vielfach verästelt sowie da und dort zu Knoten verdichtet, ließ Sagerer Intensitäten zirkulieren, ohne sie höheren Mächten zu unterwerfen.

Bereits in *Differenz und Wiederholung*, im französischen Original 1968 erschienen, entfaltete Deleuze die Schlüsselkategorien seines Denkens. Beim Lesen staunt man, wie sehr sich Deleuze als Theoretiker des proT deuten lässt. Oder umgekehrt, wie sehr das proT die Theorie von Deleuze aufgenommen hat. Aber diese Verbindung kann nur im Nachhinein gezogen werden. Auch wenn Sagerer 1969, also etwa in der Zeit, da *Differenz und Wiederholung* erschienen war, das proT gegründet hatte, so kam er doch erst sehr viel später mit den Werken von Gilles Deleuze in Berührung. Und Deleuze selbst war leider nie im proT, auch wenn er eine Ahnung davon gehabt haben musste, was unmittelbares Theater auszeichnet, denn immer wieder berief er sich auf Kunst und Theater, um sein philosophisches Denken zu veranschaulichen. Vielleicht kann man sagen, dass Deleuze und Sagerer wenn schon nicht auf derselben, so doch auf der gleichen Baustelle ans Werk gingen – obwohl sie differenztheoretisch eine ungleiche genannt werden müsste.

Nach Deleuze ist Differenz das, wodurch das Gegebene als Verschiedenes gegeben sei, insofern eine Kategorie, die gleichsam aus der Tiefe des Lebens aufsteigt. Die Form der Differenz bezeichnet er als Intensität, als Grund des Sinnlichen. Alles, was erscheine, sei das Ungleiche an sich, wie es in der Intensität als Differenz enthalten und bestimmt sei. Was die auch für das Theater so bedeutende Kategorie der Wiederholung betrifft, so unterscheidet Deleuze zwischen einer oberflächlichen und einer tiefen Wiederholung, zwischen der materiellen und nackten Wiederholung, wie sie die Repräsentation erzeugt, und der auf singulärer Erfahrung beruhenden, sich unaufhörlich verkleidenden und verschiebenden Wiederholung, wie sie der vitalen Differenz entspringt.

„Es ist vielleicht der höchste Gegenstand der Kunst, all diese Wiederholungen mit ihrer wesentlichen und rhythmischen Differenz, ihrer wechselseitigen Verschiebung und Verkleidung, ihrer Divergenz und ihrer Dezentrierung gleichzeitig in Bewegung zu setzen, sie ineinander zu verschränken und sie, von der einen zur anderen, in Illusionen zu hüllen, deren ‚Effekt' sich von Fall zu Fall ändert. Die Kunst ahmt nicht nach, ahmt aber vor allem deswegen nicht nach, weil sie wiederholt und aufgrund einer inneren Macht alle Wiederholungen wiederholt (die Nachahmung ist ein Abbild, die Kunst aber Trugbild, sie verkehrt die Abbilder in Trugbilder). (...) Das einzige ästhetische Problem besteht darin, die Kunst ins tägliche Leben eindringen zu lassen. Je mehr unser tägliches Leben standardisiert, stereotyp und einer immer schnelleren Reproduktion von Konsumgegenständen unterworfen erscheint, desto mehr muß die Kunst ihm sich verpflichten und jene kleine Differenz entreißen."

Dafür, dass das Leben Leben sein kann, ohne gelenkt, gedrückt und entstellt zu werden, macht Alexeij Theater. Das

Reale sei nicht das Ergebnis der Gesetze, die es beherrschen, sagt Deleuze. Insofern gibt es keine nackte Wiederholung. Das Reale ist das Lebendige. „Niemals würde die Natur wiederholen." Pointiert betrachtet, ist Deleuze ein Existenz-Philosoph, so wie Sagerer ein Existenz-Theatermacher ist. Darum müssen beide, wie ich im Fall von Sagerer schon mehrmals angedeutet habe, als maßlos politisch gelten. Was würde passieren, wenn diese Kunst – auf Differenzen bestehend – ins tägliche Leben eindringt? In seiner bislang letzten Produktion *Liebe mich! Wiederhole mich!* hat Alexeij die Variante der tiefen Wiederholung zu seinem Thema gemacht. Es ist eine Wiederholung, die sich aus dem Gedächtnis und der Erfahrung speist, aus allem, was wir sind. Kühn hat er sie mit dem Tod konfrontiert.

„Das Theater der Wiederholung", sagt Deleuze, „tritt dem Theater der Repräsentation gegenüber, wie die Bewegung dem Begriff und der Repräsentation gegenübertritt, durch die sie auf den Begriff bezogen wird. Im Theater der Wiederholung erfährt man reine Kräfte, dynamische Bahnen im Raum, die unmittelbar auf den Geist einwirken und ihn direkt mit der Natur und der Geschichte vereinen, eine Sprache, die noch vor den Wörtern spricht, Gesten, die noch vor den organisierten Körpern, Masken, die vor den Gesichtern, Gespenster und Phantome, die vor den Personen Gestalt annehmen – den ganzen Apparat der Wiederholung als ‚schrecklicher Macht'."

Die Geschichte der Repräsentation, also der Ebenbilder, hält Deleuze für einen lang währenden Irrtum. Indem er Philosophen wie Kierkegaard oder Nietzsche als Gewährsleute einspannt, nähert er sich wiederum dem Theater: „Sie wollen die Metaphysik in Bewegung, in Gang setzen. Sie wollen sie zur Tat, zu unmittelbaren Taten antreiben. Es genügt ihnen folglich nicht, bloß eine neue Repräsentation der Bewegung vorzulegen; die Repräsentation ist bereits Vermittlung. Es handelt sich im Gegenteil darum, im Werk eine Bewegung zu erzeugen, die den Geist außerhalb jeglicher Repräsentation zu erregen vermag; es handelt sich darum, aus der Bewegung selbst – und ohne Zwischenschritt – ein Werk zu machen; die mittelbaren Repräsentationen durch direkte Zeichen zu ersetzen; Schwingungen, Rotationen, Drehungen, Gravitationen, Tänze oder Sprünge auszudenken, die den Geist direkt treffen. Dies ist die Idee eines Theatermanns, eines Regisseurs – seiner Zeit voraus."

Dass sich Alexeij schon früh auf der ungleichen Baustelle befand, zeigen zum Beispiel seine beiden Gefängnishefte von Anfang der 1970er Jahre. Sie heißen „Logik I" und „Logik II", liniert und im Din-A4-Format sowie mit handschriftlichen Notizen versehen, genauer gesagt: mit philosophischen Betrachtungen. Damals dachte er über Logik und Begriffe nach, über das Urteil und Immanuel Kant, über Relation und Modalität. Und auch über das Wort: „Durch das Unsinnlich-Machen entfernt sich das Wort von der Wahrheit. Die Sicherheit, die durch eine Fixierung gewonnen werden kann, hat Ähnlichkeit mit einer Lahmlegung. Je öfters ein Wort gebraucht wird, je mehr es sich also von dem entfernt, der einem Begreifen einen Namen gab, umso ‚dünner', allgemeiner, leichter transportierbar wird es werden; umso unverbindlicher wird es. Dies führt weiter zu einer Gesellschaft, in der nur noch ‚unverbindliche' Worte benützt werden. Zu einem vorgenormten Leben. (…) Man dürfte für Dinge, von denen man keinen vollständigen Begriff hat, keine Worte benützen. Nicht lernen, begreifen!"

Über Singular- und Pauschalurteil schrieb er: „Nun entstehen dabei ideale Gebilde, die in der Wirklichkeit nicht existieren. Niemals dürfen daher die Wirklichkeit, ‚das Lebendige' in diese idealen Gebilde gepresst werden. Sie sind nur etwas, das man an der Wirklichkeit erkennen kann. Aber noch bedeutsamer ist, daß auch diese idealen Gebilde nicht ‚eingefroren' sind, sondern eine Dynamik haben. Nur mit dieser Dynamik bekommen sie Bedeutung. Menschen, die diese idealen Gebilde materialisieren, bewegen, also Künstler, die diese idealen Gebilde in ihrer Dynamik begreifen und an einem Material erkennen, zeigen die unendlichen Möglichkeiten der ideal ‚eingefrorenen' Gebilde oder erfinden in der Wirklichkeit diese Bewegungen und begreifen sie." Logik schaffe keine Erkenntnis, sie täusche eine Wahrheit nur vor durch die Reduktion der Wirklichkeit um die Dynamik. Diese Dynamik aber sei im Sein das Transzendente, das Mythische, das Geheimnisvolle.

Wie Deleuze lässt sich auch Sagerer rückhaltlos auf das Leben und die Lebendigkeit ein. Anders wäre sein Theater nicht vorstellbar. Bewegung und Dynamik gelten ihm seit jeher als das Wesentliche. Aber erst in *Programm Weiss* wurde Bewegung zum konstituierenden Element, zur Hauptsache. Reine Bewegung, reine Handlung.

Weiße Nächte

Ganz ohne Erzählendes kam *Programm Weiss* am Anfang nicht aus. Auch Tarzan und Jane waren noch dabei, wenngleich die Figuren immer undeutlicher wurden und später allenfalls als Ahnung fortlebten. Bei *Reines Trinken* zum Beispiel konnte man sich Tarzan unter den Trinkern in der Oberpfalz vorstellen, acht Stunden lang, ohne an morgen zu denken. Nach Sagerers Lesart wird Tarzan nie von einem schlechten Gewissen geplagt; er trinkt gern, und also trinkt er. Und Jane konnte man, wenn man wollte, in der nackten Frau sehen, die draußen duschte, auch sie acht Stunden lang. Doch die Verbindung zu den Figuren hatte sich beträchtlich gelockert. Genau genommen, war sie auch nicht mehr nötig in einem Programm, das die reine Bewegung feierte. Ebenso wenig wie der Captain übrigens, der noch den Countdown zählte oder Handlungen aufrief oder Handlungen kommentierte. Trotzdem schufen diese Elemente aus *Operation Raumschiff* den Rahmen, aus dem *Programm Weiss* hervorgehen konnte.

Das Fest

Leise und unauffällig begann das Programm im Dezember 2005 als Live-Stream im Internet: *Die Geburtshütte. Der Plan.* Mit Geburtshütte war Tarzans Geburtshütte in Niederbayern gemeint, Sagerers verfallenes Bauernhaus in Ried. Im Untertitel wurde „Reine Handlung" angekündigt. Und so sucht Franz Lenniger als Tarzan, nur mit einem schwarzen Lendenschurz bekleidet, nach Plänen für sein Leben und vielleicht sogar für die Welt. Er öffnet den Deckel eines Glases und zieht in Öl eingelegte Riesenameisenköniginnen heraus, um sie auf einem weißen Laken abzusetzen. Er zerhackt Holz und schichtet die Scheite auf dem Fensterbrett auf. Draußen ist es dunkel. Er stöbert herum und findet eine blaue Wärmflasche, die er über einem Altar mit Marienbildern anbringt. Am Ende kleidet er sich an, zieht gelbes Ölzeug über und greift nach einem Strohhut. Er setzt sich hin, gestützt auf einen Degen, und wartet.

Gedanklich stand *Programm Weiss* bereits in voller Blüte. Mit Alexeijs Worten: „Während er in seiner Geburtshütte nach versteckten Plänen sucht, findet er die Handlung selbst. Dabei erkennt er, dass es keine Pläne für das Leben gibt. (...) Tarzan verlässt seine Geburtshütte und *Programm Weiss* beginnt. Tarzan ist klar, dass es auch hierfür keine Pläne geben kann, dass alles, was ist, das Leben selbst entfaltet. Tarzan entfernt sich mit *Programm Weiss* von seinen ehemaligen Regierungsfreunden und deren Plänen. Tarzan entfernt sich vom Establishment." Damit schwenkte Tarzan auf die Seite des unmittelbaren Theaters; er setzte die reale Bewegung gegen die stets geplanten Repräsentationen von Staat und Religion, mehr noch, er suchte alle Metaphysik auf Physik zurückzuführen, auf das Leben selbst als Quelle von allem anderen, auch von jeglicher Repräsentation. Anders gesagt, du kannst dich auf keine höhere Macht berufen, auf keinen Gott und keinen Führer. Und wenn dich die Sehnsucht danach befällt, bedenke stets, dass sie dir Lösungen nur vorgaukeln. Du hast nur dein Leben und alles Leben, das dich umgibt. Einen Plan hast du nicht.

Fünf

Nur einen Monat später, im Januar 2006, brachte Sagerer *Das OR-05* heraus, „Eine Fahrt ins Licht und in die Dunkelheit". Es war das letzte Mal, dass Tarzan und Jane als konkrete Figuren auftraten, wie bisher verkörpert von Franz Lenniger und Susanne Schneider. Diesmal werden sie im Auto von München in die Oberpfalz gefahren, zu einer von Wilhelm Koch erbauten Asphaltkirche am Waldrand, also ins Dunkle. Am Steuer sitzt Sebi Tramontana und macht Mundmusik, er pfeift, und er schreit; dabei sind auch ein Kameramann und ein Internetmann. Hinten sitzen Tarzan und Jane, er in einem Ritterkostüm, sie in einer Burka. Sie ziehen einander aus. Tarzan wird gar mit Öl eingerieben, er wird gesalbt. Jane macht ihn zu einem weißen Ritter. Vor der Asphaltkirche lodert ein Feuer. Tarzan setzt eine Schale mit Milch, in der eine Riesenameisenkönigin schwimmt, an seine Lippen und trinkt daraus.

Dieser Film wird durchs Internet nach München übertragen, ins Ampere, wo eine Bar mit Wartesaal eingerichtet ist, gleich neben der Muffathalle. Aufgrund von technischen Problemen kommt es zu Unschärfen und Stockungen, teils reißt die Verbindung ab. Im Ampere wartet das Publikum auf Einlass. Jede oder jeder wird mit einer Nummer aufgerufen und muss dann eine Lichtschleuse passieren, wo sie oder er Plastikschuhe übergestreift bekommt. Für zwei oder drei Minuten steht der Einzelne kurz darauf allein in der Muffathalle. In der Halle liegt eine Wüste aus Salz. Zunächst ist kaum etwas wahrzunehmen, dann mehr und mehr, weil das Licht während der dreieinhalb Stunden immer heller erstrahlt. Eine Ansagerin gibt die prozentuale Helligkeit bekannt, ein Prozent, 12,1 Prozent und so weiter. 14 Sekunden vor Schluss: 99,85 Prozent. Das Salz zieht die Feuchtigkeit aus dem Raum, also wird es trocken; das Salz reflektiert das Licht, also wird es heiß – am Ende eine heiße, blendend weiße Wüste. Das ist die Fahrt ins Licht, „eine Schöpfungsgeschichte des Theaters", wie Alexeij sagt. Und ja, es wurde Licht.

Das Fest

Als bekannt wurde, dass das proT als nächstes *Reine Pornografie* vorhabe, klingelte im Atelier das Telefon. CSU-Stadträtin Ursula Sabathil war dran: Ja, grüß Gott, Herr Sagerer, der Oberbürgermeister schimpft, und das Kulturreferat steht kopf, hörenS, wollenS nicht lieber verzichten auf Ihr Theater mit der Pornografie? Weil sonst schaut es nicht gut aus mit dem Geld von der Stadt, da wir mit Steuergeldern, verstehenS, keine Pornografie fördern können.

Das klang nach einer Drohung, genauer: nach Zensur. Und so war es durchaus gemeint. Zwar hatte Sagerer die Förderung für das Projekt, offenbar unter einem anderen Titel beantragt, längst in der Tasche, aber er musste, wollte er sich nicht einschüchtern lassen, jede weitere Förderung als gefährdet erachten. Natürlich führte er *Reine Pornografie* auf, an vier Abenden im Dezember 2006. Zur Premiere kam der Staatsanwalt im Anzug und mit einem Aktenkoffer, fast so, wie er im Buche steht, und wenn es kein sehr guter, weil in sich ruhender Schauspieler gewesen ist, dann war es wirklich der Staatsanwalt. Aber er sah nichts, weswegen er hätte einschreiten müssen, denn die Videoübertragung nach Tschechien klappte nicht. „Das technische Risiko gehört auch zum Inhaltlichen", sagt Alexeij. „Im Lebendigen steckt immer auch die Möglichkeit des Scheiterns." Erst tags darauf gelang die Übertragung wieder, ebenso wie in der dritten und vierten Vorstellung, doch leider war der Staatsanwalt nicht mehr dabei – so wäre er mit dem Leben in Berührung gekommen.

Sobald ein Staatsanwalt sich für Kunst interessiert, egal, ob für bildende Kunst, für Bücher, Filme oder Theater, darf man sicher sein, dass ein Nerv getroffen worden ist. Auch das proT hatte einen Nerv getroffen, und es dauerte nicht lange, bis es die Folgen zu spüren bekam. In der nächsten Sitzung nämlich lehnte die Theaterjury, zur Hälfte von Stadträten gebildet, den neuen Projektantrag ab. Keiner wollte sich mehr daran erinnern, wie sie letztes Jahr noch gejubelt hatten über das proT: Es setze in München auch weiterhin den unerreichten Standard für jede Art von experimentellem Theater, zumal durch die Vernetzung von Theater, Musik, Film, Installation und Internet.

Da aber das Projekt schon weit gediehen war, sprang der Verein zur Förderung von Unmittelbarem Theater ein und warb in einem öffentlichen Brief vom 24. April 2007 – unter der Überschrift „Zensur und Förderung" – um Sponsoren. Dieser Verein war 1988 gegründet worden und verfügte zeitweise über 130 Mitglieder. Heute gehören ihm sechzig Mitglieder an. Unterzeichnet von den Vorsitzenden Bernhard Jugel, Nikolaus Gerhart und Christine Landinger, prangerte der Brief das skandalöse Vorgehen der Stadt an, nicht ohne anschließend über *Programm Weiss* aufzuklären. Auch auf *Reine Pornografie* ging der Brief ein: „Alle Elemente bringen ihre Unmittelbarkeit in die theatrale Komposition: Die Installation ‚die kathedrale des erotischen elends 2006' von Kay Winkler, die eigentlich eine wartende Bewegung zwischen zwei Käfigen ist. Die Weiterführung dieses Raumes durch die Ab-Läufe und die Musik von Milieu-Tarzan und Captain-Tarzan. Das Nacktsein der Frau aus Team Ost 2 vor rotem Hintergrund, die ihren Körper öffentlich macht. Die reine Sentimentalität des Schlagers, die sich nur um sich selbst zu kümmern scheint und doch zum Raum gegenüber dem reinen Ficken von Team Ost 1 wird. Alle diese Elemente kümmern sich nur um sich, sind artifiziell (auch Team Ost 1 ist keine Dokumentation) und gleichzeitig unmittelbar und bringen ihre Brutalität und Verletzlichkeit in die Komposition des Raumschiffes *Reine Pornografie* – wie selbstverständlich und ohne Peinlichkeit. Diese Unmittelbarkeit ist es, die irritiert und verboten werden sollte, weil sie eben nicht Repräsentation ist und daher nicht kontrolliert werden kann, im Kern unberechenbar bleibt."

Huren kann unmittelbares Theater nur als Huren gebrauchen. Keine Huren also, die Huren bloß spielen. Und schon gar keine Schauspielerinnen, die nur so tun als ob. In Cheb,

Tschechien, wurde durch Team Ost 1 der direkte Kontakt zu den Frauen gesucht, weil ein Zuhälter womöglich nur das große Geschäft gewittert und kurz vor der Vorstellung, das Publikum in gespannter Erwartung, den Preis beträchtlich erhöht hätte. Eine der Huren erzählte, dass sie mit ihrem Job die ganze Familie ernähre; eine andere, dass sie in einen Wald gelockt und dort einer Horde Männer ausgeliefert worden sei. Beide sagten zu.

Etwas abgelegen, in der Umgebung von Cheb, gibt es Einfamilienhäuser, in denen sich niemand wundert, wenn ein Mann mit einer Frau vor der Tür steht. Im Erdgeschoss essen sie zu Abend, und dann steigt der Freier mit der Nutte nach oben. Aber was heißt schon Nutte. Nicht eine Frau ist wie die andere. Nähme ein Freier sie nicht als Person wahr, bliebe ihm das Vergnügen versagt. Vor der Premiere erregte Team Ost 1 Verdacht, weil es ein Notebook mitführte. Die Familie fürchtete eine Überprüfung von Staats wegen. So fiel die Übertragung von Cheb nach München aus. „Beim ersten Abend stand ich da wie ein angeschlagener Boxer", sagt Alexeij, der in München vor Publikum auftrat. „Ich musste schauen, dass ich es bis zum Schlussgong schaffe."

Freier und Hure stellten die Kamera selbst auf, um sich dann beim Sex zu filmen. In Cheb wird ziemlich gut und ausdauernd geblasen; später spreizt die Hure ihre Schenkel und fingert an ihrer Klitoris herum. Gleichzeitig nimmt Team Ost 2 eine nackte Frau auf rotem Bettlaken auf. Eine weiße Maske vor dem Gesicht, stellt sie ihren Körper öffentlich aus. Sie zeigt ihre Füße, ihren Leberfleck über der Scham, die Brüste, die Warzen; sie legt sich mal so und mal so hin. Die von Ost 1 und Ost 2 übers Internet gesendeten Bilder werden in einen Film eingespeist, der gerade auf einer Münchner Bühne, dem Neuland, entsteht. Die Bühne selbst steuert Szenen und Sounds bei. In präzisem Rhythmus und laut gezähltem Minutentakt lässt Sebi Tramontana Schnaufen, Klopfen, Pfeifen, Zischen, Klirren und Blechblasen erklingen; auch eine

Fünf

Schnulze von Pat Boone ist zu hören. In einem öden Ambiente mit Fernseher und Sofa geht Alexeij auf und ab, und dann öffnet er den roten Deckel eines Glases und lässt die Kamera hineinschauen. Er spricht einen einzigen, keinesfalls rätsellosen Satz: „Der einzig wahre Gott sind die, seit 28 Jahren in Öl eingelegten, schwarzen Riesenameisenköniginnen." Ja, wenn das so ist, dann gibt es wirklich keine Pläne für das Leben der Menschen. Denn die Ameisen schauen nicht gut aus.

„Ich hab mich gefragt", sagt er, „wie sich gekaufter Sex in die Kunst einbringen lässt. Die Prostituierten setzen sich einer anderen Komposition aus. Und daraus entsteht eine andere Kraft."

Kurzzeitig verfolgte Sagerer die Idee, einen Maler in seinem Atelier zu filmen und ins *Programm Weiss* einzufügen. Er kam auf Karl Aichinger, und so fuhr er nach Weiden in die Oberpfalz. Einst Komplize des proT, hatte Aichinger in *Watt'n* zunächst den „Unberechenbaren" gespielt, ehe er sich aufs Land zurückzog und Sagerer für ihn einsprang. Auf das Angebot reagierte Aichinger zögernd. Ausweichend schlug er vor, nach Floß zu fahren, jenem Dorf, in dem er geboren worden war, da gebe es jemanden, der für so ein Projekt vielleicht zu haben sei. Dadurch stieß Alexeij auf Johannes Oppenauer, den Wirt einer kleinen Kneipe, genannt Oppe's Bistro. Er erzählte ihm von *Operation Raumschiff,* von *Programm Weiss,* von Tarzan und Jane, und Oppenauer sagte: Was hast du denn geraucht? Trotzdem ließ sich der Wirt darauf ein. Er machte Alexeij mit Gästen seiner Kneipe bekannt. Unverhofft erwuchs daraus eine Komplizenschaft mit dem proT, die *Programm Weiss* etliche Jahre belebte. „Sie mussten sich mit einem Projekt wie *Reines Trinken* auch Zuhause behaupten können", sagt Alexeij. „Am Ende begriffen sie besser als jeder gelernte Schauspieler, was mit unmittelbarem Theater gemeint ist."

Als Vermittler war Oppenauer unverzichtbar. Denn im Dorf gab es welche, die hämisch taten: Der nutzt euch nur aus, der will doch nur die depperten Oberpfälzer als Betrunkene vorführen. Doch mit einem Wort von Oppenauer verstummte das Genörgel: Was hätte Sagerer davon, wenn er dadurch sein Theater schädigen würde? Mit ihren Erfahrungen im proT gingen die Einzelnen ganz unterschiedlich um. Während Michael Varga, der in einer Fabrik arbeitete, Sticheleien schlicht ins Leere laufen ließ, vertrat Richard Hoch, nach der Trennung von seiner Frau in einer Garage wohnend und zum Broterwerb hier und dort auf Montage, das Theater offen in seiner Umgebung. Nach *Weisses Fleisch* ließ er sich eine Kritik mitsamt dem Foto aufs T-Shirt drucken und ging damit zur Arbeit.

Bei *Reines Trinken* wirkten alle drei mit, ebenso wie bei *Voressen* (2009), das ich unter dem Stichwort Performance vorgestellt habe. Mit *AllerweltsMahl* (2011) wurde *Voressen* gewissermaßen in die Stadt getragen, in vier Lokale, in denen jeweils eine Frau in Weiß einen Mann im Lendenschurz fütterte. Hinzu kamen zwei verborgene Räume. Im grünen Raum saß ein Mann und trank und rauchte, während eine Frau im Badezimmer duschte und sich zurechtmachte. Im roten filmten ein nackter Mann und eine nackte Frau einander gegenseitig. Außerdem zeigte der live entstehende Film Szenen einer Autofahrt durch München. Auch in dieser Produktion waren die drei Oberpfälzer mit von der Partie. In *Weisses Fleisch* traten Michael Varga und Richard Hoch in der Muffathalle auf, während Oppenauer und seine junge Frau im Publikum saßen. Anlässlich eines Symposiums in der Akademie der Bildenden Künste zeigte das proT im Jahr 2015 aus *Voressen* noch einmal eine Figurengruppe, *Frau in Weiss füttert Mann im Lendenschurz vor Kamera* – der zu fütternde Mann war Michael Varga. Und in *Liebe mich! Wiederhole mich!* drehte sich alles um den abwesenden Oppenauer. Nur in Filmaufnahmen war er zu sehen. Schon Jahre zuvor hatte er, inzwischen todkrank, in diese Arbeit eingewilligt. So, wie es ausschaut, sagte Alexeij, ist das unser letztes Projekt. Und Oppenauer sagte: Du machst mir Mut.

Fünf

Mit *Programm Weiss* leuchtete das proT wieder, und die Komplizen aus der Oberpfalz hatten einen nicht unerheblichen Anteil daran. Intuitiv schienen sie Sagerers Ideal von der reinen, unmittelbaren Bewegung zu erfassen und dann auch zu verkörpern. Alexeij sagt: „Als ich früher Leute aus Kneipen holte, wollte ich sie alle zu proT machen. Das wollte ich hier nicht. Eher zettelten wir einen Arbeitsprozess an, wobei alle ihren Beruf weiter ausübten. Oppenauer war Wirt, Richard auf Montage und Michi in der Fabrik. Ich stellte für sie eine reale Situation her durch einen scheinbar banalen Vorgang wie Ficken, Trinken, Essen. Oppenauer nahm ihnen die Ängste. Sie wussten, dass sie öffentlich waren und Vorgänge ins Spiel brachten, ohne dass Dokumentarisches gefragt gewesen wäre. Dass sie das Ganze zu ihrer Erfahrung dazukommen ließen, war wunderbar. Sie machten es mehr zu ihrer Erfahrung als jeder Schauspieler. Plötzlich hatte das Theater mit ihrer Existenz zu tun. In dieser Intensität war das neu für mich." Bereits den Tod vor Augen, verliebte sich Oppenauer in eine 18-jährige Zigeunerin, und sie verliebte sich in ihn. Am Rand ihrer Hochzeitsfeier im Vereinsheim spielten Alexeij und Richard Fußball. Alexeij führte eins zu null, als sie dermaßen zusammenprallten, dass er sich eine Rippe brach.

Mit den Jahren hatte sich wieder ein verlässliches Team herausgebildet. Im Hintergrund erwies es sich als Stütze für das außerordentliche *Programm Weiss*. Seit langem schon war Christoph Wirsing dabei. Hinzu kamen der Musiker Philipp Kolb als Produktionsleiter, die teils auch szenisch agierende Künstlerin Anja Uhlig und Simone Lutz für die Öffentlichkeitsarbeit.

In der Nacht vom 21. auf den 22. Juni 2008, der kürzesten Nacht des Jahres, zeigten sie *Reines Trinken*. Der Vorgang dauert acht Stunden, von 9 Uhr abends bis 5 Uhr morgens, vom noch hellen Abend durch die Nacht in die Morgenröte. Im Untertitel wird „Gottsuche" angeführt, was im Sinne der Mystik auf Rausch verweisen könnte und der im Glücksfall

Das Fest

damit einhergehenden Erleuchtung. Plausibler erscheint mir die Annahme, Gott in der reinen Handlung, besser gesagt, in der heiligen Handlung zu entdecken. Denn wenn es einen Gott des Theaters gibt – wo sonst sollte er sich verbergen? Mit Jerzy Grotowski mag man auch an den heiligen Schauspieler denken. Insofern wären die Trinker, solange sie sich dem Trinken hingeben und dadurch etwas Wesentliches von sich preisgeben, heilige Trinker. Oder, in den Augen des Zuschauers einer theatralen Handlung, heilige Schauspieler.

Das Münchner Neuland, damals eine Party-Location nahe dem Paketbahnhof, hat sich nach Entwürfen von Alexeij Sagerer und Kay Winkler in eine Kunstlandschaft verwandelt. Im zentralen Raum des Gebäudes treffen die Zuschauer ein, dort können sie sitzen und essen und trinken sowie auf einer Leinwand den live hergestellten Film verfolgen. Aufgerufen von Captain Sagerer, gibt Sebi Tramontana sieben kurze Konzerte: Mundmusik, Pfeifen oder Posaune. Außerdem kann sich jeder von einer Stewardess für eine Expedition eintragen lassen. Vor dem Neuland steht eine Trinkhütte und etwas weiter entfernt eine Art Gewächshaus auf freiem Gelände, ein aus durchsichtigen Folien gebildetes Gewölbe, in dem es unaufhörlich regnet.

In der Trinkhütte wird einem eine Sitzecke zugewiesen. Auf Bestellung bringt die Stewardess Bier oder Wodka oder Wasser. Jeder kann so viel trinken, wie er möchte. 28 Minuten lang trinkt man hier und schaut in Oppe's Bistro. Auf einer Leinwand sind Szenen aus der Oberpfälzer Kneipe zu sehen, aber auch Szenen aus dem Gewächshaus. Mit *Programm Weiss* wird *Der grösste Film aller Zeiten* fortgeführt. Diesmal produzieren sie die Folge nicht in München, sondern in Floß, wodurch den Trinkern in Oppe's Bistro ein gewisser Vorrang zukommt. In Floß entscheiden sie, welche Motive sie nehmen und wann und wo sie ihre Schnitte setzen.

Für die Expedition ins Gelände erhalten die Zuschauer Regenhäute und Gamaschen. Anschließend werden sie von einer Stewardess hinausgeführt. Unterm transparenten Gewölbe steht man dann und schaut einer nackten Frau beim Duschen zu, Juliet Willie, die sich traumwandlerisch unter einander kreuzenden Wasserstrahlen bewegt, ganz bei sich, ohne den Anflug von Koketterie; sie scheint die Voyeure nicht wahrzunehmen. Seit Stunden duscht sie bereits, und sie wird noch stundenlang weiter duschen. Nach der Idee von Tarzan und Jane steht Juliet für die Venus-Version von Jane, während Tarzan vermutlich bei den Trinkern sitzt. „Hier die trinkenden Männer, dort die Verletzlichkeit der Frau", sagt Alexeij, „Rausch und Rauschen."

In Oppe's Bistro tritt, vorher durch Los entschieden, ein Gast nach dem anderen auf. Sie nehmen ihre Plätze ein und schweigen. Sie sind zu siebt. Zunächst wird nur Bier ausgeschenkt. Nach der jeweiligen Stunde ist festgelegt, wann Essen serviert wird, wann Schnaps, wann Musik gehört und gesungen oder gar getanzt wird. *Reines Trinken* folgt also einer Partitur. „Guardian Angel" singen sie oder „Life is Life". Zeitweise wirkt die Stimmung ausgelassen. Unzählige Flaschen stehen mittlerweile auf dem Tisch. Aber es gibt auch Momente des Brütens, ob hellsichtig oder dumpf, ist kaum auszumachen. Als einer, schwer von Alkohol und Müdigkeit, seinen Kopf Richtung Tischplatte neigt, feuert ihn das Münchner Publikum vor der Leinwand an, nicht aufzugeben. Trotzdem senkt sich der Kopf hinunter auf den Tisch und fängt an zu dösen. Reines Dösen, heilige Ruhe.

Im Sinne von Deleuze wird in der Aufführung selbst eine Bewegung erzeugt, außerhalb jeglicher Repräsentation. Rufen wir uns seine Worte noch einmal ins Gedächtnis: „Es handelt sich darum, aus der Bewegung selbst – und ohne Zwischenschritt – ein Werk zu machen; die mittelbaren Repräsentationen durch direkte Zeichen zu ersetzen." Wenn Deleuze nach Schwingungen, Drehungen, Tanz oder Gravitation verlangt, alles dazu angetan, den Geist direkt zu treffen, dann mag sein Ideal in *Reines Trinken* verwirklicht sein.

Mit der Morgenröte gewinnt die Szenerie etwas Erhabenes. Juliet duscht, und es wird Tag. Du hörst das Wasser rauschen. Das Folien-Gewölbe wird leicht und licht. Und du ahnst, dass Gott gleich nicht mehr da sein wird. Aber acht Stunden lang hast du ihn gespürt, und wenn er wirklich da gewesen ist, dann muss es ihn auch geben, deinen Theatergott. Bist du betrunken? Ja.

Als im Februar 2012 in der Muffathalle *Weisses Fleisch* herauskam, gab sich das Publikum ebenso erstaunt wie entsetzt. Es war, als würden sich Artaud und Grotowski vor Lachen die Hand schütteln. Denn das Grausame und das Heilige wirkten wie ineinander verhakt. *Weisses Fleisch* erwies sich als pure Magie, nicht im Entferntesten auf den Begriff zu bringen. Lange war das proT nicht mehr so nah an der bildenden Kunst wie hier. Die Aktion hätte genauso gut von einer Galerie ausgerichtet werden können. Das theatrale Geschehen gipfelte in einer verstörenden Installation.

Mit dieser Produktion löste sich Sagerer weitestgehend aus dem Rahmen, den er durch *Operation Raumschiff* gesetzt hatte. Einen Captain, der Anweisungen erteilte oder für kabarettistisches Vergnügen sorgte, gab es nun nicht mehr. Von Tarzan war nicht länger die Rede, ebenso wenig wie von Jane. Überhaupt wurde während der ganzen Aufführung kein Wort gesprochen. Die Fortsetzung des *Grössten Films* stellten sie wie gehabt live her, aber ohne dass sie zu sehen gewesen wäre. Zwar hing in der Halle eine Leinwand, aber sie zeigte nur, was sich im Inneren eines schwarzen Kastens auf roten Podesten abspielte – „ein monolithischer Block wie eine Bundeslade", hieß es im digitalen Feuilleton Kulturvollzug, „umgeben von Flaschenzügen und Seilwinden." Überraschend herrschte wieder die klassische Einheit von Zeit, Ort und Handlung vor. Auf eine Internet-Übertragung wohin auch immer, verzichteten sie. Dadurch erlangte der Abend ein hohes Maß an Konzentration. Das Publikum war dem Spiel der Kräfte unmittelbar ausgesetzt.

Fünf

Im nur durch eine Kamera einsehbaren Kasten beklebt eine nackte Frau ihren Körper mit Hostien, um dann in eine mit roter Farbe gefüllte Wanne zu steigen. Ihre weiße Haut und die Hostien färben sich blutrot, während zerlegtes Pferdefleisch rund um den Kasten die umgekehrte Entwicklung nimmt, vom Roten ins Weiße.

Der vibrierende hohe Ton eines Motors erklingt. Aus dem hinteren Dunkel fährt ein Stapler heraus und steuert die Podeste an. In seinen Gabeln hängt ein abgetrennter Pferdekopf, darunter die ausgenommenen Hälften des Pferdekörpers. Auf dem Stapler sitzt Richard Hoch, erwartet von Michael Varga mit Werkzeug auf der durch die Podeste gebildeten Bühne, Messer und Säge. Beide sind in Schwarz gekleidet, schwarzes Hemd, schwarze Hose, schwarze Schuhe. In einem internen Ablaufplan ist die Komposition genau geregelt: „Michi hat beide Hände frei, wenn Gabelstapler die Fleischteile bringt, erst wenn Pferd stabil auf Position steht, das erste Werkzeug aus der Wanne holen (Messer), dann Messer wieder in die Wanne zurücklegen und Säge herausnehmen. Nach der Abfahrt des Gabelstaplers Säge zurück in die Wanne legen und mit Wanne zur neuen Position gehen. Richard auf Gabelstapler im Uhrzeigersinn, Michi auf Bühne gegen den Uhrzeigersinn." Das Pferd wird, den Kopf schon mitgerechnet, in sieben Teile zerlegt: Hinterfuß – 1, Hinterfuß – 2, Brust – 1, Brust – 2, Vorderfuß – 1 und Vorderfuß – 2. An bestimmten Positionen werden die Teile rund um den schwarzen Kasten abgesetzt.

Der Choreografie der Zerlegung folgt die Choreografie der Hängung und die Choreografie des Weißens. Die einzelnen Fleischteile werden mit einem Kettenzug auf eine niedrige Höhe gebracht. Sie werden mit weißer Farbe angemalt und in Farbbottiche getaucht, auch der Pferdekopf am Gabelstapler. Während all der Verrichtungen sind verstärkte Geräusche zu hören, das Aufschlagen der Fleischstücke, der Motor, das Rasseln der Kettenzüge, das Sirren der Knochensäge, Rückkopplungen. „Fleischteile werden nach dem Weissen auf hoher Höhe gehängt und von Michi angestupst, damit sie leicht schwingen."

Das tote Pferd nimmt den Weg von Wandlung und Deformation, ganz so, wie im Untertitel angekündigt. Das Pathos, das es, am Gabelstapler hängend, noch an sich hat, verliert sich im Akt der Zerlegung, um dann, durch Weißen und Hängung, wieder aufzuerstehen in Gestalt von Skulpturen. Alexeij sagt: „Mit dem Gabelstapler wird das Pferd hereingefahren. Du erlebst die Komposition Pferd, dann, wie sie sich auflöst und deformiert wird. Vorübergehend verlieren die Fleischstücke, wie sie da auf den Podesten liegen, an Intensität, eine Zwischenkomposition. Dann aber werden sie in weiße Farbe getaucht und schweben am Ende als Skulpturen im Raum. Du siehst die Farben Schwarz, Weiß und Rot."

Wandlung und Deformation verweist auf Sagerers Überzeugung, dass sich nichts, was unmittelbar in die Welt gesetzt worden ist, verflüchtigt. Es nimmt allenfalls eine neue Form an. Das gilt für alles Leben an sich, solange es auf Originalität und Differenz besteht. Aller Repräsentation aber, die nur dazu da ist, Leben zu simulieren, bleibt jegliche Zukunft versagt.

Am 27. November 2014, auf den Tag genau 45 Jahre nach der Eröffnung des proT, versteigerte Alexeij Sagerer sieben Stühle. Eine Woche lang dauerte die Auktion, vor Ort in München und auf eBay. Diese Stühle trugen die Spuren des Theaters; Schauspieler saßen darauf oder Zuschauer, je nachdem. Und als Objekte spielten sie zum Teil auch selber mit. Schon am ersten Abend, bei *Gschaegn is gschaegn,* waren sie dabei. Die Stühle wurden mit Respekt vor ihrem Alter klar lackiert und von Sagerer handsigniert.

Früher hat er immer diese Vision gehabt: Er hackt sich mit einem Beil die linke Hand ab, so schnell, dass die Hand es gar nicht merkt und dadurch unversehrt bleibt.

„Hab ich schon mal gemacht", sag ich und ziehe meinen linken Ärmel zurück. „Und? Siehst du was?"

Fünf

„Die Hand sieht gut aus."

„Eben. Es funktioniert."

Im frühen Comic *Räuber Janosch*, 1973 von Nikolai Nothof im proT inszeniert, wurde der Titelfigur, vermutlich nach Sagerers Vision, die Hand abgehackt. Der Schauspieler blieb nur deshalb unversehrt, weil sie wie auf dem Jahrmarkt tricksten.

Während der Auktion schmerzte die Hand von Alexeij; bald darauf sollte sie operiert werden. Eines Morgens war er aufgewacht im proT-Atelier und stellte fest, dass er eine Stichwunde hatte. Am Vorabend hatte er viel getrunken. Was dann vorgefallen war, konnte er sich nicht mehr ins Gedächtnis rufen. Wie in einem Psycho-Triller blitzten vereinzelt Bilder auf. Er sah den Münchner Flughafen. Also muss er dort draußen gewesen sein. Sonst sah er wenig. Ein Taxifahrer muss ihn ins Atelier gefahren haben.

Die sieben Stühle brachten sechshundert Euro ein. Nicht schlecht, aber auch nicht gut.

„Besser wäre es gewesen, ich hätte angekündigt", sagt Alexeij, „dass ich mir nach der Auktion eine Hand abhacke."

„Ja, die rechte", sag ich. „Du hättest nie wieder einen Stuhl signieren können. Das hätte den Preis in die Höhe getrieben."

„Du verstehst mich."

Am 24. Februar 2016 kam die bislang letzte Produktion heraus: *Liebe mich! Wiederhole mich!*, gezeigt in der Säulenhalle an der Münchner Arnulfstraße. Wenn nicht alles täuscht, öffnete sich *Programm Weiss* damit für eine neue Etappe des proT. Anders gesagt, dieses Programm mit seiner Feier der reinen Bewegung, des Essens, Trinkens und Fickens, der Wandlung und der Deformation, des Sterbens und des Wiederholens in einem Akt romantischer Vergegenwärtigung gelangte ans Ende, indem es einen Anfang setzte. Inwieweit öffentlich gemachte Intimität damit der proT-Vergangenheit angehört, bleibt offen. Jedenfalls kann *Programm Weiss* auch als Versuch gesehen werden, Intimität zu zeigen, ohne dass es peinlich wirkt: purer Sex von Team Ost 1, pure Nacktheit von Team Ost 2; eine Frau, die acht Stunden lang duscht in der kürzesten Nacht des Jahres; unverhohlene Blöße in verborgenen Räumen, nur durch das Auge der Kamera betrachtet; oder zuletzt, Frauen in einem Glaskasten, die, um einen Toten zu beschwören, ihre Kleider ausziehen.

Auf der Leinwand sieht man den sterbenden Johannes Oppenauer. Sagerer hat die letzten Tage seines Komplizen aus der Oberpfalz mit der Kamera dokumentiert. Oppenauer wollte zu Hause sterben. Er liegt im Bett und verlangt mit rauer Stimme nach Tee, der ihm von seiner jungen Frau gebracht wird mit einem Strohhalm im Glas. Bereits todkrank heiratete er eine 18-jährige Zigeunerin aus Tschechien. Er liebte sie, und sie liebte ihn. Diese Liebe war, sagt Sagerer, körperlich wie der Tod.

Dem Tod künstlerisch zu begegnen, ist – jenseits der Repräsentation – die denkbar größte Herausforderung. Für *Ibsen: Gespenster* begleiteten Markus&Markus eine achtzigjährige Frau zu ihrem Freitod in die Schweiz. Im Video, das dazu gemacht wurde, sind die beiden Performer im Gespräch mit der Frau zu sehen, an Ostern auf einem Balkon. Später zeichneten sie auch den Moment des Todes auf, und sie lasen aus nachgelassenen Notizen und Briefen. Für seinen Kinofilm *Dying at Grace* ging Allan King, ein Praktiker des Cinéma vérité, in ein Hospiz in Toronto, um Sterbende, Hoffnung und Resignation, aufzunehmen. Seine Kamera war jeweils bis zum letzten Atemzug dabei. Den Augenblick des Todes hat Sagerer dagegen nicht erfasst. Herbeigerufen, filmte er den toten Oppenauer mit offenen Augen und offenem Mund, im Bett vor einer Tapete mit Südsee-Idylle. Dieses Bild wirkt wie gemalt von einem alten Meister.

Kaum je sind Eros und Thanatos ein engeres Verhältnis eingegangen als in dieser Aufführung. Denn während Oppenauer auf der Leinwand im Sterben liegt und später tot sein wird, verführt ihn seine Braut (Judith Gorgass) mit all ihren Reizen. Judith trägt das Brautkleid von Alexeijs Mutter, dazu einen langen Schleier. Als Brautjungfer steht Stephanie Felber in ihrem Rücken; mit ihr geht Judith sehr langsam einen langen roten Steg auf die Leinwand zu, wobei die Brautjungfer immer wieder das Kleid anhebt bis über Scham und Hintern der Braut, um es dann fallen zu lassen. So beginnt das Spiel der Verführung.

Leicht wären dramatischere Vorgänge zu haben gewesen. Aber angesichts des Todes und posthumer weiblicher Verführungskraft beschränkt sich Sagerer auf wenige, wellenartige Spitzen. Durch Ton und Musik ist viermal gleichsam die Brandung zu hören. Ganz anders als bei *Ein Gott Eine Frau Ein Dollar* verzichtet er hier auf einen dramaturgisch fesselnden Zug. Am Mischpult sitzt Philipp Kolb und spielt ein Knacken und ein Prasseln ein, noch dazu einen Höllensturm; die *Tristan*-Ouvertüre erklingt und ein endlos wiederholtes mexikanisches Volkslied.

Gegenüber der Leinwand befindet sich ein zweigeteilter Glaskasten für die Gemächer der Frauen. Kaum dass das Spiel begonnen hat, betritt die Kamerafrau Anja Uhlig den vorderen Teil und legt ihre Klamotten ab. Professionell greift sie nach der Kamera und nimmt Braut und Brautjungfer auf, im späteren Verlauf nur noch Details von Kleidung und Körper. Diese Aufnahmen erscheinen auf mehreren Monitoren. Vielleicht, denkt man plötzlich, ist die Brautjungfer auch selbst eine Braut, die den abwesenden Oppenauer zu verführen sucht. Denn aus schwarzen Müllsäcken schüttet sie Erde auf und besteigt den Haufen, als bestiege sie ein Grab, nackt bis auf einen roten Slip. Auf einem nicht entleerten Müllsack stehen zwei rote Stöckelschuhe. Die Brautjungfer, die insgeheim selbst eine Braut ist, zieht nun immer wieder den Slip hinunter und wieder herauf. Sie ist eine herrliche Erscheinung, die Tote zum Leben erwecken könnte, aber je länger der Vorgang dauert, desto mehr sieht er nach Arbeit aus, umso mehr, als sie später in die Stöckelschuhe steigt und die Arbeit der Verführung unter erschwerten Bedingungen fortsetzt. Von fern erinnert die Szene an eine Episode in *Sensation der Langsamkeit,* in der Christine Landinger vier Stunden lang ihren Rock hinunterzog und wieder herauf.

Im hinteren Teil des Glaskastens liegt das Gemach der eigentlichen Braut. Es dauert lang, bis auch sie sich der Kleider entledigt hat und im Liegen ihren nackten Körper streichelt, während die uneigentliche Braut unermüdlich das Grab unter ihren Füßen beschwört. Langsam, sehr langsam geht die Beschwörung durch beide Bräute vor sich, ganz so, als wären die Künste der Verführung ans Maßhalten gebunden und Variationen, gar Überraschungen, die wahren erotischen Finessen, undenkbar. Das muss man hinnehmen. Doch so versonnen, wie die Braut ihren Körper liebkost, liegt darin auch die Liebkosung durch den verstorbenen Bräutigam. Ganz nach Deleuze wiederholt die Braut seine Zärtlichkeit. Es scheint eine tiefe, insofern verschobene Wiederholung zu sein, im Wissen um das gemeinsam Erlebte, das gemeinsam Erlittene, im Wissen auch um den Tod, der die Wiederholung nicht auszulöschen vermochte. Immer wieder nimmt die Kamerafrau eine Hand der Braut in den Blick. Sanft fährt die Hand über den Körper, und manchmal hat es den Anschein, als wäre es eine fremde Hand, die Hand von Johannes Oppenauer.

Prinzessin auf der Erbse

Der Prinz wollte heiraten, und so reiste er in der ganzen Welt umher, um eine Prinzessin zu finden. Welche Ansprüche er hegte, ist nicht bekannt, allein, es musste eine wirkliche Prinzessin sein. So steht es in einem Märchen von Hans Christian Andersen, *Die Prinzessin auf der Erbse.* Prinzessinnen traf der Prinz da und dort, es gab mehr von ihnen, als er gedacht hätte. Aber jedes Mal stimmte irgendwas nicht. Wie hätte er sagen können, ob es sich um eine wirkliche Prinzessin han-

Fünf

delte? Er wurde das Gefühl nicht los, dass sie ihm etwas vormachten. Doch eine Frau, die eine Prinzessin nur repräsentierte, wäre ihm niemals genug. Traurig kehrte er in das Schloss seiner Eltern zurück.

In einer stürmischen Nacht mit Regen, Blitz und Donner klopfte es ans Schlosstor. Der alte König ging aufmachen und sah eine erschöpfte, völlig durchnässte junge Frau vor sich, die behauptete, eine wirkliche Prinzessin zu sein. Die alte Königin war skeptisch, wusste aber ein Mittel, um die Wahrheit herauszufinden. Sie legte eine Erbse auf den Boden der Bettstelle und stapelte zwanzig Matratzen darauf, noch dazu zwanzig Daunendecken. Am Morgen fragten sie die Prinzessin, wie sie geschlafen habe. „Oh, furchtbar schlecht!', sagte die Prinzessin. ‚Ich habe die Augen fast die ganze Nacht nicht zugetan. Gott weiß, was da im Bette gewesen ist. Ich habe auf etwas Hartem gelegen, so daß ich ganz braun und blau am Körper bin. Es ist entsetzlich!'" Dadurch erkannten sie, dass es wirklich eine Prinzessin war, denn sie hatte die Erbse durch all die Matratzen und all die Decken hindurch gespürt. „So empfindlich konnte niemand sein als eine richtige Prinzessin." Körperlich hatte sie auf die kleinste Unebenheit reagiert, was allen Ebenbildern einer Prinzessin nicht möglich gewesen wäre.

Mit Freude nahm der Prinz sie zur Frau.

ANHANG

Anhang

Produktionen

Tödliche Liebe oder Eine zuviel, Comics I. UA 27. November 1969, proT München.
Gschaegn is gschaegn, Mundartcomics. UA 27. November 1969, proT München.
Die Nashörner. Nach Eugène Ionesco. Premiere 29. November 1969, proT München.
Romance, Filmpoesie. Premiere 29. November 1969, proT München.
Krimi, Film über Kino. Premiere 2. Dezember 1969, Europa-Filmpalast München.
Killing, Endlostheater. Versuch I für Theaterstrasse. 31. Dezember 1969, proT München.
Zerreiss die schönste Frau über dem höchsten Platz die weisse Kanne, Comics II. UA 10. April 1970, proT München.
Pherachthis, Film in Kannen im Rahmen eines Aktionsabends mit Live-Kannen-Raum-Komposition. Premiere 12. April 1970, proT München.
Dantons Tod. Nach Georg Büchner. Premiere 27. Mai 1970, proT München.
Krönung, Versuch II für Theaterstrasse. UA 15. Januar 1971, proT München.
Der Held der westlichen Welt. Nach John M. Synge. Premiere 30. Oktober 1972, proT München.
Frankenstein. Nach Mary Shelley. Premiere 14. Februar 1973, proT München.
Räuber Janosch, Comics III. Nach Alexeij Sagerer. Regie Nikolai Nothof. UA 23. Februar 1973, proT München.
Die Nachtwachen des Bonaventura oder Rock und Barock. Nach Ernst August Friedrich Klingemann. Regie Alexeij Sagerer und Anton Kenntemich. UA 7. Juli 1973, proT München.
Waldrausch oder Das Kreuz in der Röth. Nach Ludwig Ganghofer. Premiere 15. Oktober 1973, proT München.
Aumühle. Premiere 10. November 1973, Cinemonde im Citta 2000 München.
Taufe, Aktionsabend. 6. Januar 1974, proT München.
Watt'n (ein Kartenspiel) oda Ois bren'ma nida, Comics IV. UA 6. Juni 1974, proT München.
proT-way-manifest, Aktionsabend. 2. November 1974, proT München.
Lauf, Othello, lauf!, Musikcomics. UA 18. Juni 1975, proT München.
Eine heiße Sommernacht im lindgrünen Hochwald, Bergcomics. UA 31. Dezember 1975, proT München.
Die Rückeroberung der Prärie durch ein heimkehrendes Rhinozeros, Widerkäuerkomiggs. UA 30. Juni 1976, proT München.
Der Tieger von Äschnapur Null oder Sylvester auf dem Lande. 15. Januar 1977, proT München.
Der Tieger von Äschnapur Eins oder Ich bin die letzte Prinzessin aus Niederbayern. UA 14. Mai 1977, proT München.
Der Tieger von Äschnapur Drei oder Ich bin imbrünstig mein Alexeij Sagerer. UA 14. Juli 1979, proT München.
Geschlossene Öffentlichkeiten: 1. Universität, der erste Vorwurf auf den Tieger von Äschnapur Unendlich. 10. Dezember 1979, Hörsaal LMU München.

Anhang

Münchner Volkstheater, Vorwurf auf den Tieger von Äschnapur Unendlich. UA 17. Mai 1980, proT München.
Kunst aus dem Hühnerarsch. 4. Oktober 1980, proT München.
Das weisse Band. Vorwurf auf den Tieger von Äschnapur Unendlich. 23. Mai 1981, Johannisplatz München.
Zahltag der Angst, Vorwurf auf den Tieger von Äschnapur Unendlich. UA 16. Oktober 1981, proT München.
Der Tieger von Äschnapur Zwei oder Ich bin das einzige Opfer eines Massenmordes. UA 17. September 1982, proT München.
Fernsehbilder. Premiere 2. August 1983, Festival Videoart Locarno.
Küssende Fernseher. UA 24. Dezember 1983, Dachauer Hallen (spätere Negerhalle) München.
Exorzismus, Ur und Erz Commerciale, dauernd beginnender Tieger von Äschnapur Unendlich. 31. Dezember 1984, Dachauer Hallen (Möbelhalle) München.
Konzert einer Ausstellung, Prozessionstheater mit Bildern von Cornelie Müller. UA 8. Februar 1985, proT-Halle München.
Konzert auf der Tiegerfarm. UA 11. April 1985, Black Box Kulturzentrum Gasteig München.
proT trifft Orff – wir gratulieren, Carmina Burana trifft den Tieger von Äschnapur. UA 10. Juli 1985, Black Box Kulturzentrum Gasteig München.
proT mit Satie, Endlostheater. 12. bis 13. Oktober 1985, proT-Halle München.
Intercity, Vierbahnentheater. UA 31. Dezember 1985, proT-Halle München.
Die vier Tage des Unmittelbaren Theaters, Festival des proT. 7. bis 10. Mai 1986, proT-Halle München.
oh, oh Maiandacht ... (Urform), für Die vier Tage des Unmittelbaren Theaters. 7. bis 10. Mai 1986, proT-Halle München. (Von 1987 bis 1991 wird *oh, oh Maiandacht ...* fünf Jahre lang jeweils vom 1. bis 31. Mai täglich gespielt. Zusammen mit der Aufführung der Urform tritt jeden Abend ein anderer Künstler oder eine andere Künstlergruppe auf: Maler, Musiker, Bildhauer, Performer, Schriftsteller, Videokünstler, Theatermacher.)
Tödliche Liebe oder Eine zuviel, Comics I in Oper. UA 3. Juli 1986, Stadtmuseum München.
Das Stärkste TierSpielSpur. UA 25. Februar 1987, proT-Halle München.
Wunschkonzert. Nach Franz Xaver Kroetz. Premiere 6. März 1987, Studiotheater auf dem Alabama München.
Die vier Tage des Unmittelbaren Theaters, Festival des proT. 14. bis 17. Oktober 1987, proT-Halle München.
di dawisch i fei scho no, Sprechskulptur. UA 19. Januar 1988, Rathaussaal München (zur Verleihung des Ernst-Hoferichter-Preises).
7 Exorzismen. 28. März bis 3. April 1988, proT-Halle München.
Weihnachtskonzert auf der Tiegerfarm 88. 24. Dezember 1988, Theater Rechts der Isar München.
Abrissbirnen, Ein Konzert am VierVideoTurm. 9. April 1989, Lichtraum München.
Vier Konzerte auf der Tiegerfarm. 25. bis 28. Dezember 1989, Carl-Orff-Saal Kulturzentrum Gasteig München.
Zahltag der Angst: Heute. 4./5. Juli 1990, Kunstverein München.
proT-ZEIT-Wochen. 14. September bis 25. November 1990, proT-ZEIT München.

Anhang

Weihnacht's proT-ZEIT. 24. Dezember 1990, proT-ZEIT München.
Am blauen Pool. UA 31. Dezember 1990, proT-ZEIT München.
Unmittelbare Musik auf dem Weg zum Theater, Festival des proT. 14. bis 17. November 1991, proT-ZEIT München.
Der Nibelung am VierVideoTurm, Nibelungen & Deutschland Projekt (I-1). UA 12. Februar 1992, proT-ZEIT München.
Trommeln in Strömen, Nibelungen & Deutschland Projekt (II-2). 21. September 1992, Künstlerwerkstatt Lothringer Straße 13 München.
Göttin, Ärztin, Braut und Ziege, Nibelungen & Deutschland Projekt (II-1). UA 4. Dezember 1992, proT-ZEIT München.
Mein Trost ist fürchterlich, Nibelungen & Deutschland Projekt (II-3). UA 12. Mai 1993, proT-ZEIT München.
Siegfrieds Tod, Nibelungen & Deutschland Projekt (III-2). 27. Oktober 1993, Muffathalle München.
Recken bis zum Verrecken, Nibelungen & Deutschland Projekt (III-3). UA 13. Juli 1994, proT-ZEIT München.
Friseuse Carmen. UA 31. Dezember 1993, proT-ZEIT München.
Meute Rudel Mond und Null, Nibelungen & Deutschland Projekt (III-1). UA 19. Oktober 1994, proT-ZEIT München.
Das Fest zum Mord, Festival im Nibelungen & Deutschland Projekt. 19. Oktober bis 18. November 1994, proT-ZEIT/Reithalle München.
7 deutsche Himmelsrichtungen, Video. 1995, Produktion in Tunesien, in der Normandie, auf Kreta, in Narvik, in St. Petersburg, in Stalingrad und auf der Krim (Synchronisatoren für die Horizontale IV des Nibelungen & Deutschland Projekts).
Götterdämmerung – eine Trilogie, Nibelungen & Deutschland Projekt (IV-2): *Nomaden und Helden.* 13. Oktober 1995, Bayerisches Staatsschauspiel Marstall München; *Siebenmalvier.* 14. Oktober 1995, Bayerisches Staatsschauspiel Marstall München; *Endgültig,* Das Ende als Aufbruch in den Epilog. 15. Oktober 1995, Bayerisches Staatsschauspiel Marstall München.
Sensation der Langsamkeit, Nibelungen & Deutschland Projekt (IV-1). 31. Mai 1996, proT-ZEIT München.
... und morgen die ganze Welt, eine 28-stündige Theaterexpedition mit 14 Menschen und 7 Schafen in einem Kubus begleitet von 7 theatralen Ereignissen ausserhalb des Kubus, 18. bis 19. Oktober 1997, Reithalle München.
Der grösste Film aller Zeiten, live-Film. 1997ff. (Beginnend mit dem Theaterprojekt *... und morgen die ganze Welt,* setzt sich der Film fort mit *Operation Raumschiff* und *Programm Weiss.* Sein Ende ist noch nicht abzusehen.)
Das Ende vom Lied geht die Wende hoch, Nibelungen & Deutschland Projekt (IV-3). UA 31. Dezember 1998, Kulturzentrum Einstein München.
Die Fahrt an Bord der Kleinen Raumschiffe – während der 31. Dezember 1999 zum 1. Januar 2000 wird. 31. Dezember 1999/1. Januar 2000, Kulturzentrum Einstein München.
Die vier Simulationsflüge (OR 5.1), Programm OR 5: Simulations-Flüge. 7./14./21./28. Juli 2000, Kulturzentrum Einstein München.
Ungleich München (OR 2.1), Programm OR 2: intercity-space-shuttles. 31. Oktober/1. November 2001, Muffathalle München.

Anhang

Tarzans secret container im Irak (OR 5.2), Programm OR 5: Simulationsflüge, birth of nature. 11./18./25. März und 1. April 2003, vier livestreams im Internet.
birth of nature, Geister-Raum-Schiffe (OR 4.1), Programm OR 4: Geister-Raum-Schiffe. 26. September 2003, Tierpark Hellabrunn München/Museum für Kommunikation Berlin.
birth of nature, star-gates (OR 6.1), Programm OR 6: star-gates. 15. Oktober bis 2. November 2003, Pinakothek der Moderne München/verborgener Ort in Niederbayern.
Monster-Idyllen (OR 4.2), Programm OR 4: Geister-Raum-Schiffe, birth of nature. UA 15. September 2004, Reaktorhalle München/verborgener Ort in Niederbayern/Internet.
Geklonter Tod (OR 6.2), Programm OR 6: star-gates, birth of nature. UA 14. Januar 2005, Muffathalle München/verborgener Ort/Internet.
Die Geburtshütte. Der Plan., Programm Weiss – Reine Handlung. 17. Dezember 2005, verborgener Ort in Niederbayern/Internet.
Die Marienerscheinung des ersten Flügels, Programm Weiss – der Vorbote für das OR-05. 11. Januar 2006, Anfahrt zur Asphaltkirche/Asphaltkirche Etsdorf Oberpfalz/Internet.
Das OR-05, Programm Weiss – eine Fahrt ins Licht und in die Dunkelheit. 28. Januar 2006, Muffathalle und Ampere im Muffatwerk München/Auto auf der Fahrt vom Muffatwerk zur Asphaltkirche/Asphaltkirche Etsdorf Oberpfalz/Internet.
Reine Pornografie, Programm Weiss – Abstand und Berührbarkeit. UA 13. Dezember 2006, Neuland München/diskrete Orte im Osten/Internet.
Reines Trinken – Gottsuche, Programm Weiss – Rausch und Rauschen. 21. bis 22. Juni 2008, Neuland München/Oppe's Bistro Floß/Internet.
Voressen, Programm Weiss – Wandlung und Deformation. UA 12. Dezember 2009, Muffatwerk München.
AllerweltsMahl, Programm Weiss. 26. bis 27. Februar 2011, NeulandCC/Nektar Munich/Anti/Alter Simpel/Fischer Stub'n/Verborgener roter Raum/Verborgener grüner Raum/Autos auf der Fahrt zwischen verschiedenen Orten – München/Internet.
Weisses Fleisch, Programm Weiss – Wandlung und Deformation. UA 25. Februar 2012, Muffathalle München.
Ein Gott Eine Frau Ein Dollar, Trash-Comics. Nach Ralph Hammerthaler. UA 25. Februar 2013, Auf den Postgaragen München.
7 Stühle. Installation und Versteigerung. 27. November bis 4. Dezember 2014, Galerie Die erste Reihe München.
Liebe mich! Wiederhole mich! UA 24. Februar 2016, Die Säulenhalle München.

Anhang

Festivals, Ausstellungen

SAD-Kunst Schwandorf. 14. August 1970: *Gschaegn is gschaeng*, Mundartcomics/*Tödliche Liebe oder Eine zuviel*, Comics I/*Zerreiss die schönste Frau über dem höchsten Platz die weisse Kanne*, Comics II.
Internationales Festival Kleiner Bühnen Bern. 27. bis 30. Juni 1973: *Frankenstein*.
Dani Mladog Teatra Zagreb. 5. bis 8. Dezember 1974: *Watt'n (ein Kartenspiel) oda Ois bren'ma nida*, Comics IV.
Internationale Theaterwoche Erlangen. 22. bis 24. Juni 1976: *Gschaegn is gschaegn*, Mundartcomics/*Watt'n (ein Kartenspiel) oda Ois bren'ma nida*, Comics IV/*Eine heiße Sommernacht im lindgrünen Hochwald*, Bergcomics.
Festival Internacional de Café-Téâtre Rennes. 16./17. November 1976: *Lauf, Othello, lauf!*, Musikcomics.
Festival Fringe Edinburgh. 29. August bis 3. September 1977: *Watt'n (a card play) or All we'll burn down*, Comics IV/*A hot summernight in a soft green timber forest*, Mountaincomics/*Done is done*, Dialectcomics.
Videoinstallationen Münchner Künstler. Künstlerwerkstatt Lothringer Straße 13 München. 23. bis 25. Oktober 1981: *Münchner Volkstheater*, Vorwurf auf den Tieger von Äschnapur Unendlich.
Videokunst in Deutschland 1963–1982, Ausstellung. Städtische Galerie im Lenbachhaus München. 27. Oktober bis 28. November 1982: *Zahltag der Angst – Intensitäten*, Videofilm für die gleichnamige Theaterproduktion (u. a. auch Nationalgalerie Berlin, Kunsthalle Nürnberg).
Filmmuseum München. 13. bis 27. Februar 1983: Retrospektive der Filme von Alexeij Sagerer.
Festival Videoart Locarno. August 1983: *Fernsehbilder*.
Künstlerwerkstatt Lothringerstraße München. 12. bis 15. April 1984: *Der Fernseher ist der Gipfel der Guckkastenbühne*, Videoausstellung.
1. Bonner Kunstwoche. 21. bis 28. September 1984: *Watt'n (ein Kartenspiel) Oda ois bren'ma nida*; Videoprogramm: *Fernsehbilder, Musikfilm; Video-Regie-Theater für Der Mann und Die Frau*.
7. Internationales Theaterfestival München. 27. Mai bis 9. Juni 1985: Alexeij-Sagerer-Retrospektive.
Die Opernfestspiele des minimal club München. 3. bis 6. Juli 1986: *Tödliche Liebe oder Eine zuviel*, Comics I in Oper.
documenta 8 Kassel. 2. bis 5. Juli 1987: *proT für die Welt;* 10. Juli 1987: *Küssende Fernseher*.
Gesche Gottfrieds Machtgesänge, Domhof Bremen. 6. September 1987: *Man/Scafala* (UA) von Hans-Joachim Hespos mit Alexeij Sagerer.
Combinale München. 12. Dezember 1987: *Küssende Fernseher*.
Kampnagelfabrik Hamburg. 9. März 1988: *oh, oh Maiandacht ...*
Festival Zwischenräume, Skulpturenmuseum Glaskasten Marl.
3. September 1988: *Konzert am VierVideoTurm*.
Kunstwochen Dillingen, Ausstellung. 16. September 1988: *Konzert am VierVideoTurm*.
Offene Kirche in der Stadt, Markuskirche München. 20. Oktober 1988: *Konzert am VierVideoTurm*.

Wohin mit der Kultur in München?, Reihe des Beck Forum München.
7. Juni 1989: *Referat am VierVideoTurm.*
Rainer Werner Fassbinder – 10 Jahre tot?, München. Premiere 11. Juni
1992: *Das Kaffeehaus.* Nach Rainer Werner Fassbinder.
3D-Reihe des Westfälischen Landestheaters Castrop-Rauxel. Premiere
4. Februar 1994: *Tödliche Liebe oder Eine zuviel,* Comics I in Oper.
NRW-Theatertreffen Köln. 30. Mai 1994: *Tödliche Liebe oder Eine zuviel,*
Comics I in Oper.
Spiel.Art, Theaterfestival München. *Götterdämmerung – eine Trilogie,*
Nibelungen & Deutschland Projekt (IV-2). 13. Oktober 1995:
Nomaden und Helden. 14. Oktober 1995: *Siebenmalvier.*
15. Oktober 1995: *Endgültig,* Das Ende als Aufbruch in den Epilog.
Spiel.Art, Theaterfestival München. 18. bis 19. Oktober 1997: *… und
morgen die ganze Welt,* eine 28-stündige Theaterexpedition mit
14 Menschen und 7 Schafen in einem Kubus begleitet von
7 theatralen Ereignissen ausserhalb des Kubus.
Autorentheatertage '99 Staatsschauspiel Hannover. 30. Juni 1999: *Das
Ende vom Lied geht die Wende hoch,* Nibelungen & Deutschland
Projekt (IV-3).
SchauSpielRaum Theaterarchitektur, Pinakothek der Moderne München.
16. Oktober bis 2. November 2003: *birth of nature, star-gates
(OR 6.1),* Programm OR 6: star-gates.
Akademie der Bildenden Künste München. 26. März 2010: *di dawisch
i fei scho no.*
Tanz- und Theaterfestival Rodeo München. 12. Juni 2010: *Voressen,*
Programm Weiss – Wandlung und Deformation.
Dance 2010 München. 22./23. Oktober 2010: *CoPirates* von Richard Siegal
mit *di dawisch i fei scho no,* Sprechskulptur.
Künstlerhaus Mousonturm Frankfurt. 28./29. Januar 2011: *CoPirates* von
Richard Siegal mit *di dawisch i fei scho no,* Sprechskulptur.
Tanz- und Theaterfestival Rodeo München. 30. Mai 2012: *Weisses Fleisch,*
Programm Weiss – Wandlung und Deformation.
Theaterfestival Favoriten Dortmund. 24. November 2012: *CoPirates* von
Richard Siegal mit *di dawisch i fei scho no,* Sprechskulptur.
Wem gehört die Stadt? Manifestationen neuer sozialer Bewegungen im
München der 1970er Jahre im Stadtmuseum München. 22. Februar
bis 1. September 2013: *proT.*
Wiener Aktionismus und Aktionstheater in München, Akademie der
Bildenden Künste München. 26. Januar 2015: *Frau in Weiss füttert
Mann im Lendenschurz vor Kamera.*

Anhang

Textproduktion

proT-way-manifest, München 1974.
Gschaegn is gschaegn, in: Deutschheft, Nr. 7, 1976.
Anmerkungen zum Situationsfilm im vorschulischen Curriculum ausgehend von der konkreten Arbeit am Film *Kinder im Krankenzimmer* und den allgemeinen Bedingungen, unter denen er produziert wurde, in: Deutsches Jugendinstitut Information, München 1976 (mit Heinrich Tichawsky).
Eine heiße Sommernacht im lindgrünen Hochwald. Bergcomics, in: Deutschheft, Nr. 9, 1977.
Theoretische Texte, proT-Archiv, München o. J. (teils veröffentlicht in Programmheften)
Prozessionstheater (Texte), München 1979.
Der Fernseher ist der Gipfel der Guckkastenbühne, München 1983.
Der Witz, die geistige Scheinshaxn und das Nixdahinter. Über Nikolaus Gerhart, in: Kasper König (Hg.): von hier aus. Zwei Monate neue deutsche Kunst in Düsseldorf, Köln 1984, S. 101–104.
Gschaegn is gschaegn, in: Lutz R. Gilmer (Hg.): Ausgesuchte Einakter und Kurzspiele, Bd. 3, 27 Stücke moderner Autoren, München 1984, S. 229–239.
Wenn der Staat den Staat wagt muß das Theater den Tieger Unendlich wagen. Textprozessionstheater zur Subventionspolitik, München 1985.
Das Unmittelbare Theater (Manifest), München 1987.
Gschaegn is gschaegn, in: Klaus G. Renner (Hg.): Der wilde Jäger. Eine Sammlung, München 1987, S. 84–100.
Das Stärkste TierSpielSpur, München 1989.
Frau Presse, in: Friedrich Köllmayr/Edgar Liegl/Wolfgang Sréter (Hg.): Soblau. Kulturzustand München, München 1992, S. 146–147.
Ja, woas machma den iaz? Sechs Kurzdialoge, in: Hubert Ettl (Hg.): Niederbayern. Reise-Lesebuch, Viechtach 1997, S. 20–21.
Am Rand der künstlerischen Katastrophe. Über die „Rabe perplexum Retrospektive '98" in der Rathausgalerie – Erinnerungen an eine rätselhafte Person, in: Süddeutsche Zeitung vom 21. Juli 1998.
Die Fahrt an Bord der Kleinen Raumschiffe – während der 31. Dezember 1999 zum 1. Januar 2000 wird, in: Coitus Koitus, Nr. 4/2000, S. 6–7.
Zurück ins Mittelmaß. Der Marstall unter Elisabeth Schweeger vermittelte eine Ahnung davon, was Theater sein kann, in: Süddeutsche Zeitung vom 14. März 2001.
Nibelungen & Deutschland Projekt. Horizontale IV Götterdämmerung, in: Bayerisches Staatsschauspiel (Hg.): Residenztheater, Cuvilliéstheater, Marstall. 1993–2001. München 2001.
Es darf keine Peinlichkeit geben, die wir nicht in die Hand nehmen würden (alte proT-Weisheit), in: Andreas Koll/Achim Bergmann: Karl Valentin. Gesamtausgabe Ton 1928–1947 (Booklet), München 2002, S. 54–55.
birth of nature an Bord von Operation Raumschiff. Ein Theaterprojekt. Lesebuch, München 2006.

Theaterstückverlag München

Gschaegn is gschaegn. Mund.Art.Comics, München o. J.
Watt'n (ein Kartenspiel) oda Ois bren'ma nida. Comics IV, München o. J.
Tödliche Liebe oder Eine zuviel. Comics I in Oper, München 1994.
Eine heiße Sommernacht im lindgrünen Hochwald, Bergcomics, München 1994.
Niemand fällt mehr aus der Rolle. Neun Minidramen, München 1995.

Offene Texte

„Innen" und „Aussen". Texte vom 28. April 2000 zur Produktion von Theater.
Öffentlicher Brief vom 7. April 2004 von Alexeij Sagerer zur Beendigung seiner Mitarbeit in der Kommission „Freie Kunst im öffentlichen Raum".
Öffentlicher Brief vom 18. April 2005 an die Münchner Kammerspiele.
Öffentlicher Brief vom 21. September 2005 an Frank Baumbauer.
Offener Text vom April 2012 an den Kulturreferenten Dr. Hans-Georg Küppers. Anmerkungen zu einer kläglichen Veranstaltung vom 16.03.2012 im Literaturhaus genannt „Runder Tisch der Freien Theatergruppen zur Halbzeitbilanz der Förderung aktueller darstellender Kunst 2010–2015".
Offener Text, 2. Teil, vom Mai 2012, an den Kulturreferenten Dr. Hans-Georg Küppers. Klägliche Veranstaltung – die Fortsetzung. Der „Roundtable der Freien Theatergruppen zum künftigen Jurywahlverfahren" am 20. April 2012, diesmal in der Rathausgalerie.
Gebt auf, bewerbt euch bei den Institutionen! Alexeij Sagerer im Interview mit Simone Lutz am 1. Dezember 2015.

Schallplattenproduktion

proT-way-melodie/proT-way-manifest, München 1975

Anhang

Postkartenproduktion

Theaterplakat München (Der Tieger von Äschnapur Drei oder Ich bin imbrünstig mein Alexeij Sagerer). Regenschein Karten, Verlag Schaschko & Freund, München 1979; rod plau krün. Regenschein Karten, Verlag Schaschko & Freund, München 1983 (Verkaufte Auflage 220 000 Stück); Schrei im Mai (Maiandacht), Verlag Artur Dieckhoff, Hamburg 1988; Alexeij Sagerer's Kanne. Regenschein Karten, Verlag Schaschko & Freund, München o. J.; Dario Froh macht alle fo. Regenschein Karten, Verlag Schaschko & Freund, München o. J.; Wer gewinnt, wenn sich ein Politiker Dummkopf und ein Theatermacher Dummkopf am Subventionstopf treffen? Verlag Hias Schaschko, München o. J.; Die Bäume sterben nicht. Sie ziehen sich lachend von uns zurück. Verlag Hias Schaschko, München o. J.; proT Lederhose in Gold. Verlag Hias Schaschko, München o. J.; Schwarz Rot Gold. Verlag Hias Schaschko, München o. J.

Spielkartenproduktion

Das Stärkste TierSpiel, geniales Kartenspiel von Alexeij Sagerer (kommerzieller Tiegerjäger). proT für die Welt, München 1986.

Auszeichnungen

tz-Rosenstrauß des Jahres 1982; 1. Preis für Gschaegn is gschaegn (Kategorie Kurzspiele) beim Autorenwettbewerb des Grafenstein-Verlages 1982; Ernst-Hoferichter-Preis 1988; AZ-Stern des Jahres (Theater) 1992; Theaterpreis der Landeshauptstadt München 1997.

Homepage

www.proT.de (Biografie, Produktionen, Resonanz, Fotos, Videos etc.)
www.vimeo.com/alexeijsagerer
www.youtube.de/user/proTshortcuts

Anhang

Literatur & Presse (Auswahl)

Sabine Leucht: Das Fleisch liegt in Windeln, in: Theater der Zeit, April 2016, S. 49–50.
Eva-Elisabeth Fischer: Sterben dauert. Alexeij Sagerers Memento Mori „Liebe mich! Wiederhole mich!", in: Süddeutsche Zeitung vom 26. Februar 2016.
Thomas Dreher: Wiener Aktionismus und Aktionstheater in München, Vortag am 26. Januar 2015, Akademie der Bildenden Künste München. (http://iasl.uni-muenchen.de/discuss/lisforen/dreheraktion.html.)
Ralph Hammerthaler: Das einzige Opfer eines Massenmordes. Done is done: Alexeij Sagerer hat 7 Theaterstühle versteigert, in: Theater der Zeit, Januar 2015, S. 27.
Lucia Kramer: Auf einen Weißwein mit einem Urgestein der Freien Szene. Eine Begegnung mit Alexeij Sagerer, in: Kulturreferat der Landeshauptstadt München (Hg.): Rodeo. Münchner Tanz- und Theaterfestival, München 2014, S. 26–33.
Eva-Elisabeth Fischer: Prozessualer Schrecken. Alexeij Sagerer, Erfinder des proT und Münchens radikalster Theatermensch wird 70 Jahre alt, in: Süddeutsche Zeitung vom 4. August 2014.
Sabine Leucht: Ein Mann Ein Bier Ein Anarchist. Warum der Münchner Theatermacher Alexeij Sagerer den Irrsinn ernst nimmt, in: Theater der Zeit, April 2013, S. 24–26.
Manfred Wegner/Ingrid Scherf: Wem gehört die Stadt? Manifestationen neuer sozialer Bewegungen im München der 1970er Jahre, Andechs 2013, bes. S. 82–83.
Egbert Tholl: Heiliges Begehren. Ein langer großartiger Moment: Alexeij Sagerers „Ein Gott Eine Frau Ein Dollar", in: Süddeutsche Zeitung vom 27. Februar 2013.
Rainer Wanzelius: Gegen die unsichtbare Wand getanzt. Der etwas andere Dancefloor-Act eröffnet das Theaterfestival „Favoriten 2012", in: Ruhr Nachrichten vom 26. November 2012.
Michael Wüst: Alexeij Sagerer mit „Weißes Fleisch" in der Muffathalle: Entsetzen und Eros bei einer magischen Aufführung, in: Kulturvollzug vom 29. Februar 2012.
Berit Koppert: Hermann Nitsch vs. Alexeij Sagerer – die kathartische Wirkung im Vergleich, München 2012 (Seminararbeit LMU).
Stefan Donecker/Alexandra Karentzos/Birgit Käufer: „Jeder Kuss ruft einen weiteren hervor", in: Querformat, Nr. 5, 2012, S. 2–6.
Eva-Elisabeth Fischer: Lebensmittelmassaker. Alexeij Sagerers Theaterprojekt „AllerweltsMahl", in: Süddeutsche Zeitung vom 28. Februar 2011.
Miriam Drewes: Theater als Ort der Utopie. Zur Ästhetik von Ereignis und Präsenz, Bielefeld 2010, bes. S. 365ff.
Sabine Leucht: Im Zeichen der Stoa. Alexeij Sagerers „Voressen" im Muffatwerk, in: Süddeutsche Zeitung vom 15. Dezember 2009.
Petra Hallmayer/Egbert Tholl: Heiliges Bier. „Reines Trinken – Gottsuche" mit Alexeij Sagerer, in: Süddeutsche Zeitung vom 24. Juni 2008.
Ralph Hammerthaler: Sex Göttin Zensur, in: Theater der Zeit, September 2007, S. 79.

Egbert Tholl: Gut beleuchtet. Alexeij Sagerers „OR-05", in: Süddeutsche Zeitung vom 30. Januar 2006.

Malve Gradinger: Tarzan im Reaktor. „Operation Raumschiff" von Alexeij Sagerer, in: Münchner Merkur vom 17. September 2004.

Egbert Tholl: Das Böse macht böse. Alexeij Sagerers weltaktueller Raumflug in der Reaktorhalle, in: Süddeutsche Zeitung vom 17. September 2004.

Gerhard Stadelmaier: Saison in Beton, in: Frankfurter Allgemeine Zeitung vom 4. September 2004.

Franz Kotteder: Tarzan im Tierpark. Alexeij Sagerer startet heute ein neues „Raum-Schiff", in: Süddeutsche Zeitung vom 26. September 2003.

Architekturmuseum der TU München (in Zusammenarbeit mit dem Lehrstuhl für Raumkunst und Lichtgestaltung der TU München) (Hg.): SchauSpielRaum. Theaterarchitektur, München 2003, bes. S. 38.

Miriam Drewes: Theater ungleich. Alexeij Sagerer und das Münchner proT. Vortrag am 3. November 2001 anlässlich des 4. Symposiums zur Münchner Theatergeschichte „Der Autorwille. Wieviel Biografie steckt in der Kulturforschung?".

Thomas Dreher: Performance Art nach 1945. Aktionstheater und Intermedia, München 2001, bes. S. 392.

Rudolf Frieling/Dieter Daniels (Hg.): Medien Kunst Interaktion. Die 80er und 90er Jahre in Deutschland, Wien/New York 2000.

Silvia Stammen: Meute oder Rudel. Über die Wechselwirkung von Produktionsweise und Produkt, in: Tilmann Broszat/Sigrid Gareis (Hg.): Global Player, Local Hero. Positionen des Schauspielers im zeitgenössischen Theater, München 2000, S. 93–103.

Christine Dössel: Mission possible. Reisen ins Freie Theater – Erfahrungen und Entdeckungen einer Festival-Jurorin, die nach „Impulsen" sucht, in: Theater heute, November 1999, S. 34–39.

o. N.: Sagerer, Alexeij, in: C. Bernd Sucher (Hg.): Theaterlexikon. Autoren, Regisseure, Schauspieler, Dramaturgen, Bühnenbildner, Kritiker, München 1999 (völlig neubearbeitete und 2. Auflage).

Ingrid Seidenfaden: Hagen trinkt Siegfrieds Blut. Alexeij Sagerers ultimativer Nibelungen-Deutschland-Epilog: „Das Ende vom Lied geht die Wende hoch", in: Abendzeitung vom 2./3. Januar 1999.

Reinhard J. Brembeck: Tollkühne Männer. Alexeij Sagerers letzter Nibelungen-Streich im Einstein, in: Süddeutsche Zeitung vom 31. Dezember 1998/1. Januar 1999.

Silvia Stammen: Herr der sieben Schafe. Eindrücke vom Münchner „Spiel.Art"-Festival, eine Reise in die Untiefen der Theater-Avantgarde und der unermüdbare Alexeij Sagerer, in: Theater heute, Dezember 1997, S. 68f.

Ingrid Seidenfaden: Sieben Schäfchen und eine Menge Elektronik. „Spiel.Art", das Münchner Festival für Avantgarde-Theater – eine Reise durch alle fünf Kontinente, in: Der Tagesspiegel vom 4. November 1997.

Christopher Schmidt: Der Kopf ruht auf der Datenbank. Theater an der Benutzeroberfläche, wo die Avantgarde krachend klickt: Das Münchner Festival „Spiel.Art", in: Frankfurter Allgemeine Zeitung vom 30. Oktober 1997.

Henrike Thomsen: Ausgedehnte Wanderungen. Wie sich der Münchner Theatermacher Alexeij Sagerer in einem Metallquader einschloß und

Anhang

eine Weltreise in 28 Stunden simulierte. Mein Wochenende mit dem Alpenindianer: Ein Protokoll, in: die tageszeitung vom 21. Oktober 1997.

Bettina Musall: Alexeij Sagerer. Als bayerisches Theater-Urviech macht der Alt-Avantgardist seit fast 30 Jahren von sich reden. Seine Botschaft: Es braucht keine, in: Der Spiegel, Kultur Extra, Heft 10, Oktober 1997.

Ralph Hammerthaler: Die ganze Welt ist eine Experimentierbühne. Visionär, Performer, Avantgardist: Alexeij Sagerer erhält den Theaterpreis der Stadt München, in: Süddeutsche Zeitung vom 5. September 1997.

Elisabeth Schweeger: Laudatio auf Alexeij Sagerer (Theaterpreis der Stadt München), gehalten am 5. September 1997.

Ingrid Seidenfaden: „... und morgen die ganze Welt". 28 Stunden lang Performance: Ist das Kunst? Oder ein Fall fürs Buch der Rekorde? Alexeij Sagerer wird es in der Reithalle ausprobieren, in: Abendzeitung vom 26. August 1997.

Ralph Hammerthaler: Erotik als Groteske. Ein 16stündiges Solo von Christine Landinger im proT, in: Süddeutsche Zeitung vom 3. Juni 1996.

Silvia Stammen: Mythos und Memory. Über Münchens neues Theaterfestival „Spiel.Art", gekrönt von Alexeij Sagerers „Götterdämmerung", in: Theater heute, Dezember 1995, S. 68–69.

Ingrid Seidenfaden: Himmelhohe Abgründe deutscher Geschichten. „Götterdämmerung". Alexeij Sagerers Nibelungen-Finale, in: Abendzeitung vom 17. Oktober 1995.

Miriam Neubert: Dem Tod auf den Spuren. Was der Münchner Theatermacher Alexeij Sagerer im russischen Wolgograd zu suchen hatte, in: Süddeutsche Zeitung vom 3./4./5. Juni 1995.

Silvia Stammen: „Eigentlich geht's um Leben und Tod, aber das muss ja nicht traurig sein". 50 Jahre Alexeij Sagerer und 25 Jahre proT – Münchens schrägstes Off-Theater hat Geburtstag, in: Theater heute, Februar 1995, S. 22–27.

Silvia Stammen: Für ein nomadisches Theater. Alexeij Sagerers „Nibelungen & Deutschlandprojekt" und der Performancezyklus „Das Fest zum Mord", München 1995 (Seminararbeit LMU).

Nina Hoffmann: Siegfrieds Tod, in: Bonner Kunstverein/Overbeck-Gesellschaft (Hg.): Nina Hoffmann, Bonn/Lübeck 1994, S. 76–83.

Malve Gradinger: Die Frauen in ihrem Leid sind doch die Stärkeren. „Recken bis zum Verrecken": Sagerers „Nibelungen & Deutschlandprojekt" in der Münchner Reithalle, in: Münchner Merkur vom 28. Oktober 1994.

Malve Gradinger: Britisch-böse Geschichten übers Sterben. Im Münchner proT: Weiterführung von Alexeij Sagerers „Nibelungen & Deutschlandprojekt", in: Münchner Merkur vom 21. Oktober 1994.

Ralph Hammerthaler: „Ich mußte meine eigene Vision entwickeln". Alexeij Sagerer, der Gründer des proT-Theaters, über seine Anfänge, die Oper und den Mond, in: Süddeutsche Zeitung vom 12. August 1994.

Schmidt-Mühlisch: NRW-Theatertreffen: Viel Wind, etwas Hoffnung, in: Die Welt vom 2. Juni 1994.

Josef Schloßmacher: Dürre Trauer und knallbunter Spaß. Zwei Landestheater beim NRW-Theatertreffen in Köln: Detmold enttäuscht, Castrop-Rauxel erfreut, in: Kölner Stadtanzeiger vom 1. Juni 1994.

Anhang

Achim Lettmann: „Brum mom". Sagerers Comic-Oper in Castrop-Rauxel, in: Westfälischer Anzeiger vom 8. Februar 1994.

Wolfgang Platzeck: Die Kunst der Koloratur. Alexeij Sagerers Opern-Parodie im WLT Castrop-Rauxel, in: Westfälische Allgemeine Zeitung vom 7. Februar 1994.

AS: Unmittelbares Theater: Nibelungen-Performance, in: „O". Fashion, Fetish & Fantasies, Januar 1994.

Martin Brady: PROT. Siegfried's Death – Nibelung & Germany Project (III-2), Muffathalle Munich, 27 October 1993, in: Hybrid, The International Cross-Artforum Bi-Monthly, Issue 6, GB, December 1993/March 1994.

Eva-Elisabeth Fischer: Mythisches Horrormärchen. Alexeij Sagerers „Siegfrieds Tod" in der Muffathalle, in: Süddeutsche Zeitung vom 29. Oktober 1993.

Reinhard J. Brembeck: Sieben mal sieben. „Siegfrieds Tod" in der Muffathalle, in: tz vom 29. Oktober 1993.

Gabriella Lorenz: Scherbenhaufen Deutschland. Alexeij Sagerers „Mein Trost ist fürchterlich" im proT-Zeit, in: Abendzeitung vom 14. Mai 1993.

Reinhard J. Brembeck: Bühnendonner, in: tz vom 14. Mai 1993.

Wolfgang Höbel: Furien vor Flußlandschaft. Großdeutschkunst: Sagerers „Nibelungenströme" im proT, in: Süddeutsche Zeitung vom 4. Dezember 1992.

Gabriella Lorenz: Deutsche Befindlichkeit unter dem Seziermesser. proT: Alexeij Sagerers „Göttin, Ärztin ...", in: Abendzeitung vom 4. Dezember 1992.

Der Nibelung am Viervideoturm, in: Via Regia, Februar 1993, S. 10.

Claudia Jaeckel: Der deutsche Gartenzwerg als Freund der Kunst. Alexeij Sagerers Videoinstallation „Trommeln in Strömen", in: Süddeutsche Zeitung vom 21. September 1992.

Wolfgang Spielhagen: Alexeij Sagerer, der Bühnen-Berserker, in: Merian, August 1992, S. 126.

Frauke Gerbig: Attacke auf unsere Sinne. Alexeij Sagerers „Nibelungen"-Performance im proT, in: Abendzeitung vom 17. Februar 1992.

Thomas Hackner: Alexeij Sagerer und sein unmittelbares Theater, in: Lichtung, Juli/August 1991, S. 39–41.

Wolfgang Höbel: Kulturreferentensimulation. Siegfried Hummel bei Sagerers „Maiandacht", in: Süddeutsche Zeitung vom 24. Mai 1991.

Ralph Hammerthaler: Ein Sagerer und Schmerzensmann. Das Münchner proT verabschiedete sich nach fünf Jahren Arbeit mit einer Andacht, in: Der Standard vom 17. Mai 1991.

Manuel Brug: Der Intendant und der Wahnsinnige. Günther Beelitz bei Sagerers Maiandacht, in: Süddeutsche Zeitung vom 10. Mai 1991.

Helmut Schödel: Der wilde Mann des Münchner Theaters und seine einunddreißig Maiandachten. Alexeij Sagerers Prozessionstheater: in einer endlosen Experimenta, in: Der Standard vom 19./20. Mai 1990.

Brigitte Kohl: Freie Musiktheaterszene in München, in: August Everding (Hg.): Leuchtendes München. Weltstadt der Musik. Eine Hommage an die Musik und das Musiktheater, Wien 1990, S. 73–78.

Manuel Brug: Auf den Flügeln des Gesangs. Alexeij Sagerers „Comics I in Oper" in München, in: Süddeutsche Zeitung vom 12./13. August 1989.

Karl Bruckmaier: Die Rückkehr der rockenden Rentner. Night of Guitars, proT, Wendy & Lisa, in: Süddeutsche Zeitung vom 19. Mai 1989.
Jan Bielicki: Der Regenmacher. Alexeij Sagerers „7 Exorzismen", in: Süddeutsche Zeitung vom 8. April 1988.
Ute Schalz-Laurenze: Ansprache an Intelligenz und Sinne. Performance-Spektakel „Gesche Gottfrieds Machtgesänge" auf dem Bremer Domshof, in: Weserkurier vom 7. September 1987.
Maxim Biller: München. Eine Stadt hat Fieber, in: Tempo, Juni 1987, S. 101–110.
Helmut Schödel: Kroetz und Anti-Kroetz. Alexeij Sagerers „Wunschkonzert", in: Die Zeit vom 20. März 1987.
Peter Praschl: Die Militanten, in: Wiener, August 1987, S. 64–70.
o. N.: Tierspiel, in: Wiener, Januar 1987.
documenta 8, Bd. 2: proT, Kassel 1987, S. 294/304.
Ingrid Seidenfaden: Die Freiheit des Tiegers. Prozeß und stete Veränderung: Alexeij Sagerer über sein proT in der Alabamahalle, in: Abendzeitung vom 6./7. September 1986.
Wolfgang Höbel: Sagerers konsequenter Wahnwitz. Das proT in München wiederholt sein „Konzert auf der Tiegerfarm", in: Süddeutsche Zeitung vom 19. Februar 1986.
Heinz Thiel: Theater proT. Watt'n (ein Kartenspiel) oda Ois bren'ma nida, in: Dierk Engelken/Elisabeth Jappe (Hg.): D–5300 Kunst. Künstlerzelt. Zur 1. Bonner Kunstwoche, Bonn 1985, S. 66f.
Rolf May: proT trifft Orff – voll in den Magen. „Carmina Burana" und fünf Schweine im Gasteig, in: tz vom 13./14. Juli 1985.
Thomas Thieringer: Pur Bild, pur Wort, pur Musik. Ein Münchner Exorzismus-Spektakel von Alexeij Sagerer, in: Süddeutsche Zeitung vom 3. Januar 1985.
Sabine Neumann: Das Münchner Theater „proT". Künstlerische Entwicklung, Konzeption und Arbeitsweise, München 1984 (Magisterarbeit LMU).
Ingrid Seidenfaden: Explosives Mattscheiben-Ballett. Sagerers „Küssende Fernseher", in: Abendzeitung vom 27. Dezember 1983.
Sylvester Fell: Beuys fand's noch fragwürdig. Die Lenbachgalerie zeigt Videokunst in Deutschland, in: tz vom 28. Oktober 1982.
Ulrike Kahle: Verrückt, genial, epigonal – und das alles für fast nichts. 13 Münchner Privattheater, in: Theater heute, Mai 1982, S. 28–36.
A. Kratzert: Interview Alexeij Sagerer, in: Videokontakt, Juli 1981, S. 69f.
Helmut Schödel: Blick voraus ins Nichts. Schauspiel in München: Großes Theater an kleinen Theatern, in: Die Zeit vom 30. Mai 1980.
Helmut Schödel: Die Riesen des Wahnsinns. Notizen aus der Münchner Anarcho-Bohème, in: Die Zeit vom 7. September 1979.
Thomas Thieringer: Tieger von Äschnapur, drei. Alexeij Sagerer im proT, in: Süddeutsche Zeitung vom 16. Juli 1979.
Effi Horn: Der geheimnisvolle „Tieger von Äschnapur". Alexeij Sagerer bietet im proT 23 Kurzinterviews mit Münchner Theaterleitern, in: Münchner Merkur vom 16. Juli 1979.
Thomas Thieringer: Wirben fürs Theater. Wie Alexeij Sagerer auf sein proT aufmerksam macht, in: Süddeutsche Zeitung vom 4. Januar 1979.
Allan Massie: „Watt'n (A Card Play)", in: The Scotsman, September 1, 1977.

Anhang

Michael Newman: Double bill, in: Edinburgh Fringe Festival, 1977.
D. J. Hart: The Fringe at the Edinburgh Festival, in: Birmingham Post vom 30. August 1977.
Thomas Thieringer: Alexeij Sagerers Traumspiel. Neue Comics im proT, in: Süddeutsche Zeitung vom 28./29./30. Mai 1977.
Michael Skasa: Chaos, zwiefach überzwercht, Kindernachmittag und Aktionsabend im proT, in: Süddeutsche Zeitung vom 19. Januar 1977.
André Camp: „Théâtre en marche", direction Rennes ..., in: L'Avant-scène, janvier 1977, S. 36f.
Thomas Petz: Abseits der internationalen Wege. Kellertheater 76 am Beispiel der Münchner Szene. Über Stile, Unterschiede, Hoffnungen und die Zukunft, in: Süddeutsche Zeitung vom 7. September 1976.
Urs Allemann: Auf dem Weg zum Gegenfestival. 19. Internationale Theaterwoche Erlangen, in: Theater heute, August 1976.
Thomas Thieringer: Bier, Schnupftabak und Liebe. Alte und neue Comics von Alexeij Sagerer im Münchner proT, in: Süddeutsche Zeitung vom 3./4. Januar 1976.
Anatol: Alles Musik, in: Blatt vom 14. Juni 1975.
Velimir Viskovi : dani mladog teatra, in: Prolog 25, 1975, S. 75–89.
Slobodan Šnajder: The performance, although being a process, is a very serious result, in: Dani Mladog Teatra, Bulletin No 2, 5. bis 8. Dezember 1974.
Robert Rademann: „Aumühle", in: Der Tagesspiegel vom 25. Mai 1974.
M. Rudolf: Bayern ist überall. „Aumühle" – Ein deutsches Trauerspiel und seine schnelle Verdrängung durch alle Massenmedien, in: tip, Magazin für Berlin, vom 17. Mai 1974.
Peter Buchka: Im Kino, in: Süddeutsche Zeitung vom 21. November 1973.
Sigrid Hardt: Abgehackte Hand. Comics im proT: „Räuber Janosch", in: Abendzeitung vom 26. Februar 1973.
Benjamin Henrichs: Ein Papi guckt ins Kinderzimmer. Das Münchner proT spielt Martin Walser, in: Süddeutsche Zeitung vom 14. Juni 1972.
Ponkie: Prinzip des Krimi. „Krimi, ein Film über Kino" von proT-Chef Alexeij Sagerer, in: Abendzeitung vom 4. Dezember 1969.
Gert Heidenreich: Neueröffnung des proT (ehemals Büchner-Theater), Bayerischer Rundfunk 1969 (Ms. ohne Sendedatum).
JvM: Absurdes – mal französisch, mal bayrisch. Das ehemalige Büchner-Theater als „proT" wiedereröffnet, in: Süddeutsche Zeitung vom 1. Dezember 1969.
Thomas Petz: Comic statt Meinung. AZ-Gespräch mit dem neuen Leiter des Büchner-Theaters, in: Abendzeitung vom 25. August 1969.

Anhang

Mehr! Literatur

Andersen, Hans Christian: Märchen, (6. Aufl.) Berlin (DDR) 1981.
Artaud, Antonin: Das Theater und sein Double, (3. Aufl.) Frankfurt am Main 1983.
Bohrer, Karl Heinz: Ist Kunst Illusion?, München 2015.
Brook, Peter: Vergessen Sie Shakespeare, (2. korr. Aufl.) Berlin 1992.
Brook, Peter: Der leere Raum, (3. Aufl.) Berlin 1997.
Brook, Peter/Carrière, Jean-Claude/Grotowski, Jerzy: Georg Iwanowitsch Gurdjieff, Berlin 2001.
Das Nibelungenlied. In Prosa übertragen von Uwe Johnson und Manfred Bierwisch, Frankfurt am Main 2006.
Deleuze, Gilles: Differenz und Wiederholung, (3. Aufl.) München 2007.
Deleuze, Gilles/Guattari, Félix: Was ist Philosophie?, Frankfurt am Main 2000.
Deleuze, Gilles/Guattari, Felix: Rhizom, Berlin 1997.
Fischer-Lichte, Erika: Ästhetik des Performativen, Frankfurt am Main 2004.
Glozer, Laszlo: Bedeutungsschwanger bis unterhaltsam. Die documenta 8 präsentiert sich als bunte Stimmungspalette, in: Süddeutsche Zeitung vom 13./14. Juni 1987.
Goebbels, Heiner: Zeitgenössische Kunst als Institutionskritik, in: Positionen, August 2013, S. 9–11.
Grotowski, Jerzy: Das arme Theater. Mit einem Vorwort von Peter Brook, Velber 1968.
Habermas, Jürgen: Theorie des kommunikativen Handelns, 2 Bde., Frankfurt am Main 1988.
Hammerthaler, Ralph: Der komische Dichter. 197 Jahre tot. (Über Heinrich von Kleist), in: Katzer, Ulrich/De Bruyn, Wolfgang/Wieners, Markus (Hg.): Kleist oder die Ordnung der Welt, Berlin 2008, S. 136–161.
Hammerthaler, Ralph: Theater in der DDR. Chronik und Positionen (mit Christa Hasche, Traute Schölling und Joachim Fiebach als Autoren der Chronik), Berlin 1994.
Hammerthaler, Ralph/Schweeger, Elisabeth (Hg.): Räumungen. Von der Unverschämtheit, Theater für ein Medium der Zukunft zu halten, Berlin 2000.
Hermann, Kai: Was nützt uns ein soziales Gewissen? Über die Vertreibung der Heimkinder von Aumühle, in: Der Spiegel vom Oktober 1969, S. 116–118.
Karcher, Eva: Magere Ereignisse. Die Performance-Tage auf der documenta 8 offenbaren die Krise einer Kunstform, in: Süddeutsche Zeitung vom 31. August 1987.
Kipphoff, Petra: Das hohe Fest der Beliebigkeit. Unter dem Motto „Alles ist möglich": weniger eine Ausstellung als ein Kaleidoskop von Inszenierungen, in: Die Zeit vom 19. Juni 1987.
Laudenbach, Peter: Die Tatortreiniger. Hat das Theater seine Herkunft vergessen? Ein Plädoyer für mehr Geschichtsbewusstsein auf deutschen Bühnen, in: Süddeutsche Zeitung vom 28. August 2015.
Lehmann, Hans-Thies: Postdramatisches Theater, (3. veränderte Aufl.) Frankfurt am Main 2005.

Lovink, Geert: Dark Fiber. Auf den Spuren einer kritischen Internetkultur, Bonn 2003.
Schivelbusch, Wolfgang: Das verzehrende Leben der Dinge. Versuch über die Konsumtion, München 2015.
Schweeger, Elisabeth: Täuschung ist kein Spiel mehr. Nachdenken über Theater (hg. von Ralph Hammerthaler), Berlin 2008.
Schwitters, Kurt: Manifeste und kritische Prosa. Das literarische Werk Band 5 (hg. von Friedhelm Lach), Köln 1998.
Stegemann, Bernd: Lob des Realismus, Berlin 2015.
Sunde, Peter: Macht kaputt, was eure Daten sammelt, in: Süddeutsche Zeitung vom 13. Oktober 2015.
Vahland, Kia et al.: Das gelenkte Publikum. Eine Exkursion durch die gegängelte Kulturlandschaft, in: Süddeutsche Zeitung vom 29. Dezember 2015.
Zhadan, Serhij: Die Erfindung des Jazz im Donbass. Roman. Berlin 2012.
Zhao, Chuan: Physical Odyssey, in: Huber, Jörg/Zhao, Chuan (eds.): The Body at Stake. Experiments in Chinese Contemporary Art and Theatre, Bielefeld 2013, S. 99–111.